实用

劳动心理学

SHIYONG LAODONG XINLIXUE

主　审：吴晓义

主　编：李　红

副主编：李夏妍　姜荣萍　赵冬梅

暨南大学出版社

JINAN UNIVERSITY PRESS

中国·广州

图书在版编目（CIP）数据

实用劳动心理学/李红主编；李夏妍，姜荣萍，赵冬梅副主编. —广州：暨南大学出版社，2008.8（2023.7 重印）

ISBN 978 - 7 - 81135 - 062 - 3

I. 实⋯　II. ①李⋯②李⋯③姜⋯④赵⋯　III. ①劳动心理学　IV. ①F240

中国版本图书馆 CIP 数据核字（2008）第 106068 号

实用劳动心理学

SHIYONG LAODONG XINLI XUE

主　编：李　红　副主编：李夏妍　姜荣萍　赵冬梅

出 版 人：张晋升

责任编辑：暨　南　侯丽庆

责任校对：陈　涛

责任印制：周一丹　郑玉婷

出版发行：暨南大学出版社（511443）

电　　话：总编室（8620）37332601

　　　　　营销部（8620）37332680　37332681　37332682　37332683

传　　真：（8620）37332660（办公室）　37332684（营销部）

网　　址：http：//www.jnupress.com

排　　版：广州市朗亿图文数码科技有限公司

印　　刷：佛山市浩文彩色印刷有限公司

开　　本：787mm×960mm　1/16

印　　张：15.625

字　　数：290 千

版　　次：2008 年 8 月第 1 版

印　　次：2023 年 7 月第 6 次

印　　数：8001—9000 册

定　　价：38.00 元

（暨大版图书如有印装质量问题，请与出版社总编室联系调换）

目　录

第一编

个体劳动发展

第一章
影响劳动的心理因素

本章重点

1. 人的信息输入、信息传递、信息加工和信息输出过程
2. 人的气质和性格
3. 人的情绪的维度、分类及其功能

　　劳动者的身体因素和心理因素都会对劳动产生影响。劳动者的身体因素可以通过日常观察和体格检查而获知，因此为人们所熟悉。心理因素则由于其不可直接观察和不易测量而被人们忽略。然而，心理因素却在个体发展和事业成功中起着关键性作用。美国心理学家特尔曼曾对 800 名男性成年人进行测评，发现其中成就最大的 20% 与成就最小的 20% 两组人之间，最显著的差异是他们在心理素质上的差异。由此可见，劳动者的心理素质对劳动的结果有重要影响。劳动者的心理因素包括多个方面，本章主要阐述劳动者的认知、人格、情绪的个体差异对劳动效果产生的影响。

第一节　认　知

　　心理学用信息加工的观点来看待劳动者的认知过程。人的信息加工过程包括信息输入、信息传递、信息加工、信息输出等环节。这些环节包括感觉、知觉、记忆、思维、行为等。人的活动，不论是简单的还是复杂的，几乎都包含了信息加工的全过程。

一、信息输入

　　信息输入是信息加工的第一个阶段，它是通过人的感觉来实现的。

感觉是指人脑对客观事物个别属性的反映。感觉的信息加工主要在感受器内进行。各种感受器是接收信息的专门装置。来自外界和人自身的各种信息以一定的刺激形式作用于感受器，引起分布于感受器的神经末梢发生兴奋性冲动，这种冲动沿着神经通路传到大脑皮层感觉区，于是产生感觉。

人的感受器有视觉、听觉、触觉、味觉、嗅觉等。每一种感受器只对某一种性质的刺激作用特别敏感。每一种感受器特别敏感的刺激，称为该感受器的适宜刺激。例如，视觉感受器的适宜刺激是一定波长范围内的电磁波；听觉感受器的适宜刺激是一定频率范围内的声波；触觉感受器的适宜刺激是机械压力；嗅觉感受器的适宜刺激是空气中的气味物质微粒等。[①]

人在劳动活动中可以综合运用各种感受器；反过来，劳动活动又促使各种感受器的功能得到发展。人的感觉能力在实践中得到提高。

二、信息传递

人在单位时间内所能传递的信息量被称为人的信息传递率，亦称人的传信通道容量（或信道容量）。生理学的研究表明，人的信息传递能力是很大的。如视神经纤维的反应期为 1 毫秒，即视神经在 1 秒内最多可发出 1 000 个反应。已知人约有 10^6 根视神经，因而视觉感受器可以传递的信息量约为 10^9 比特/秒。

人的信息传递能力会受到多种因素的影响而发生变化。下面是影响信息传递能力的几种因素：

（一）信道容量

信道容量是指传信通道传送信息的最大速率。人从刺激发生作用到做出反应，其传信通道需要经历三个阶段，分别是感觉输入、中枢加工和运动输出。人的各种信息输入通道与输出通道在信息传递能力上有明显的差异。

（二）信息编码维度

信息编码维度是指用来传递信息的编码刺激可以独立变化的特性。例如，视觉刺激可以在形状、大小、颜色、明度等特征上分别加以变化；声音刺激可以在音高、响度、音色、延续时间等方面加以变化。每一种可独立变化的特征就是一个维度。只有一个特征可以变化的刺激称为单维刺激，有两个以上可以变化的特征复合的刺激称为多维刺激。例如，若有一个视觉刺激可以

---

① 朱祖祥. 工业心理学. 杭州：浙江教育出版社，2001.94

在形状和色度两项特征上进行变化，它就是二维视觉刺激；若这个刺激的形状与色度特征都可以作三种变化，它就可以做出九种变化，可用以对九种不同的信息进行编码。刺激所包含的维度数越多，可以进行编码的信息也就越多。[①]

（三）信息的熟悉程度

人对信息的熟悉程度对信息传递能力有明显的影响。人对不熟悉的信息传递效率低，对熟悉的信息传递效率高。例如，人对数字作相应的按键反应，开始时反应时间较长，平均每秒能对 1.5 个数字做出准确反应，其信息传递率相当于 5 比特/秒。经过几个月的训练后，反应速度可提高到每秒 3 个数字，相当于 10 比特/秒。这说明人对信息的传递能力可随训练而得以提高。当然，这种提高仍然是有限度的。当训练达到高度熟习水平后，即使继续训练，传递率也不可能再有明显的提高。[②]

（四）觉醒状态

人的觉醒状态会影响信息传递的效率。人在睡眠时，大脑处于抑制状态，这时不仅不能对信息进行加工，而且几乎停止了信息传递。只有当大脑处于一定的觉醒水平时，才可能进行信息传递。一般来说，觉醒水平高时，信息传递率也较高，但在觉醒水平超过一定限度后，信息传递率不仅不再随觉醒水平提高而增高，还会随觉醒水平提高而降低。

在正常情形下，人在白天的觉醒水平高，在夜晚的觉醒水平低。觉醒水平还和任务状态有关。若在工作中获取的信息太少，或工作处于一种单调重复的状态，觉醒水平就较低；反之，若工作高度紧张，觉醒水平就较高。觉醒状态低于或高于一定水平都会对信息的传递和加工产生消极影响。[③]

（五）疲劳

疲劳会对信息传递和信息加工过程产生不利影响。疲劳会降低人的觉醒水平，使人感受刺激作用的灵敏性降低，并使反应动作变得迟钝。疲劳时容易发生操作事故，其原因就在于此。

三、信息加工

经过感受器加工后的信息输入大脑，并在大脑中进行进一步的认知加工。

---

① 朱祖祥. 工业心理学. 杭州：浙江教育出版社，2001. 101
② 朱祖祥. 工业心理学. 杭州：浙江教育出版社，2001. 102
③ 朱祖祥. 工业心理学. 杭州：浙江教育出版社，2001. 103

大脑中的认知加工包括知觉、记忆和思维等。

（一）知觉

知觉是客观事物直接作用于感官而在头脑中产生的对事物整体的认识。知觉以感觉为基础。它与感觉的主要区别在于，感觉所反映的是客观事物的个别属性，而知觉所反映的是客观事物的综合形象。知觉的信息加工过程要比感觉复杂得多。

知觉的信息加工过程主要涉及两个问题：一个是整体加工和局部加工的关系问题；另一个是自上而下加工和自下而上加工的关系问题。

1. 整体加工和局部加工

知觉对象作为一个整体而存在，整体是由部分组成的。在对一个客观对象的知觉信息进行加工的过程中，整体与部分存在着什么关系呢？对这个问题有两种看法：有学者认为，在对外界对象的知觉过程中，要先分析对象的特征，而后将感受到的特征加以综合而产生整体知觉；也有学者认为，当客观对象作用于人时，先引起整体知觉，而后知觉到对象的组成部分。

2. 自上而下加工和自下而上加工

知觉是现实刺激与知识经验共同作用的结果，因而知觉过程包含着相互联系的两方面的信息加工过程。一方面是对现实刺激的信息加工，例如对一个汉字作用时，对其字形结构特征进行有层次的分析，把一个汉字分解成轮廓、部件和笔画等特征。把这种分析结果与记忆中的汉字信息相对照，达到对汉字的识别。认知心理学家把这种信息加工称为自下而上加工。另一方面，对已有知识的信息加工，就是由知识或概念引导对刺激进行信息加工。例如对一个熟悉的对象，由于已有知识的引导，可以很快地从其他对象中把它识别出来。人们把由知识引导知觉信息的加工过程叫做自上而下加工。一般认为客观对象作用于人时，需要通过自上而下加工和自下而上加工的相互作用才能实现对象的整体形象反映。[①]

（二）记忆

记忆是在头脑中积累和保存个体经验的心理过程。从信息加工的角度来看，记忆就是人脑对外界输入的信息进行编码、存储和提取的过程。

记忆是劳动顺利进行的必要条件，职业记忆是一种正常的劳动技能。很多人正是在自己的职业领域内掌握了超强的记忆力，才做出了出色的成绩。

人的记忆系统能把输入并经过加工的信息在记忆系统中储存起来，需要

---

① 朱祖祥. 工业心理学. 杭州：浙江教育出版社，2001. 106

时再提取出来。根据信息保持时间的长短，人的记忆系统可以分为感觉记忆、短时记忆和长时记忆三部分。

1. 感觉记忆

感觉记忆也称感官收录、瞬时记忆，是指由外部刺激引起的感性形象在刺激作用停止后的很短时间内仍保持不变的状态。目前，心理学对感觉记忆的研究多以视觉和听觉为主。视觉的感觉记忆称图像记忆，是指当作用于眼睛的图像刺激消失后，视像被保留瞬间的记忆。由于存在图像记忆，人就会把时间间隔很短的刺激知觉成连续的刺激。电影就是利用这个原理使静止的分割的画面被知觉成连续的刺激。图像记忆中信息的保持时间为 300 毫秒，记忆容量至少在 9 个字母以上。听觉的感觉记忆称声像记忆，是指听觉系统对刺激信息的瞬间保持。声像记忆的保持时间比图像记忆长，约为 4 秒，但记忆容量比图像记忆的小，约为 5 个项目。

2. 短时记忆

短时记忆又称工作记忆，是指信息保持时间不长于几十秒的记忆。如从电话本上查到一个电话号码，打完电话后这个号码就记不起来了；打字员打字时逐字逐句记住看到的文字，但打完后就不记得了。短时记忆的容量大约为 7±2 个组块。所谓组块是指把若干小的单位按某种规则组合成熟悉的较大的单位。组块可大可小，它的组合方式依赖于人的知识经验，如一个 8 个数字的电话号码，有人把它分成前后 4 个数字的 2 个组块，有人则把它分成每 2 个数字一组的 4 个组块。组块不同，记忆效果也会有差异。

3. 长时记忆

长时记忆也称永久记忆，是指信息经过充分而有一定深度的加工后，在头脑中长时间地保留下来的记忆。储存在长时记忆中的信息一般分为两类，即程序性记忆和陈述性记忆。程序性记忆是指对有关活动先后顺序的信息的记忆。劳动中掌握的各种操作程序、方法、技能都需要程序性记忆，如学习操作机器、学习游泳。陈述性记忆是指对有关事实和事件的记忆。储存的是有关事实材料的信息，如地名、人名、历史事件、公式定理等。陈述性记忆又可按所存储的信息性质分为情景记忆和语义记忆。情景记忆是人们根据时空关系对某个事件的记忆，储存的是个人亲身经历的与特定时间、地点、情景有关的信息，如参加会议、外出旅游等。语义记忆是人们对一般知识和规律的记忆，储存的是具有概括性的信息，如记住化学公式、一年有四季等。

（三）思维

思维是借助语言、表象或动作实现的对客观事物的概括和间接的认识，是人类认识活动中最高级的心理过程。它能揭示事物的本质特征和内部联系，并主要表现在概念形成和问题解决活动中。思维是在感觉、知觉和记忆提供的信息的基础上，对信息进行深层次的加工，揭示事物之间的关系。例如，我们感知到太阳围绕着地球旋转，实际上是地球围绕着太阳旋转。地球与太阳运动的规律性不能直接感知到，只有通过思维才能获得这些知识。

思维之所以能反映感知所不能反映的东西，是因为思维具有两大特征：一是间接性，即人们借助于一定的媒介和知识经验对客观事物进行间接的认识，通过中介物来间接反映事物的特点；二是概括性，即思维反映的是一类事物的共同特性。

四、信息输出

信息输出是指信息从中枢向人的各个运动器官传送的过程。信息输出表现为人的各种反应活动。

（一）信息输出的类型

信息输出必须通过人体各种反应器官。按反应器官可以将信息输出分为手动输出、足动输出、言语输出、眼动输出等形式。

信息输出活动按操作要求可以分为以下几类：

定位运动：手或足从一处移动到另一处，如使用鼠标。

连续运动：需要不断调整的运动，如汽车驾驶员操纵方向盘。

序列运动：把若干分开的独立的动作按一定顺序组织起来形成一个序列的运动，如工人启动机器。

重复运动：一次又一次地重复进行某种动作的运动，如用手锯锯木板。

静态调节：是一种没有外显动作的肢体紧张状态。由于静态调节，人的肢体能在一定时间内保持某种姿势，如某些杂技动作就需要静态平衡运动。[①]

（二）信息输出的速度

速度是评价信息输出质量的主要指标。信息输出的速度一般用反应时来测量。刺激出现到反应完成之间的时间称为反应时。反应时包括两个部分：反应潜伏时间和运动时间。反应潜伏时间是从刺激出现开始到反应开始之间的时间。运动时间是从反应开始到反应完成的时间。反应时分为简单反应时和选择反应时。只有一个刺激时，对刺激做出反应的反应时称为简单反应时。

---

① 朱祖祥. 工业心理学. 杭州：浙江教育出版社，2001. 106

当呈现的刺激不止一个时，就要求对各个刺激出现时做出不同的反应，这时测得的反应时称为选择反应时。

（三）信息输出的精确性

精确性是评价信息输出质量的另一个重要指标。输出的精确性有两重含义：一是指正确性；二是指精度。同时，正确的反应可以有精度上的差别。例如打靶，都是打中靶子，但是打中最外面一环只有 1 分，打中最里面一环可得 10 分。同是打中最里面一环也有精度的差别，有的正中靶心，有的接近环线。

（四）速度—精确性互换特性

人们都希望操作做到既快又精确，但快与精确存在一定的矛盾。要操作精确性高，就会放慢速度；要加快操作速度，就会降低精确性。这种现象称为速度—精确性互换特性。根据这一关系，在实际操作中应对速度和精确性的要求权衡轻重。过于追求精确性或过于追求速度都会得不偿失，降低效益。

认知因素（包括感知、记忆、思维等）是影响劳动的重要心理条件之一。劳动心理学的研究表明，人的认知因素直接影响人对工作的物理环境、社会心理环境的认知和理解，并由此而影响人的心理状态和行为，从而影响劳动效率。对工作环境和条件、劳动任务和过程有深刻的认识，可以调动劳动者的积极性和创造性，避免劳动的盲目性，从而提高劳动效率。

第二节　人　格

在劳动生产中，我们常常会看到有的人聪明敏捷，有的人愚笨迟钝；有的人谦虚谨慎，有的人骄傲自大；有的人勇敢坚强，有的人胆小软弱。这些都是劳动者人格的差异。

一、人格的定义

人格一词来源于拉丁文"面具（persona）"。面具的原意是指演员在戏台上扮演角色时所戴的特殊面谱，用于表示剧中人物的身份。因此，人格指生活中人们所戴的"面具"，即向社会他人所展示的自我形象，而不一定是真实的自我。

从古希腊开始，人们就提出了关于人格的一些重要思想。但早期对人格的看法多见诸文学和传记作品，主要是对人格特征进行描述。近两个世纪以来，尤其是在现代，人们才对人格进行了比较完整的描述和探讨。

人格是个体在先天生物遗传素质的基础上，通过与后天社会环境的相互作用而形成的相对稳定和独特的心理行为模式。这种模式包含了一个人区别于他人的稳定而统一的心理品质。人格具有以下重要特征：①人格具有持久性和稳定性。人格是以气质作为生理基础的，在不同的社会情境中个体表现出来的行为有内在的联系。②每个人的人格都是独特而显著的。由于个体在气质上存在差异，以及个体所处的社会环境不同，世界上没有两个人的人格是完全一致的。③人格是发展的。人格不是一成不变的，由于气质和社会生活条件都是变化的，因此，个体的信仰、价值观念、行为准则等的变化都会引起人格的发展。④人格具有鲜明的社会性。人格的形成和发展是通过复杂的社会化过程而实现的，不同的社会文化现实会形成不同的人格。

二、人格的结构

人格是一个复杂的结构系统，它包含很多成分，其中主要包括气质和性格等，下面简单介绍一下气质和性格。

（一）气质

气质与我们平常所说的"禀性"、"脾气"相近。在日常生活中，我们可以看到，有的人总是活泼好动、反应灵活；有的人总是安静稳重、反应缓慢；有的人不论做什么事总是显得十分急躁；有的人情绪总是那么细腻深刻。人与人在心理特性等方面的差异，就是气质的不同。

1. 气质的定义

当代心理学认为，气质是个人心理活动的稳定的动力特征。心理活动的动力特征主要是指心理过程的强度（例如情绪体验的强度、意志努力的程度）、心理过程的速度和稳定性（例如知觉的速度、思维的灵活程度、注意力集中时间的长短）以及心理活动的指向性（例如有人倾向于外部事物，有人倾向于内心世界）等方面的特点。这些相对稳定的心理动力特征的相互联系和相互作用，使人的日常活动带有一定的色彩，形成一定的风貌。①

2. 气质的类型

苏联心理学家认为，有以下四种传统的气质类型：

（1）多血质：感受性低，耐受性较高；不随意的反应性强；具有可塑性和外倾性；情绪兴奋性高，外部表露明显，反应速度快且灵活。代表人物是

---

① 黄希庭. 心理学导论. 北京：人民教育出版社，2001

《红楼梦》里的王熙凤。

（2）胆汁质：感受性低，耐受性较高；不随意的反应性高，反应的不随意性占优势；外倾性明显，情绪兴奋性高，抑制力差；反应速度快，但不灵活。代表人物是《三国演义》里的张飞。

（3）黏液质：感受性低，耐受性高；不随意的反应性和情绪兴奋性均低；内倾性明显，外部表现少；反应速度慢，具有稳定性。代表人物是《水浒传》里的林冲。

（4）抑郁质：感受性高，耐受性低；不随意的反应性低；严重内倾；情绪兴奋性高而体验深，反应速度慢；具有刻板性，不灵活。代表人物是《红楼梦》里的林黛玉。

苏联心理学家达威多娃曾形象地描述了四种基本气质类型的人在同一情景中的不同行为表现。四个不同气质类型的人上剧院看戏，都迟到了。胆汁质的人和售票员争吵，企图闯入剧院。他分辩说，剧院里的钟快了，他进去看是不会影响别人的，并打算推开检票员进入剧院。多血质的人立刻明白，检票员是不会放他进入剧场的，但是通过其他通道进场容易，就跑到其他通道去了。黏液质的人看到检票员不让他进入正厅，就想："第一场总是不太精彩，我在小卖部等一会儿，幕间休息时再进去。"抑郁质的人会说："我老是不走运。偶尔来一次戏院，就这样倒霉"，接着就返回家去了。

具有某一种气质类型典型特征者称为"典型型"，近似其中某一类型者称为"一般型"，具有两种或两种以上类型者称为"中间型"或"混合型"。在全部人口分布中，气质的一般型和两种类型混合型的人占多数，典型型和两种以上类型混合型的人占少数。因此，在测定一个人的气质时，不应该硬性地将其划入某种典型型。[①]

3. 气质与劳动的关系

气质与劳动者的社会价值和成就高低并无直接关联，但气质是客观存在的，并对劳动者从事的工作和行为有一定影响。

（1）每一种气质类型的劳动者都可能取得劳动成就。

每一种气质类型都有其优点和缺点，都有可能在事业上取得成功，因此，在评价气质类型时，不能认为某一种气质类型是好的，另一种气质类型是坏的。如完成同一项任务，多血质的人可能做得快而粗，抑郁质的人可能做得慢而细。任何一种气质类型都不能单纯地决定人的劳动成就的高低。据苏联

---

① 叶奕乾，何存道，梁宁建．普通心理学．上海：华东师范大学出版社，1997．505

心理学家分析，俄国四位著名文学家就是四种不同气质类型的代表：普希金属胆汁质，赫尔岑属多血质，克雷洛夫属黏液质，果戈理属抑郁质。我们不能以一个人的气质宿命地预测他在事业上的成就。

（2）在选拔人才和安排工作时应考虑个人的气质特点。

人力资源管理部门在安置人员时，应尽量使劳动者的气质与其从事的工作相适应。因为每种气质都有自己的优劣势。例如，多血质类型的人适合从事变化多样、要求反应敏捷且均衡的工作，不适合做需要细心钻研的工作；胆汁质类型的人适合做要求反应迅速、应急性强的工作，不适宜从事具有稳重性、细致性要求的工作；黏液质类型的人，适合做有条不紊、按部就班、刻板性强、平静且耐受性较高的工作，不适宜从事激烈多变的工作；抑郁质类型的人，能够兢兢业业地工作，适合从事持久、细致的工作，不适宜做要求反应灵敏、处理果断的工作。反过来，如果让劳动者从事与自己气质不相适宜的工作，他就要付出较多的努力和进行艰苦的锻炼才能适应。

一些特殊职业，如飞行员、潜水员、宇航员、大型动力系统的调度员、矿坑救护员、国际比赛运动员等，职业本身对他们的气质类型提出了严格要求。有关部门在挑选这些职业人员时，必须经过气质类型测定。德米特里耶娃等（1979）对航空调度员的心理特征进行了研究，发现航空调度员要求在任何情况下话音要平静，精力要集中，在突发情况下要镇定，长时间指挥飞行工作而不降低工作质量和放慢进度等。神经系统的兴奋过程弱、反应迟缓的人是不适宜从事这项职业的。必须根据职业的特点对将要从事此项工作的人进行预先选择，使劳动者的气质特征符合职业要求。

（二）性格

性格是一种与社会关系最密切的人格特征。性格表现了劳动者对现实的态度，并表现在他们的行为举止中。

1. 性格的定义

性格一词来源于希腊文，原意为雕刻，后来转意为印刻、标记、特性。我国心理学界倾向于把性格定义为个人对现实的稳定的态度和习惯化了的行为方式。

2. 性格的特征

性格是一个十分复杂的心理构成物，它包含着多个侧面，具有各种不同的性格特征。性格特征是指性格的各个不同方面的特征，主要有四个组成部分：性格的态度特征、性格的意志特征、性格的情绪特征和性格的理智特征。①

（1）性格的态度特征。人对客观现实的影响总是以一定的态度给予反应，客观对象和现实是多种多样的，因此，人对客观现实进行反应时，性格的态度特征也是多种多样的。性格的态度特征主要是指人在处理各种社会关系方面的性格特性。

（2）性格的意志特征。性格的意志特征是指人在自己行为的自觉调节方式和水平方面的性格特征。

（3）性格的情绪特征。性格的情绪特征是指人在情绪活动时在强度、稳定性、持续性和心境等方面表现出来的性格特征。

（4）性格的理智特征。性格的理智特征是指人在认知过程中的性格特征。人的认知水平的差异被称为能力特征，人的认知活动特点与风格被称为性格的理智特征。

性格的上述各个方面的特征并不是孤立的，而是相互联系着的，在个体身上结合为独特的整体，从而形成一个人不同于他人的、独有的"特征"、"标志"或"属性"。在上述四个方面的性格特征中，性格的态度特征和意志特征是主要的，其中又以态度特征最为重要，因为它直接体现了一个人对事物所特有的、稳定的倾向，也是一个人的本质属性和世界观的反映。

3. 性格与劳动活动的关系

性格是人对现实的稳定态度和习惯化了的行为方式，对劳动活动有着重要的影响。性格的态度特征影响着劳动者工作能力的形成和发展。性格的意志特征影响着劳动者任务完成的程度、范围和时间。性格的情绪特征影响着劳动者的精神状态和工作满意度。性格的理智特征影响着劳动者的工作水平。性格与劳动活动的关系，还表现在它对人力资源管理工作的影响和作用上。企业领导要做好职工的管理工作，必须注意和掌握每个劳动者的行为倾向，而性格正是决定行为倾向的重要心理特征之一。掌握每个劳动者的性格有助于控制劳动者的行为向对劳动活动有利的方向发展，有助于创设适宜的劳动环境，使之与劳动者的性格倾向尽量吻合，以利于劳动者愉快地最大限度地发挥其能力。如适当地分配劳动者的工作，避免因性格搭配不和谐而引起劳动者之间的摩擦，或出现紧张的人际关系。

---

① 孔克勤，叶奕乾，杨秀君. 个性心理学（修订版）. 上海：华东师范大学出版社，2006

第三节　情　绪

劳动者在劳动过程中常常会出现各种各样的情绪，时而欣喜若狂，时而怒气冲冲，时而急躁不安，时而心满意足。这些情绪组成了劳动者多姿多彩的心理世界。

一、情绪的定义

情绪是人对客观事物的态度的体验，是人的需要是否获得满足的反映。各种情绪，如喜悦、愤怒、悲伤、恐惧、忧愁等，每个人都有过切身的体验。情绪包含情绪体验、情绪行为、情绪唤醒和对刺激物的认知等复杂成分。

情绪体验是个体对不同情绪的自我感受。每种情绪都有不同的主观体验，它们代表了人们不同的感受，构成了情绪的心理内容。

情绪行为是指情绪的外部表现，也称为表情，是在情绪状态发生时身体各部分的动作量化形式，包括面部表情、姿态表情和语调表情。面部表情如高兴时嘴角上翘、眉飞色舞等，它是所有面部肌肉变化所组成的模式；姿态表情包括身体姿势、手势等，是面部表情以外的身体其他部分的表情动作；语调表情如高兴时语调高昂，痛苦时语调低沉，是通过言语的声调、节奏和速度等方面的变化来表达的。所有情绪的外部表现都是与有机体内部的一系列变化密切联系的。当然，人也可以努力控制自己的外部表现，即"喜怒不形于色"。

情绪唤醒是指情绪产生时的生理反应，如血压升高、心跳加速、呼吸加快、瞳孔放大等。任何情绪都伴有情绪唤醒，它涉及广泛的神经结构。

对情绪刺激的认知也是情绪产生的一个重要成分。因为情绪总是由刺激引起的。自然环境、社会环境以及人自身都可能成为情绪刺激，但该刺激必须先被认知。从最简单的情绪来看，当人感觉不到饥饿时，不会有不安的情绪；当人感觉不到疼痛时，不会有痛苦的表情。常言道，"只有知之深，才有爱之切"，道理就在于此。[1]

---

① 全国心理咨询职业资格考评委员会. 心理咨询师教程——基础理论. 广州：暨南大学出版社，2007. 51

二、情绪的维度

根据情绪的各种特征，可以把情绪分为不同的状态。

情绪的维度是指情绪所固有的某些特征，主要指情绪的动力性、激动性、强度和紧张度等方面。这些特征的变化幅度具有两极性，每个特征都存在两种对立的状态。

情绪的动力性有增力和减力两极。一般来讲，需要得到满足时产生的肯定情绪是积极的、增力的，可提高人的活动能力；需要得不到满足时产生的否定情绪是消极的、减力的，会降低人的活动能力。

情绪的激动性有激动与平静两极。激动是一种强烈的、外显的情绪状态，如激怒、狂喜、极度恐惧等，它是由一些重要的事件引起的，如突如其来的地震会引起人们极度的恐惧。平静是指一种平稳安静的情绪状态，它是人们正常生活、学习和工作时的基本情绪状态。

情绪的强度有强和弱两极，如从愉快到狂喜，从微愠到狂怒。在情绪的强弱之间还有各种不同的强度，如在微愠到狂怒之间还有愤怒、大怒、暴怒等不同程度的怒。情绪强度的大小决定于情绪事件对于个体意义的大小。

情绪的紧张度有紧张和轻松两极。人们情绪的紧张程度决定于面对情境的紧迫性、个体心理的准备状态以及应变能力。如果情境比较复杂，个体心理准备不足而且应变能力比较差，人们就往往容易紧张，甚至不知所措。如果情境不太紧急，个体心理准备比较充分，应变能力比较强，人们就不会紧张，而会觉得比较轻松自如。①

三、情绪的分类

情绪的分类包括情绪的基本分类和情绪状态的分类。

（一）情绪的基本分类

关于情绪的类别，长期以来说法不一。我国古代对情绪的分类主要有六情说（喜、怒、哀、乐、爱、恶）和七情说（喜、怒、哀、惧、爱、恶、欲）。

谢弗（Shaver，1987）等提出情绪有六种基础类别，即爱（love）、喜悦（joy）、惊奇（surprise）、愤怒（angry）、悲伤（sadness）和恐惧（fear）。其他情绪皆可根据本身的含义和性质划归为这六种基本情绪之一。对这六种基

---

① 彭聃龄. 普通心理学. 北京：北京师范大学出版社，2001. 357

本情绪种类从不同的角度还可以进行不同的划分。在这六种情绪中，有三种是正面情绪（爱、喜悦、惊奇），另外三种是负面情绪（愤怒、悲伤、恐惧）。此外，还可以从三个维度，即从评价（正面或负面）、强度（强或弱）和活动（唤醒程度高或低）对六种基本情绪进行区分，如惊奇是一种正面的、强的、高唤醒的情绪。

（二）情绪状态的分类

情绪状态是指在某种事件或情境影响下，一段时间内各种情绪体验的一般特征表现。根据情绪状态的强度和持续时间的不同可分为心境、激情和应激。①

1. 心境

心境是指人比较平静而持久的情绪状态。人们常说"人逢喜事精神爽"，是指发生在我们身上的一件喜事让我们在很长时间内保持着愉快的心情，但有时候一件不如意的事也会让我们在很长一段时间内忧心忡忡、情绪低落。这些都是心境的表现。

心境对人们的生活、工作和健康都有很大的影响。积极良好的心境可以提高学习和工作的绩效，帮助人们克服困难，保持身心健康；消极不良的心境则会使人意志消沉、悲观绝望，无法正常工作和交往，甚至导致一些身心疾病。所以，保持一种积极健康、乐观向上的心境对每个人都有着重要意义。

2. 激情

激情是一种爆发强烈而持续时间短暂的情绪状态。人们在生活中的狂喜、狂怒、悲痛和恐惧等都是激情的表现。和心境相比，激情在强度上更大，但维持的时间一般比较短暂。

激情对人的影响有积极和消极两个方面。一方面，激情可以激发内在的心理能量，成为行为的巨大动力，提高工作效率并有所创造。如战士在战场上冲锋陷阵、一往无前；画家在创作中尽情挥洒、浑然忘我；运动员在报效祖国的激情感染下敢于拼搏、勇夺金牌。另一方面，激情也有很大的破坏性和危害性。激情中的人有时任性而为，不计后果，对人对己都造成伤害。如一些青少年犯罪，就是在激情的控制下，一时冲动，酿成大错。激情有时还会引起强烈的生理变化，使人言语混乱，动作失调，甚至休克。所以，在生活中应该适当地控制激情，多发挥其积极作用，做自己情绪的主人。

---

① 全国心理咨询职业资格考评委员会. 心理咨询师教程——基础理论. 广州：暨南大学出版社，2007. 51～58

3. 应激

应激是指人对某种意外的环境刺激所做出的适应性反应。例如，在日常生活中突然遇到火灾、地震，飞行员在执行任务中突然遇到恶劣天气，旅途中突然遭到歹徒的抢劫等。无论是天灾还是人祸，这些突发事件常常使人们心理上高度警醒和紧张，并产生相应的反应，这都是应激的表现。

应激的生理反应大致相同，但外部表现可能有很大差异。积极的应激反应表现为沉着冷静、急中生智，全力以赴地去排除危险、克服困难；消极的应激反应表现为惊慌无措、一筹莫展，或者产生错误的行为，加剧事态的严重性。这两种截然不同的行为表现，既同个人的能力和素质有关，也同平时的训练和经验积累有关。如果接受过防火演习和救生训练，在遇到类似的突发事故时，就能正确及时地逃生和救人。

四、情绪的功能

情绪的功能有很多，下面主要介绍情绪的信号功能、动机功能、组织功能和适应功能。

（一）信号功能

情绪在人际间具有传递信息、沟通思想的功能。情绪的外部表现是表情，表情具有信号传递作用，属于非言语性交际。人们可以凭借一定的表情来传递情绪信息。心理学家的研究表明，在日常生活中，55%的信息是靠非言语表情传递的，38%的信息是靠言语表情传递的，只有7%的信息才是靠言语传递的。表情比语言更具生动性、表现力、神秘性和敏感性。

（二）动机功能

人的各种需要是行为动机产生的基础和主要来源，情绪是需要是否得到满足的主观体验，能影响人的行为。积极的情绪状态会成为行为的积极诱因，提高行为效率；消极的情绪状态则是消极诱因，干扰、阻碍人的行动，甚至引发不良行为。适度的情绪兴奋性会使人的身心处于最佳活动状态，有利于行为的进行，过于松弛或过于紧张对行为的进展和问题的解决都不利。

（三）组织功能

情绪作为脑内的一个检测系统，对其他心理活动具有组织作用。这种作用表现为积极情绪的协调作用和消极情绪的破坏作用。情绪的组织功能还表现在人的行为上，当人们处于积极、乐观的情绪状态时，容易注意事物美好的一面；当人们处于消极的情绪状态时，容易悲观失望。

（四）适应功能

有机体在生存和发展过程中，有多种适应方式。情绪是有机体适应生存和发展的一种重要方式。类人猿等高级灵长类动物有着和人类相似的表情，可以表达喜、怒、哀、乐等情绪，以适应生存环境。在会说话之前，婴儿通过情绪表达来和大人交流。人们通过情绪调节来适应社会环境。

五、情绪与劳动的关系

心理学研究表明，劳动者无论从事体力劳动还是脑力劳动，都要有一个适当的情绪激活状态，这样才能顺利地完成操作任务。心理学家赫布（Hebb）通过研究提出了情绪激活水平与操作效率之间的关系曲线：当情绪激活水平很低时，操作效率极低或等于零；当觉醒性逐渐提高，即情绪逐渐被唤醒时，操作效率随之逐渐提高；当情绪唤醒到最佳水平时，操作效率也达到最高水平；情绪激活水平继续提高，情绪开始受到干扰，操作效率亦开始下降，直至过渡到情绪紧张状态，使操作效率降至极低水平或等于零。情绪唤醒水平与操作效率之间呈倒"U"字形关系。

心理学家叶克斯和多德森（Yerkes & Dodson）研究完成不同性质的劳动任务，同一水平的情绪唤醒是否会取得同样的工作效率。结果表明，不同性质的工作，取得最大效率所要求的情绪激活水平不同。在一定情绪背景中，工作任务越复杂，取得最高效率所需的情绪激活水平就越低，这就是叶克斯—多德森法则。

本章思考题

1. 记忆的种类及各自的特点有哪些？
2. 试分析不同气质类型的劳动者的优缺点。
3. 什么是气质？什么是性格？比较这两种人格特征的区别。
4. 什么是情绪？它具有哪些功能？

第二章

职业个性

职业个性是职业中的个性反映。职业个性分为职业个性倾向和职业个性特征两部分。职业个性倾向包括职业需要、职业兴趣和职业价值观等，职业个性特征包括职业气质、职业性格和职业能力等。

第一节　职业个性倾向

职业个性倾向是指劳动者所具有的职业意识倾向，它决定着劳动者对职业的态度和对职业的趋向与选择。职业个性倾向是劳动者从事生产劳动的基本动力，是推动人进行活动的系统。

一、职业需要

劳动者的职业需要来源于人的需要。对于人的需要和劳动者的职业需要，心理学家提出了相应的需要理论。

（一）职业需要的概念

需要是人们对生物性需要和社会性需要的反映。生物性需要是指保存和维持个体生命和延续种族的需要，如生理需要、安全需要、运动需要；社会性需要包括基本社会性需要和高级社会性需要。基本社会性需要是指较少受教育影响、带有一定的先天成分的需要，如依恋需要、探究需要、交往需要、尊重需要等，常在个体的早期阶段出现。高级社会性需要是指更多地受到教育的影响、完全是后天发展的、为人类所独有的需要，如求知需要、成就需要等。职业需要是个体需要在职业生活中的体现，既是推动人从事职业活动的内部动力，又是工作积极性的内部源泉。

（二）罗伊的职业需要理论[①]

罗伊（Anne Roe）是一位临床心理学家，她综合了精神分析论、墨瑞的人格理论和马斯洛的需要层次理论，提出了职业需要理论。

她认为，早期经验会增强或削弱个人高层次的需求，进而影响人的生涯发展，她特别强调早期经验对以后选择行为的影响。

1. 关于需求满足

罗伊认为，如果高层次的需求（如自我实现、审美）不能获得满足，则这种需求将会消失而且不再发展；如果低层次的需求未获得满足，将驱使人们去满足此类需求来维持生存，从而间接地妨碍了高层次需求的发展。如果某些需求的满足受到延迟，就会无意识地驱动人们去满足这些需求，从而延迟其他的需求。

罗伊认为，需求满足的发展与个人早期的家庭气氛及成年后的职业选择有密切的关系。例如，在个体成长过程中，父母是接纳还是拒绝，家中气氛是温暖的还是冷漠的，父母对他的行为是自由放任还是保守严厉，这些都反映在个人所作的职业选择上。

2. 关于职业选择

罗伊认为，人们所选择的职业和工作环境，往往会反映出幼年时的家庭气氛。如果小时候的生活环境充满温暖、爱、接纳或保护的氛围，就可能会选择与人有关的职业；如果小时候生活在一个冷漠、忽略、拒绝，或适度要求的家庭中，很可能会选择科技、户外活动一类的职业，因为这些职业是以事、物和观念为主，不需要和人有太直接的接触。她把职业分为服务业、商业交易、商业组织、技术、户外、科学、文化、演艺八大群组，专业及管理（高级）、专业及管理（一般）、半专业及管理、技术、半技术、非技术六大类。

罗伊认为父母的教养态度对子女的职业选择有重要的影响，应该让子女从小就发展自己的能力倾向及职业兴趣，这样他们对终身的择业及志向才有正确的观念及选择能力，也愿意承担选择后的责任。

---

① 陈社育. 大学生职业心理辅导. 北京：北京出版社，2003. 79~81

二、职业兴趣

兴趣是人们力求认识某种事物或从事某种活动的心理倾向。职业兴趣是劳动者的兴趣在职业领域中的反映。

（一）职业兴趣的概念

职业兴趣是指人们对某种职业活动具有的比较稳定而持久的心理倾向。职业兴趣在职业活动中起着重要的作用。良好而稳定的职业兴趣会使人在工作时具有高度的自觉性和积极性。个人根据稳定的兴趣选择某种职业时，兴趣就会变成巨大的个人积极性，促使人在职业生活中取得成就。

（二）霍兰德的职业兴趣理论①

目前，国内外职业兴趣研究中影响比较大的是霍兰德（Holland J. L.）的职业兴趣理论。1959 年，霍兰德在长期职业指导和咨询实践的基础上，首次提出了自己的职业兴趣理论。他认为，职业兴趣是人格的体现，从事同一职业工作的人存在着共同的人格，人格可划分为不同的类型。

霍兰德于 1973 年提出了关于人格类型和职业类型的假设：

大多数的人可以被归纳为六种人格类型：现实型（Realistic Type，简称 R）、研究型（Investigative Type，简称 I）、艺术型（Artistic Type，简称 A）、社会型（Social Type，简称 S）、企业型（Enterprising Type，简称 E）和传统型（Conventional Type，简称 C）。这六种类型按照一个固定的顺序可排成一个六边形 RIASEC。相应地，社会上也有六种职业类型：现实型、研究型、艺术型、社会型、企业型和传统型。同样，这六种职业类型，按照一个固定的顺序也可排成一个六边形 RIASEC（如下图所示）。

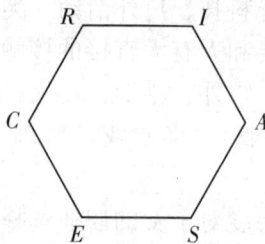

霍兰德的六边形模型图

---

① 张敏强. 大学生职业规划与就业指导. 广州：广东高等教育出版社，2005. 40～43

霍兰德的六边形模型反映了六种人格与职业环境类型之间的关系。在六边形模型中，六种类型的职业兴趣位于正六边形的六个顶点上，按照 RIASEC 依次排列。在六边形上任何两种类型之间的距离越近，其职业环境及人格特质的相似程度就越高。例如，企业型和社会型在六边形模型上的距离最近，它们的相似性也最高，如社会型和企业型的人都较其他类型的人喜欢与人打交道。而企业型和研究型在模型上正好相对，这就意味着它们的相似程度最低。企业型和实用型则具有中等程度的相似性。六边形模型可以帮助我们对人格特质类型与职业环境类型之间的适配性（congruence）进行评估，如果人格类型与职业环境匹配，如一个社会型人格特质的人在社会型的职业环境中工作，就有可能取得令人满意的结果，如增加职业满意度，带来职业成就感和提高职业稳定性等。因此，占主导地位的特质类型可以为个人选择职业和工作环境提供方向。

根据霍兰德的假设，通过考察人格与职业适配性的高低，可以预测个人的职业满意程度、职业稳定性以及职业成就。人格类型和职业适配如表 2-1 所示。

表 2-1　霍兰德职业兴趣理论的人格类型和职业适配①

类型	喜欢的活动	重视	职业环境要求	典型职业
现实型（R）	用手、工具、机器制造或修理东西。愿意从事实物性的工作、体力活动，喜欢户外活动或操作机器，而不喜欢在办公室工作	具体实际的事物，诚实，有常识	使用手工或机械技能对物体、工具、机器、动物等进行操作，与"事物"工作的能力比与"人"打交道的能力更为重要	园艺师、木匠、汽车修理工、工程师、军官、兽医、足球教练员
研究型（I）	喜欢探索和理解事物，学习研究那些需要分析、思考的抽象问题，喜欢阅读和讨论有关科学性的论题，喜欢独立工作，对未知问题充满兴趣	知识，学习，成就，独立	分析研究问题，运用复杂和抽象的思考创造性地解决问题的能力，谨慎缜密，能运用智慧独立地工作，具有一定的写作能力	实验室工作人员、生物学家、化学家、心理学家、工程设计师、大学教授

① 人力资源测评. 北京：北森测评技术有限公司，2006. 91

（续上表）

类型	喜欢的活动	重视	职业环境要求	典型职业
艺术型（A）	喜欢自我表达，喜欢文学、音乐、艺术和表演等具有创造性、变化性的工作，重视作品的原创性和创意	有创意的想法，自我表达，自由，美	创造力，对情感的表现能力，以非传统的方式来表现自己，相当自由、开放	作家、编辑、音乐家、摄影师、厨师、漫画家、导演、室内装潢设计师
社会型（S）	喜欢与人合作，热情关心他人的幸福，愿意帮助别人成长或解决困难，为他人提供服务	服务社会与他人，公正，理解，平等，理想	人际交往能力，教导、医治、帮助他人等方面的技能，对他人表现出精神上的关爱，愿意担负社会责任	教师、社会工作者、牧师、心理咨询师、护士
企业型（E）	喜欢领导和支配别人，通过领导、劝说他人或推销自己的观念、产品而达到个人或组织的目标，希望成就一番事业	经济和社会地位上的成功，忠诚，冒险精神，责任	说服他人或支配他人的能力，敢于承担风险，目标导向	律师、政治运动领袖、营销商、市场部经理、电视制片人、保险代理
传统型（C）	喜欢固定的、有秩序的工作或活动，希望确切地知道工作的要求和标准，愿意在一个大的机构中处于从属地位，对文字、数据和事物进行细致有序的系统处理，以达到特定的标准	准确、有条理、节俭、盈利	文书技巧，组织能力，听取并遵从指示的能力，能够按时完成工作并达到严格的标准，有组织、有计划	文字编辑、会计师、银行家、簿记员、办事员、税务员和计算机操作员

22

三、职业价值观

价值观代表了一个人对周围事物的是非、善恶和重要性的评价。人们对各种事物的评价有轻重主次之分，这种主次的排列构成了个人的价值观。价值观是决定人们期望、态度和行为的心理基础。在同样的客观条件下，具有不同价值观的人会产生不同的行为。

（一）职业价值观的概念

职业价值观是人们对社会职业需求所表现出来的评价，是人生价值观在职业问题上的反映。

职业价值观具有以下特性：

1. 主体差异性

职业价值观是作为主体的人在职业选择时对职业意义的认识。对职业好坏的评价，是出于人自身的需要。由于个体的先天条件、后天经历和社会影响不一，从而形成不同的职业价值观。

2. 相对稳定性

在家庭、社会环境、教育的影响下，在个体的成长发展和寻找职业的过程中，职业价值观会逐渐形成。一旦形成自己的职业价值观，便具有相对稳定性，能保持相当长的时间。

3. 变化性

由于时代变迁、社会影响、个人的社会阅历与工作经验的增加、知识的积累、立场的改变，甚至遭遇特别的生活、工作事件等，都可能导致职业价值观的改变。例如，工人由于一次工作事故造成了严重后果，他很可能就认为自己不再适合这类工作。

（二）职业价值取向

不同的人有不同的职业价值取向。2005 年，国内相关媒体通过在线调查的方式，开展了一项题为"2005 年·你为'什么'而工作"的调查。[①] 调查的目的是研究人们究竟是为了什么而工作，在工作中最看重的又是什么。

研究人员根据工作价值观的不同，把受访者分成六类：工作满足型、理想主义型、安逸享乐型、随波逐流型、回报驱动型以及创业型。这六种类型代表了六种职业价值取向。研究结果表明：

---

① 资料来源：http://edu.china.com/zh_ cn/current/wonderful/11031501/20050519/12325831.html

1. 较多人属于理想主义型、创业型和回报驱动型

分析发现，30.3%的受访者属于"理想主义型"，他们对工作条件、工作活动、工作回报以及工作上的尊重与影响力都非常注重；22.4%的人属于"创业型"，他们对工作条件很少挑剔，希望从事有意义和有成就感的工作，能有足够的自由与影响力来把工作做好；22.1%的人属于"回报驱动型"，他们看重工作所带来的回报，这种回报包括物质上、精神上等各个方面。

2. 女性偏重理想主义型和安逸享乐型，男性偏重创业型

有33.3%的女性属于"理想主义型"，而男性中这一比例只有27.3%。相反，"创业型"的男性占25.9%，女性只有19.1%。此外，"安逸享乐型"女性的比例也超过男性，这表明女性更希望工作稳定，不需要加班加点，工作时间安排能符合她们的个人需要。

3. 年轻人和高学历者偏重创业型

比起年长者（19.8%），更多的年轻人（24.3%）属于"创业型"。学历越高者，越注重"创业"与"回报"；学历越低者，越看重"安逸享乐"，越容易"随波逐流"。

4. 外企职工偏重理想主义型

在外商独资企业工作的人中，"理想主义型"（35.5%）的比例最大。在民营企业中，"创业型"（26.4%）和"工作满足型"（8.5%）的人数比例较高。在事业单位或政府机关中，"安逸享乐型"（17.8%）和"随波逐流型"（8.8%）的人相对较多。另外，还分别有22.7%的国有企业职工和22.4%的政府机关或事业单位职工属于"回报驱动型"。

总之，人们的职业价值取向与工作、性别、年龄、学历等因素相关。

（三）职业锚理论

职业锚理论是美国麻省理工大学斯隆管理学院施恩教授（E. H. Schein）领导的专门研究小组，在对该学院毕业生的职业生涯研究中提出来的。斯隆管理学院的44名MBA毕业生，自愿组成一个小组接受施恩教授长达12年的职业生涯研究，包括面谈、跟踪调查、公司调查、人才测评、问卷等多种方式，最终分析总结出了职业锚理论。

1. 职业锚的概念

职业锚理论是一种影响较大的职业价值观理论，也称为职业定位理论。职业锚是指一个人在做出选择时，无论如何都不会放弃职业中至关重要的东西或价值观。"锚"是人们选择和发展自己的职业时所围绕的中心。"职业锚"是内心深处对自己的看法，它是自己的才干、价值观、动机经过自省后形成

的，它可以指导、约束或稳定个人的职业生涯。

职业锚在职业生涯中非常重要，即使面临非常困难的状况，职业锚在职业选择过程中也不会被放弃。这意味着人们不会放弃目前的工作，而是转换到一份不能满足职业锚需要的其他工作上。

2. 职业锚的功能

职业锚作为一个人才干、动机与价值观的自我认定模式，在个人的职业生涯与工作周期中发挥着重要的功能。

（1）选择自己的职业发展道路。

通过工作经验的积累而形成的职业锚，能够清楚地反映个人的价值观与才干。个人抛锚于某一职业工作过程，实际上就是个人自我真正认知的过程，认识自己具有什么样的能力、才干，需要什么。一个人通过对职业锚的认识，可以找到自己长期稳定的职业贡献区，从而决定自己的职业选择。

（2）确定职业目标和职业角色。

职业锚清楚地反映出个人的职业追求与抱负。根据职业锚可以判断个人达到职业成功的标准，例如，就抛锚于管理型的员工来说，其职业成功在于升迁至更高的职业，获得更大的管理机会。因此，明确自己的职业锚，有助于确定自己职业成功的标准和要求，从而确定职业目标和职业角色。

（3）提高工作技能和职业竞争力。

职业锚是个人经过长期寻找所形成的职业工作的定位。职业锚形成后，个人便会相对稳定地从事某种职业。这样必然会累积工作经验、知识与技能。随着个人工作经验的丰富和累积、个人知识的扩张，个人的职业技能将不断增强，个人职业竞争力也随之增强。

3. 职业锚的类型

专家们曾对几万人的不同职业阶段进行了访谈和分析，确定了如下八种基本的职业锚类型。

（1）技术/职能型。技术/职能型的人追求在技术/职能领域的成长和技能的不断提高，以及应用这种技术/职能的机会。他们对自己的认可来自于他们的专业水平，他们喜欢面对专业领域的挑战，不喜欢从事一般的管理工作。

（2）管理型。管理型的人追求并致力于工作晋升，倾心于全面管理，独立负责一个部分。他们想去承担整体的责任，并将组织（如公司）的成功与否看成自己的工作。具体的技术/职能工作仅仅被看作是通向更高、更全面管理层的必经途径。

（3）自主/独立型。自主/独立型的人希望随心所欲地安排自己的工作方式和生活方式。他们追求能施展个人能力的工作环境，能最大限度地摆脱组织的限制和制约。他们宁愿放弃晋升或工作发展的机会，也不愿意放弃自由与独立。

（4）安全/稳定型。安全/稳定型的人追求工作中的安全与稳定感。他们为能够预测到稳定的将来而感到宽慰。他们关心财务安全，例如工资保障、退休金。他们诚实、忠诚，能较好地完成领导交代的工作。

（5）创业型。创业型的人希望用自己的能力去创建属于自己的公司或创建完全属于自己的产品（或服务），而且愿意去冒风险，并克服面临的障碍。他们想向社会证明财富（或事业）是他们靠自己的努力创建的。

（6）服务型。服务型的人一直追求他们认可的核心价值，例如，帮助他人，保障人们的安全，通过新的产品消除疾病等。

（7）挑战型。挑战型的人喜欢解决看上去无法解决的问题，战胜强硬的对手，克服无法克服的困难障碍等。

（8）生活型。生活型的人希望将生活的各个主要方面整合为一个整体，喜欢平衡个人的、家庭的和职业的需要，因此，生活型的人需要一个能够提供足够弹性的工作环境来实现这一目标。生活型的人甚至可以牺牲职业的一些方面，例如通过放弃职位的晋升来换取三者的平衡。相对于具体的工作环境、工作内容来说，生活型的人更关注自己如何生活及怎样自我提升。

四、职业个性倾向测验

长期以来，心理学家根据职业需要理论、职业兴趣理论的研究，研制出相关的心理测验量表，探讨量表中的测量项目。我们可以通过这些心理测验来加深对职业个性倾向的理解。

很多人大部分时间并不清楚自己的职业兴趣之所在。也许他们有明确的专业方向，也许他们会为某个职业的报酬或前景所吸引，但大多数人并不很明确他们究竟想要什么，未来的努力方向在哪里。这时，通过职业兴趣测验就可能帮助他们找到职业兴趣之所在。以下是根据霍兰德的职业兴趣理论编制的职业兴趣测验，以供参考。

你的职业兴趣是什么？

测验指导语：本问卷共 90 道题目，每道题目是一句陈述，请您根据自己的真实情况对这些陈述进行评价。

1. 强壮而敏捷的身体对我而言很重要。
2. 我必须彻底了解事情的真相。
3. 我的心情受音乐、色彩、写作和美丽事物的影响极大。
4. 和他人的关系丰富了我的生命并使它有意义。
5. 我自信会成功。
6. 我做事时必须有清楚的指引。
7. 我擅长于自己制作、修理东西。
8. 我可以花很长的时间去想通事情的道理。
9. 我重视美丽的环境。
10. 我愿意花时间帮别人解决个人危机。
11. 我喜欢竞争。
12. 我在开始一个计划前会花很多时间去计划。
13. 我喜欢使用双手做事。
14. 探索新构思使我满意。
15. 我总是寻求新方法来发挥我的创造力。
16. 我认为把自己的焦虑和别人分担是很重要的。
17. 成为群体中的关键人物，对我而言很重要。
18. 我对于自己能重视工作中的所有细节感到骄傲。
19. 我不在乎工作时把手弄脏。
20. 我认为教育是个发展及磨炼脑力的终身学习过程。
21. 我喜欢非正式的穿着，尝试新颜色和新款式。
22. 我常能体会到某人想要和他人沟通的需要。
23. 我喜欢帮助别人不断改进。
24. 我在作决策时，通常不愿冒险。
25. 我喜欢购买小零件，做成成品。
26. 有时我可以长时间地阅读，玩拼图游戏，或冥想生命的本质。
27. 我有很强的想象力。
28. 我喜欢帮助别人发挥天赋和才能。

29. 我喜欢监督事情直至完工。

30. 如果我将面对一个新环境，我会在事前作充分的准备。

31. 我喜欢独立完成一项任务。

32. 我渴望阅读或思考任何可以引发我好奇心的东西。

33. 我喜欢尝试创新的概念。

34. 如果我和别人发生摩擦，我会不断地尝试化干戈为玉帛。

35. 要成功，就必须定高目标。

36. 我不喜欢为重大决策负责。

37. 我喜欢直言不讳，不喜欢拐弯抹角。

38. 我在解决问题前，必须先彻底分析问题。

39. 我喜欢重新布置我的环境，使它与众不同。

40. 我经常借着和别人的交谈来解决自己的问题。

41. 我常起草一个计划，而由别人完成细节。

42. 准时对我而言非常重要。

43. 从事户外活动令我神清气爽。

44. 我不断地问为什么。

45. 我喜欢自己的工作能够抒发自己的情绪和感觉。

46. 我喜欢帮助别人找出可以互相关注的其他方法。

47. 能够参与重大决策是件令人兴奋的事。

48. 我经常保持整洁，喜欢有条不紊。

49. 我喜欢周边环境简单而实际。

50. 我会不断地思索一个问题，直到找出答案为止。

51. 大自然的美深深地触动我的灵魂。

52. 亲密的人际关系对我而言很重要。

53. 升迁和进步对我而言是极为重要的。

54. 当我把每日工作计划好时，我会比较有安全感。

55. 我非但不害怕过重的工作负荷，并且知道工作的重点是什么。

56. 我喜欢能促使我思考、给我新观念的书。

57. 我期望能看到艺术表演、戏剧及好电影。

58. 我对别人的情绪低潮相当敏感。

59. 能影响别人使我感到兴奋。

60. 当我答应做一件事时，我会竭尽所能地做好所有细节。

61. 我希望笨重的体力工作不会伤害任何人。

62. 我希望能学习所有使我感兴趣的科目。

63. 我希望能做些与众不同的事。

64. 我对于别人的困难乐于伸手援助。

65. 我愿意冒一点危险以求进步。

66. 当我遵循规则时，我感到安全。

67. 我选车时，最先注意的是好的引擎。

68. 我喜欢能刺激我思考的对话。

69. 当我从事创造性事务时，我会忘掉一些旧经验。

70. 我会关注社会上许多需要帮助的人。

71. 说服别人依计划行事是件有趣的工作。

72. 我擅长于检查细节。

73. 我通常知道如何应付紧急事件。

74. 阅读新发现的书是件令人兴奋的事。

75. 我喜欢美丽、不平凡的事。

76. 我经常关心孤独、不友善的人。

77. 我喜欢讨价还价。

78. 我花钱时小心翼翼。

79. 我用运动来保持强壮的身体。

80. 我经常对大自然的奥秘感到好奇。

81. 尝试不平凡的新事物是件相当有趣的事。

82. 当别人向我诉说他的困难时，我是个好听众。

83. 做事失败了，我会再接再厉。

84. 我需要确切地知道别人对我的要求是什么。

85. 我喜欢把东西拆开，看是否能够修理它们。

86. 我喜欢研读所有事实，再有逻辑性地作决定。

87. 没有美丽事物的生活，对我而言是不可思议的。

88. 人们经常告诉我他们的问题。

89. 我常能借着通讯网络和别人取得联系。

90. 小心谨慎地完成一件事，是件有成就感的事。

计分：下表中的数字代表上列兴趣测验中的题号。请你将自己的答案用"√"或"×"画在各数字上。

现实型	研究型	艺术型	社会型	企业型	传统型
1	2	3	4	5	6
7	8	9	10	11	12
13	14	15	16	17	18

（续上表）

现实型	研究型	艺术型	社会型	企业型	传统型
19	20	21	22	23	24
25	26	27	28	29	30
31	32	33	34	35	36
37	38	39	40	41	42
43	44	45	46	47	48
49	50	51	52	53	54
55	56	57	58	59	60
61	62	63	64	65	66
67	68	69	70	71	72
73	74	75	76	77	78
79	80	81	82	83	84
85	86	87	88	89	90

算出每种类型打"√"项目的总数，并将它填在下面的横线上：

现实型_____　　研究型_____　　艺术型_____

社会型_____　　企业型_____　　传统型_____

将上述分数从最高到最低依次排好，填在下面的横线上：

第一高分_____　　第二高分_____　　第三高分_____

第四高分_____　　第五高分_____　　第六高分_____

算出每种类型打"×"项目的总数，并将它填在下面的横线上：

现实型_____　　研究型_____　　艺术型_____

社会型_____　　企业型_____　　传统型_____

如果考虑打"×"的项目，是否会改变原有的兴趣？

资料来源：张敏强. 大学生职业规划与就业指导. 广州：广东高等教育出版社，2005

第二节 职业个性特征

职业个性特征是指劳动者在职业心理发展过程中逐渐形成的稳定的职业心理特点。职业个性特征的形成与遗传、环境、教育和社会因素都有密切关系。劳动者的职业个性特征对其职业行为方式有很大影响。

一、职业个性特征的构成

职业个性特征包括职业气质、职业性格和职业能力。

(一)职业气质

本书第一章第二节已对气质作了详细介绍,这里不再赘述。每种气质类型都有其自身的职业适应性,表2-2列出了四种气质类型与相应的职业匹配。

表2-2 四种气质类型与职业匹配①

类型	工作特点	对应职业
多血质	适合做社交性、文艺性、多样性、要求反应敏捷且均衡的工作,而不太适合做需要细心钻研的工作;可从事广泛的职业	外交人员、管理人员、驾驶员、医生、律师、运动员、新闻记者、冒险家、服务员、侦察员、干警、演员等
胆汁质	适合做反应迅速、动作有力、应激性强、危险性较大、难度较高而费力的工作;不适宜从事稳重、细致的工作	导游、勘探工作者、推销员、节目主持人、演讲者、外事接待人员等
黏液质	适合做有条不紊、刻板平静、难度较高的工作;不适宜从事剧烈多变的工作	外科医生、法官、管理人员、出纳员、播音员、会计、调解员等
抑郁质	适合做兢兢业业、持久细致的工作;不适宜做要求反应灵敏、处理果断的工作	技术员、打字员、排版工、检查员、登录员、化验员、刺绣工、机要秘书、保管员等

---

① 陈社育. 大学生职业心理辅导. 北京:北京出版社,2003. 97

第一编 个体劳动发展

（二）职业性格

性格是一种个体内部的行为倾向，它具有整体性、结构性、持久稳定性等特点，是每个人所特有的，可以对个人外显的行为、态度提供统一的、内在的解释。性格类型是指一类人身上所共有或相似的性格特征的独特结合。性格的分类多种多样，例如：①

（1）英国心理学家培因和法国心理学家李波特根据智力、情绪、意志三种心理机能各自所占的优势将性格分为理智型、情感型和意志型。

（2）瑞士心理学家荣格根据个体力比多的活动将性格分为外倾型和内倾型。

（3）德国哲学家、教育家斯普兰格根据人类的各种生活方式，把人的性格分为相对应的理论型、经济型、权力型、社会型、审美型和宗教型六种。

（4）我国心理学家卢家楣根据个体独立性将性格分为独立型、顺从型和反抗型。

（5）J. L. 弗里德曼等人根据人们在时间上的匆忙感、紧迫感等特点，将人的性格划分为 A 型和 B 型两种：A 型是竞争、进取型的人；B 型正好相反，为非竞争型的人。

职业性格，一般指个体的性格对职业的适应性。在职业心理学中，性格影响着一个人对职业的适应性，一定性格的人适宜从事相应的职业。同时，不同的职业对人有不同的性格要求。此外，根据劳动者的职业性格特征来设计职业岗位，并给具有不同职业性格的人分配不同的职业，这样可以充分发挥每个人的优势。

（三）职业能力

职业能力是指人们成功地完成某种职业活动所必须具备的个性心理特征。职业能力和职业活动紧密联系，职业能力是在职业活动中形成、发展和表现出来的。影响职业能力的因素很多，先天遗传素质是职业能力形成和发展的自然前提和基础，后天的环境和教育对职业能力的形成与发展有十分重要的作用，所以职业能力是先天素质和后天环境教育相互作用的结果。

按照不同的标准可以对职业能力作不同的分类：

（1）按职业能力的内容可以分为一般能力和特殊能力。一般能力，又称普通能力，是指大多数职业活动所共同需要的能力，如观察能力、记忆能力、思维能力、想象能力等。特殊能力，又称专门能力，是指从事特定职业活动

---

① 陈社育. 大学生职业心理辅导. 北京：北京出版社，2003. 112～113

所必须具备的能力，如音乐能力、绘画能力、数学能力、写作能力、汽车驾驶能力等。一般能力是各种特殊能力形成和发展的基础，特殊能力的发展有助于促进一般能力的发展。事实上，每一项工作是否能做好，都取决于一般能力与特殊能力的结合。有的职业需要特殊能力多一些，例如，救生员就需要有特殊的游泳能力。而对很多职业而言，专业技能并不复杂，一般能力、个人素质对于成功与否显得更为重要，比如办事员、秘书等。

（2）按职业能力的功能可以分为认知能力、操作能力和社交能力。认知能力是指接收、加工、储存和提取信息的能力。操作能力是指人们操纵、制作和运动的能力。社交能力是指人们在社会交往活动中表现出来的能力。

（3）按职业能力参与职业活动的性质可以分为模仿能力和创造能力。模仿能力是指仿效他人的言行举止而引起的与之相类似的行为活动的能力。创造能力是指产生新思想和创造新事物的能力。

（4）按职业能力的实现程度可以分为实际能力和潜在能力。实际能力是指在实际活动中表现出来的能力。潜在能力是指通过学习培训可以释放出来的能力。

二、职业个性特征测验

对于职业个性特征，可以通过职业个性特征的测验去探知。目前，关于职业个性特征的测验很多，影响较大的典型测验如下。

（一）卡特尔 16 种人格因素测验

卡特尔人格问卷是最为典型的因素分析人格问卷。他采用相关分析和因素分析，获得 16 种人格根源特质，这些特质的测量采用的就是卡特尔 16 种个性因素问卷（Cattell 16 Personality Factor Questionnaire，简称 16PF）。[①]

16PF 是卡特尔在哥伦比亚大学任心理学教授时编制的。该测验由 187 个题目构成，分别测量 16 种人格特质。这 16 种特质是：

A 乐群性；B 聪慧性；C 稳定性；E 恃强性；

F 兴奋性；G 有恒性；H 敢为性；I 敏感性；

L 怀疑性；M 幻想性；N 世故性；O 忧虑性；

Q_1 实验性；Q_2 独立性；Q_3 自律性；Q_4 紧张性。

卡特尔认为，每个人身上都具备这 16 种特质，只是各种特质在不同的人身上表现的程度有差异。所以，他认为人格差异主要表现在量的差异上，因

---

① 张敏强. 大学生职业规划与就业指导. 广州：广东高等教育出版社，2005. 56

此,可以对人格进行量化分析。卡特尔认为这16种特质代表着人格组织的基本构成,且是各自独立的,它们普遍存在于各种年龄和不同社会文化环境的人身上。

卡特尔把每种特质归为高分数和低分数两类。他用统计方法把受测对象的每种测题的得分加起来,并换算成标准分填在剖面图中,这样就可以看出受测对象的人格轮廓。不同的人格特质有其对应的职业,如表2-3所示。

表2-3　各维度得分与对应的职业①

维度	得分高者	得分低者
A 乐群性	销售、企业经理、教师	科研人员、艺术家、作家
B 聪慧性	科研人员	行政工作
C 稳定性	飞行员、护士、研究人员	会计、办事员、艺术家
E 恃强性	艺术家、工程师、心理学家	医生、咨询顾问、办事员
F 兴奋性	商人、空姐	会计、行政人员、科研人员
G 有恒性	会计、百货经理	艺术家、作家、记者
H 敢为性	音乐家	编辑
I 敏感性	美术、行政、编辑	警察、工程师
L 怀疑性	编辑、管理、科研	会计
M 幻想性	艺术家	警察
N 世故性	心理学家、商人	艺术家
O 忧虑性	艺术家	行政
Q_1 实验性	艺术家、作家	商人、技师
Q_2 独立性	工程师、教授、作家	护士、社会工作者
Q_3 自律性	行政、科学家、技师	艺术家
Q_4 紧张性	作家、记者	空姐、海员

研究发现,智力高低固然是选择专业人才的标准,但是某些人格因素也

---

① 人力资源测评. 北京:北森测评技术有限公司,2006. 24

是取得专业成就的重要原因。这些因素主要有知己知彼、自律严谨（高 Q_3），有恒负责（高 G），情绪稳定（高 C），好强固执（高 E），精明能干而世故（高 N），自立、当机立断（高 Q_2），自由、批评、激进（高 Q_1）。

具有较高创造力的人一般有以下几种人格因素：缄默孤独（低 A），聪明、富有才识（高 B），好强固执（高 E），严肃审慎（低 F），冒险敢为（高 H），敏感、感情用事（高 I），幻想、狂放任性（高 M），坦白直率（低 N），自由、批评、激进（高 Q_1），自立、当机立断（高 Q_2）。

（二）MBTI 职业性格量表

根据不同的职业性格理论，心理学家研制出相应的职业性格测验，下面简述影响较大的 MBTI 职业性格量表。

MBTI 全称 Myers – Briggs Type Indicator，它以瑞士心理学家荣格的性格理论为基础，由美国的 Katherine C. Briggs 和 Isabel Briggs Myers 母女共同研制开发。MBTI 用以衡量和描述人们在获取信息、做出决策、对待生活等方面的心理活动规律和性格类型。

MBTI 把人的性格分为 16 种类型，由四个维度上的不同偏好构成，每个维度有两个方向。这四个维度是：

与外界相互作用的程度以及自己的能量被引向何处：外倾 E——内倾 I；

自然注意到的信息类型：触觉 S——直觉 N；

作决定和得出结论的方法：思维 T——情感 F；

喜欢以一种较固定的方式生活（或作决定），还是以一种更自然的方式生活（或获取信息）：判断 J——知觉 P。

每个人的性格都在四种维度相应分界点的这边或那边，称为"偏好"。例如，如果落在外倾的那边，称为"具有外倾的偏好"；如果落在内倾的那边，称为"具有内倾的偏好"。

（1）与外界相互作用的程度以及自己的能量被引向何处。

外倾 E：关注自己如何影响外部环境，将心理能量和注意力聚集于外部世界和与他人的交往上。例如，聚会、评论、聊天。

内倾 I：关注外部环境的变化对自己的影响，将心理能量和注意力聚集于内部世界，注重自己的内心体验。例如，独立思考，看书，避免成为注意的中心，听的比说的多。

（2）自然注意到的信息类型。

触觉 S：关注由感觉器官获取的具体信息，看到的、听到的、闻到的、尝到的、触摸到的事物。例如，关注细节，喜欢描述，喜欢使用和琢磨已知的技能。

直觉 N：关注事物的整体和发展变化趋势，灵感、预测、暗示，重视推理。例如，重视想象力和独创力，喜欢学习新技能，但容易厌倦，喜欢使用比喻，跳跃性地展现事实。

（3）作决定和得出结论的方法。

思维 T：重视事物之间的逻辑关系，喜欢通过客观分析作决定评价。例如，理智、客观、公正。

情感 F：以自己和他人的感受为重，将价值观作为判定标准。例如，对行为对他人情感的影响敏感，认为圆通和坦率同样重要。

（4）喜欢以一种较固定的方式生活（或作决定），还是以一种更自然的方式生活（或获取信息）。

判断 J：喜欢作计划和决定，愿意进行管理和控制，希望生活井然有序。例如，重视结果（重点在于完成任务）、按部就班、有条理、尊重时间期限、喜欢作决定。

知觉 P：灵活、试图去理解、适应环境、倾向于留有余地，任事情自由发展。例如，重视过程，随信息的变化不断调整目标。

MBTI 用四个维度上代表偏好的字母来表示一个人的类型，例如，一个人的偏好依次是外向、触觉、情感、知觉，那么他的类型用 ESFP 来表示。由于每个维度上各有两种偏好、四个维度，所以所有的类型组合共有 $2 \times 2 \times 2 \times 2 = 16$ 种，如表 2-4 所示。[①]

表 2-4　MBTI 的 16 种性格类型

ISTJ 稽查员	ISFJ 保护者	INFJ 咨询师	INFP 治疗师、导师
ESTJ 督导	ESFJ 供给者、销售员	ENFJ 教师	ENFP 倡导者、激发者
ISTP 操作者、演奏者	ISFP 作曲家、艺术家	INTJ 智多星、科学家	INTP 建筑师、设计师
ESTP 发起者、创造者	ESFP 表演者、演示者	ENTJ 统帅、调度者	ENTP 企业家、发明家

---

① 人力资源测评. 北京：北森测评技术有限公司，2006. 46

心理学家大卫·凯尔西将这 16 种类型归纳为四种性格，分别为 NF、NT、SP、SJ，每一种性格对应着四个 MBTI 类型。

NF 性格："理想主义者"，即包含直觉（N）和情感（F）的四种类型（INFJ、INFP、ENFJ、ENFP）所组成的性格。具有这种性格的人寻找独一无二的特征和意义；懂得考虑对方，珍惜人际关系；通常很有热忱，希望世界变得更美好；相信本身的直觉和想象力，思考时从整合和相似之处着手；专注于发展别人的潜能，寻找生活的目标和化解分歧，做到保持真我。通常适合的职业为咨询师、记者、艺术家、心理学家。

NT 性格："概念主义者"，即包含直觉（N）和思维（T）的四种类型（INTJ、INTP、ENTJ、ENTP）组成的性格。具有这种性格的人取向以理论为主；寻找途径去理解世界和事物运作的真理；相信逻辑和理由，有怀疑精神和精确性；思考时从差异、类别、定义和框架入手；专注于能够实现长远目标以及能带来进步的策略和设计；看重办事能力和深入的知识。通常适合的职业为科学家、建筑师、工程师、设计师、经理人员。

SP 性格："技术者"，即包含触觉（S）和知觉（P）的四种类型（ISTP、ISFP、ESTP、ESFP）组成的性格。具有这种性格的人取向以行动和影响为主；对"即兴"有一种渴望；乐观、相信运气，认为他们有能力应付任何事情；投入于目前一刻；洞察人和事，并会适应改变去使事情得以完成；寻求冒险经历和体验，思考时从变化入手；专注于技巧去助人和获得期望的结果；要求有自由去选择下一步。通常适合的职业为表演者、企业家、排除故障者、自由职业者、抢险队员。

SJ 性格："监护者"，即包含触觉（S）和判断（J）的四种类型（ISTJ、ISFJ、ESTJ、ESFJ）组成的性格。具有这种性格的人渴望责任和预见性；喜欢以标准的操作流程作为保障和保护，很严谨；相信过往经验、传统和权威，思考时从比较、次序和关联入手；专注于行政安排和去支持别人，维持组织和实现目标；要求安全感、稳定性和归属感。通常适合的职业为经理人员、会计、警察、医生、教师。

每一种性格类型都既有优点，又有缺点，没有绝对的"好"与"差"之分，但不同特点对于不同的工作存在"适合"与"不适合"的区别，应把握自己的优、劣势，扬长避短，选择最适合自己的职业发展路径。

女销售员的困境

有位女销售员在工作中一直感到力不从心，尽管她很努力地工作，但销售业绩总是不尽如人意。她感受到了巨大的压力，正在考虑是否该换个职业。职业生涯发展辅导人员在了解了她的困境以后，建议她先通过 MBTI 测验来了解自己的性格。测验结果显示，她的性格类型是 INTP，也就是内向、直觉、思考、知觉，这个结果也得到了她本人的认同。

辅导人员从这位销售员的性格入手，分析了她的工作表现。销售员经常要在多家客户之间协调和安排，做好客户的长期跟进计划。而 P 型的人通常不太关心"最终期限"，计划性不强，他们喜欢在最后一刻把工作一举做完。NT 型的人在与人交流中更注重对方的问题而非情绪和感受，也不太关注细节。因此，如果客户总是抱有各种各样的要求，有些 NT 型的人就会顾此失彼。NT 型性格可能还会影响销售员对代销产品的兴趣，他们会更喜欢那些科技含量高的产品而忽略其他产品。I 型性格的人与客户迅速建立关系、频繁地与不同的客户打交道并不是一件轻松的事。总的来看，INTP 型性格的人讲究公平，有较强的逻辑思考能力，但在工作的组织性、系统性方面则不那么突出。他们似乎很少在行事之前缜密策划，而且因为具有批判性又性格直率，有时不太关注他人的情绪反应，可能会无意中惹人不高兴。INTP 型性格的人从事销售工作确实需要付出大量的心力，但在市场开发、品牌建设和咨询等工作岗位上，他们往往显得游刃有余。

辅导人员对这位女销售员提出了建议，有这样两条途径可以帮她摆脱目前的困境：一是重新择业，选择更适合自身性格类型的工作；二是仍从事销售行业，但针对性格中的薄弱环节进行自我完善。

资料来源：人力资源测评. 北京：北森测评技术有限公司，2006

（三）一般能力倾向测验[1]

职业能力测验主要有一般能力倾向测验和特殊能力倾向测验。这里只介绍有代表性的、世界上影响最大、使用最广泛的一般能力倾向测验。从 1935年起，美国劳工部就业服务局就开始进行能力倾向研究，经过十几年的不断努力，终于在 1947 年发表了《一般能力倾向成套测验》（General Aptitude Test Battery，简称 GATB）。该测验由 12 个分测验组成，测量了一般智慧能力、语言能力、数字能力、空间判断能力、形状知觉、书写知觉、运动协调

---

[1] 张敏强. 大学生职业规划与就业指导. 广州：广东高等教育出版社，2005. 50～53

性、手工灵巧度、手指灵巧度等九种能力。

《一般能力倾向成套测验》既可对较广泛的能力因素进行测量，又可用于职业指导服务的测验。最新的一套 GATB 是由美国雇用服务处修订的，适用于中学生以及成年人的测验。这套测验包括 12 个分测验，施测时间共需 120～130 分钟，包含对上述九种不同的能力因素进行测量，如表 2－5 所示。

表 2－5　九种不同的能力因素及其对应的 12 个分测验

代号	名称	分测验序号
G	一般智慧能力（General mental ability）	3，4，6
V	语言能力（Verbal aptitude）	4
N	数字能力（Numerical Ability）	2，6
S	空间判断能力（Spatial Aptitude）	3
P	形状知觉（Form Perception）	5，7
Q	书写知觉（Clerical Perception）	1
K	运动协调性（Motor Coordination）	8
M	手工灵巧度（Manual Dexterity）	9，10
F	手指灵巧度（Finger Dexterity）	11，12

GATB 已被世界上许多国家承认和采用，并已编入美国劳工部编撰的《职业条目辞典》，作为重要的参数指导资料。表 2－6 就是特定职业所应具备的 GATB 各因素的成绩。[①] 从这个职业—能力倾向对照表可以看出 GATB 的成绩与职业的搭配关系。

表 2－6　有关职业的 GATB 因素的平均成绩*

职业代号	名称	一般智慧智力	语言能力	数字能力	空间判断能力	形状知觉	书写知觉	运动协调性	手工灵巧度	手指灵巧度
020	计算机程序编制员	132	125	131	122	120	128	117	113	109
078	医学技术专家	126	127	122	117	126	130	122	117	114

①　沈之菲. 生涯心理辅导. 上海：上海教育出版社，2000. 226～227

（续上表）

职业代号	名称	一般智慧智力	语言能力	数字能力	空间判断能力	形状知觉	书写知觉	运动协调性	手工灵巧度	手指灵巧度
079	牙医助理	104	105	102	107	116	117	114	114	112
	外科医师	97	102	93	97	107	108	108	107	106
193	航空管理专家	118	114	115	113	109	111	112	106	101
195	社会问题工作者	116	120	112	105	102	119	115	98	99
202	速记员、打字员	106	104	106	108	119	113	114	103	105
208	排字工人、穿孔机操作人员	110	113	106	104	107	120	114	101	102
212	银行出纳员	111	111	110	107	115	120	114	101	107
213	机器操作员	111	109	112	106	110	116	112	107	116
219	普通办公室办事员	108	109	111	101	114	123	117	—	—
241	权利调整员	116	109	116	114	108	111	107	107	97
276	建筑机械推销员	113	109	107	111	100	104	102	98	96
317	食品行业工作	82	85	80	91	85	91	91	97	87
319	饮用喷泉女工	95	98	95	95	101	104	104	102	99
355	护士助手	89	95	85	91	91	100	100	94	86
	精神病医师助手	95	97	90	95	88	94	96	91	91
375	巡逻员	112	110	106	112	108	106	112	117	101
529	芦笋分类工	96	99	91	96	97	99	101	108	97
601	工具冲模制造工	109	100	105	119	111	101	104	115	106
690	花式刺绣工	93	93	91	94	96	99	101	101	95
712	牙科实验室技师	96	96	91	102	98	96	99	108	98
726	电子装配工	95	100	89	100	104	105	111	113	108

  ＊表中平均分为100，标准差为20。

　　能力倾向测验最主要的功能是用来拓展个体职业选择的范围，特别是对各方面的心理特质还在发展中的年轻人来说，能力与能力倾向远未定型。能力倾向测验的实施不应局限在仅仅帮助劳动者决定一个职业目标或专业方向，而应发挥其更大的功能，协助劳动者进行职业生涯探索。

本章思考题

1. 结合职业兴趣测试的结果，谈谈你的职业兴趣。
2. 如何理解"职业锚"？
3. 如何根据职业性格进行职业选择？

第三章
劳动者个体的职业生涯
规划与管理

本章重点

1. 职业的概念、特点和功能
2. 职业世界的新变化
3. 职业生涯规划的理论资源
4. 职业生涯规划的基本原则
5. 不同时期的职业生涯管理

　　劳动者个体的职业生涯规划与管理，是近年来备受学术界关注的一个研究领域。有关实证研究表明，无论是对组织管理和组织目标的实现而言，还是对劳动者个人的生活质量和事业发展而言，劳动者个体的职业生涯规划与管理都具有明显的促进作用。职业生涯规划与管理是一项十分复杂的系统工程，本书仅从劳动心理学的角度对劳动者个体的职业生涯规划与管理作初步的探索。

第一节　劳动者个体的职业生涯

　　职业生涯是一个具有时代性、地域性和针对性的概念，不同的时代、不同的国度和不同的研究取向，其内涵和外延都有所不同。为了使广大劳动者更好地规划和管理自己的职业生涯，我们首先对职业的产生、发展，职业对劳动者个人及其家庭和社会的意义作简要的介绍；然后在此基础上对目前职业世界正在发生的变化，以及它对劳动者个人的职业生涯已经和将要产生的影响作系统的梳理和分析。

一、职业的概念、特性和功能

现代社会是一个高度职业化的社会，人们总是要在一定的职业中获得生存资料和发展机会。那么什么是职业呢？有人认为职业就是某一种工作，如医生、教师、律师等；有人认为职业是一种"生活来源"；还有人认为职业是一种"专业类别"，或是一种"等级身份"。上述认识虽然都有一定道理，但都只能算是对职业现象的通俗理解。要想对其进行更加深入的研究，还需要对职业的概念作更加清晰、明确的界定。

（一）职业的概念

最早对职业进行专门研究的是美国社会学家塞尔兹。他认为，职业是一个人为了不断取得收入而连续从事的具有市场价值的特殊活动，这种活动决定着从事它的那个人的社会地位；职业的三要素是技术性、经济性和社会性。日本职业问题专家保谷六郎认为，职业是有劳动能力的人为了生活所得而发挥个人能力，向社会作贡献而连续从事的活动；职业具有五个特性：经济性、技术性、社会性、伦理性和连续性。

我国劳动部门对职业的界定是：职业是指在业人员从事有偿工作的种类。它是一种人们在社会中所从事的有稳定、合法收入的活动。职业既是人们为社会作贡献、实现人生价值的舞台，也是人们谋生的手段。有稳定、合法的收入，是职业这种特定劳动区别于其他社会活动的主要特点。它是人们的生活方式、经济状况、教育程度、行为模式和道德情操等的综合反映和权利、义务、职责的具体体现。

对劳动者个体而言，职业的意义主要体现在：

第一，职业是人的谋生手段和生活方式。职业是劳动者获取生活资料的主要来源，现代人一般都要通过从事职业活动所获取的劳动报酬来满足其生存需要。在人的一生中，有着长达三四十年的职业生活期，它与家庭生活一样，都是人的生活方式之一，是关系着每个社会成员一生的重大问题。

第二，职业是人的社会角色。有了劳动分工，也就产生了种种职业。社会越发展，职业种类也就越多。人一般都在某种职业岗位上工作，这就使每个人都成了"职业"这个社会劳动大机器中的一个部件，受到社会方方面面的影响，又在社会的运转中扮演一种特定的角色。因此，从事不同职业的人应该了解自己所扮演的社会角色，完成自己的神圣使命。

第三，职业为个人发展和自我价值的实现提供了空间。职业不但能为个人的生存提供物质基础，同时也是其从事社会活动的主要领域。在适宜的条件下，职业及其活动内容可能成为个人奋斗的目标和为之奉献的事业。人生价值的实现，无论从哪个方面看，都离不开职业活动。职业规定了一个人的工作岗位及其奋斗目标，个人只有以工作岗位为起点，才能实现与社会整体的融合。

（二）职业的特性

职业特性反映了职业主体在长期的实践活动中所形成的与其他形式的劳动相区别的本质属性。纵观中外职业活动的发展变化，可以看出职业具有如下八种特性：

1. 社会特性

职业充分体现了社会分工，是社会生产力发展的产物，每一种职业都体现了社会分工的细化，体现了对社会生产和社会进步的积极作用。职业也构成了社会运行的具体方式，形成了社会成员的阶层划分与社会地位归属。社会成员在一定的社会职业岗位上为社会整体作贡献，社会整体也以全体成员的劳动成果作为积累而获得持续的发展和进步。

2. 经济特性

职业活动以获得谋生的经济来源为目的。劳动者在承担职业岗位职责并完成工作任务的过程中，必然要索取报酬、获得收入。这一方面是社会、企业及用人部门对劳动者付出劳动的回报和代价；另一方面，劳动者以此维持家庭生活，这是保持整个社会稳定的基础。有稳定、合法的收入是职业这种特定劳动区别于其他社会活动的主要特点。

3. 技术特性

任何一个职业岗位，都有相应的职责要求，能胜任和承担岗位工作的人，除了达到该岗位职业道德、责任义务、服务要求以外，至少要达到持证上岗的技术水准。比如，所有岗位对学历证书、职业资格证书、专业技术考核证书、上岗培训合格证、专业工作年限等都有具体的规定，只有达到起点要求才能上岗。

4. 稳定性

任何一种职业都要经历一个从酝酿到形成，从发展到完善，再到消亡的变化过程。一般来说，构成职业生存的社会条件的变化是比较缓慢的，职业的生命周期比较长，具有稳定性。但是，这种稳定性是相对的，随着经济社会的发展，特别是科学技术的发展，职业活动也会发生变化。如果这种变化是质的层面的，旧的职业就会被新的职业所取代。

5. 时代性

职业是一个社会历史范畴，随着社会生产力和劳动分工的不断发展，在特定的社会历史发展阶段，职业的性质和内容是有一定差别的，即具有时代性。职业的时代性表现在：一是不同时期会出现不同的职业，相同名称的职业在不同的时期会有不同的内容；某些职业甚至发生了根本性的变化；一部分新产生的职业替代了一部分过时的职业。二是每一个社会都有自己的时尚职业，即该社会中人们所热衷的职业。

6. 同一性

某一类别的职业内部，其劳动条件、工作对象、生产工具、操作内容、人际关系等都是相同或相近的。正是基于职业的同一性，才有工会、同业公会、行会等社会组织产生，才有从业者的利益共同体。职业的同一性，往往会被打上社会印记。例如，张三是侦探，人们会认为他精明；张三改行搞文艺，人们就认为他活泼浪漫；张三又去当教师，人们则认为他有学问，等等。

7. 差异性

不同职业之间存在着劳动内容、社会心理、从业者个人的行为模式等方面的差异。职业的领域非常宽广，我国古代就有"三百六十行"之说，现代社会职业更是成千上万，并且不断分化出新的职业。职业的差异导致了不同职业的从业者在职业转换中的矛盾与困难，每一种职业都需要特定的知识和技能，只有符合了这些特定的要求，才能胜任所从事的职业。

8. 层次性

虽然从社会需要和社会分工的角度来看，职业不应有高低贵贱之分，但在现实社会中，人们对不同职业的社会评价的确存在着明显的差别。这种职业评价的差别即层次性，源于不同职业的工作复杂程度的不同，以及在工作组织权力结构中的地位、工作的自主权、收入水平、社会声望等方面的差别。

（三）职业的功能

职业实质上实现了劳动者与生产资料的结合，体现了人与人之间的社会关系。人们通过职业活动不仅满足了自身的需要，而且通过各自劳动成果的交换，满足了彼此的需要。因此，职业及职业活动对于个人和社会都有非常重要的意义。从个人的角度看，职业为劳动者个体参与社会活动和获取生活资料提供了基本条件，其作用具体表现在：

1. 职业是人的主要经济来源

职业是个人获得经济收入的主要手段，是个人生存和维持家庭的物质基础。生产劳动是人类社会发展中最重要的活动，而人们的职业与生产劳动是紧密相连的，这是因为人们总是通过一定形式的职业来进行劳动，以获取生存和发展所必需的生活资料，维持个人与家庭生活的基本需要。当然，人们在职业活动中取得个人经济利益的同时，也为社会创造了财富，实现了社会物质财富和精神财富的积累。

2. 职业能使人获得非经济利益

职业活动可以使个人获得非经济利益，如名誉、地位、权力、各种便利以及友谊、交往等，从而使个人获得心理满足，达到"乐业"的境地。追求较高的社会地位，是许多人的重要人生目标。职业类别、职业环境和职业中的个人等级（如省长、市长、局长、厂长、处长、科长、科员等），就是人的社会地位的象征。人们在职业问题上的努力和奋争，构成了人们在社会地位阶梯中的向上流动。

3. 职业是个人发挥才能的平台

人们从事某种特定职业类别的工作，不仅要求人要有一定的素质，还要能使人的才能得到发挥，并成为促进人的才能和个性发展的平台。由于每种职业都有不同于其他职业的活动内容和形式，这就必然对从业者的生理和心理产生了重大影响。当某种工作能够使个人的才能得到发挥、个性得到不断发展与完善时，这种工作就成为促进个人健康发展的途径。而随着才能的逐步提高，人们自我实现的需要也就得到了满足。

劳动者从事某种职业，就是进入一个社会劳动分工体系之中参与其活动。劳动者在这个体系中的活动结果，既获得了满足自身需要的财富，也为社会做出了贡献。因此，从这个意义上说，对社会而言，职业和职业活动构成了人类社会生活，是社会存在和发展的基础。职业对社会发展的具体作用表现在：

1. 职业是社会存在的内容

职业作为一种社会存在，不仅是人的社会身份、等级的体现，其本身也构成了人类社会存在的一个内容。职业分工及其结构，是社会经济制度与社会经济结构的重要部分，也是社会经济发展水平的反映。通过人的职业劳动生产出社会财富，这也为社会的存在和发展提供了物质基础。此外，职业分工构成了社会经济制度及其运行的重要组成部分，是社会存在的重要内容。

2. 职业的运动和转换可能成为社会发展的动力

职业的社会运动，包括个人改善职业的向上流动，与社会经济结构相联系的职业结构变动，不同职业阶层间的矛盾冲突及其解决等，构成了社会发展与社会进步的强大动力，是社会发展不容忽视的重要力量。此外，人们为了追求未来的"好职业"而进行人力资本投资，更成为推动社会发展的巨大动力。

3. 职业是维持社会稳定的基本手段

职业是人的重要生活方式，"安居乐业"是人们的共同愿望。政府为公众创造职业岗位，执行促进"充分就业"的政策，从其社会功能的角度看，就是为了减少贫困，缩小分配差距，在一定程度上解决效率与公平之间的矛盾等问题，达到维护社会稳定、实现和谐发展与可持续发展的目的。

二、变化中的职业世界

职业从其产生之日起，就一直随着生产力的发展与社会的进步处于不断变化之中。新的职业不断产生，很多旧的职业由于社会生产的变化而逐渐退出历史舞台。职业的类型多种多样，每一种职业都有其自身的特点和规律。为了更好地研究和分析职业问题，世界各国相继进行了职业分类，建立了国家职业分类体系和国家职业资格体系。职业分类和职业资格体系结构的形成，不但便于人们了解和把握职业世界，而且增强了人们的职业意识，促进了劳动者职业素质的不断提升。

（一）职业分类

职业分类就是按照一定的标准和方法，根据职业本身的特性，把职业分成若干种类，以揭示各种职业间的区别与联系。目前，世界各国对职业的分类基本上采取了横向分类和纵向分类两种方法。横向分类是根据各种职业的性质进行分类。纵向分类是在横向分类的基础上，对每种类型的职业，根据其工作的难易程度、繁简程度、责任轻重以及所需人员资格条件等，把同一种职业类型划分成不同的等级，以揭示职业的层次性。

1. 国际标准职业分类

《国际标准职业分类》是依据职业的职责及所从事工作的类型进行的分类。在国际劳工组织的积极推动下，经过国际间长期、深入细致的合作努力，《国际标准职业分类》的初版于1958年开始发行，后来又经过了多次修订。《国际标准职业分类》对国际性标准职业分类体系作了详尽的描述，其结构共分四个层次：大类、小类、细类和职业项目。1988年版《国际标准职业分类》对大类进行了修订，修订后的十个大类是：①立法者、高级官员和管理人员；②专业人员；③技术和辅助专业人员；④职员；⑤服务人员和商店与市场销售人员；⑥农业和水产业技术工作者；⑦手（工）艺人和有关行业的工人；⑧设备与机械的操作工和装配工；⑨简单劳动职业者；⑩军人。这种分类方法便于提高国际间职业统计资料的可比性与国际交流，现已成为世界各国制定本国职业分类体系的蓝本。我国的职业分类也采用这种分类方法。

2. 我国新颁行的职业分类大典中的职业分类

1999 年初,《中华人民共和国职业分类大典》通过审定,1999 年 5 月正式颁布。这是我国第一部对职业进行科学分类的权威性文献和工具书,在我国社会经济发展中发挥了重要作用。《中华人民共和国职业分类大典》将我国的职业分为 8 个大类,66 个中类,413 个小类,1 838 个细类(职业)。

(二)职业资格

1993 年党的十四届三中全会《决定》首次明确提出,我国要实行学历文凭和职业资格两种证书并重的制度。1999 年 6 月,中共中央、国务院发布的全面推进素质教育的决定,再次重申要在全社会实行学业证书和职业资格证书并重的制度。这种劳动者通过职业资格证书证明自己拥有的技术水平,按照自己的意愿选择职业的制度,一方面促进了全社会人力资源的合理配置,另一方面使公民的自由择业权利得到了应有的保障。

1. 职业资格的含义

职业资格是对从事某一种职业所应必备的学识、技术和能力的基本要求。职业资格包括从业资格和执业资格。从业资格是从事某一专业学识、技术和能力的起点标准。执业资格是指政府对某些责任较大、社会通用性强、关系公共利益的专业工种实行准入控制,是依法独立开业或从事某一特定专业工种的学识、技术和能力的必备标准。

2. 国家职业资格证书制度

国家职业资格证书制度是指按照国家职业标准,通过政府认定的考核鉴定机构,对劳动者的技能水平和从业资格进行评价和认证的国家证书制度。《劳动法》第八章第六十九条规定:"国家确定职业分类,对规定的职业制定职业技能标准,实行职业资格证书制度,由经过政府批准的考核鉴定机构负责对劳动者实施职业技能考核鉴定。"《职业教育法》第一章第八条明确指出:"实施职业教育应当根据实际需要,同国家制定的职业分类和职业等级标准相适应,实行学历文凭、培训证书和职业资格证书制度。"这些法规确立了国家推行职业资格证书制度的法律依据。

职业资格证书是反映劳动者具备某种职业所需要的专门知识和技能的证明。它是劳动者求职、任职、开业的资格凭证,是用人单位招聘、录用劳动者的主要依据,也是境外就业、对外劳务合作人员办理技能水平公证的有效证件。国家职业资格证书制度集中体现在职业资格证书的管理体制上。我国职业资格证书制度主要包括职业资格证书制度体系、职业资格认证方式、职业资格证书等级体系等三方面内容。职业资格证书制度是国家证书制度的一个重要组成部分，它通过国家法律、法令或行政条规的形式，以政府力量来推行，由政府认定和授权的机构来实施。目前，社会上的许多职业都有各自的职业资格证书，如教师职业资格证书、医师职业资格证书等。

3. 职业技能鉴定

《劳动法》第八章第六十九条规定："国家确定职业分类，对规定的职业制定职业技能标准，实行职业资格证书制度，由经过政府批准的考核鉴定机构负责对劳动者实施职业技能考核鉴定。"职业技能鉴定是一项基于职业技能水平的考核活动，属于标准参照型考试。它是指由考试考核机构对劳动者从事某种职业所应掌握的技术理论知识和实际操作能力做出客观的测量和评价。职业技能鉴定是国家职业资格证书制度的重要组成部分。

职业技能鉴定的主要内容有职业知识、操作技能和职业道德三个方面。这些内容是根据国家职业技能标准、职业技能鉴定规范和相应教材来确定的，并通过编制试卷来进行鉴定考核。职业技能鉴定分为知识要求考试和操作技能要求考核两部分。知识要求考试一般采用笔试，操作技能要求考核一般采用现场操作加工典型工件、生产作业项目、模拟操作等方式进行。计分一般采用百分制，两部分成绩都在60分以上为合格，80分以上为良好，95分以上为优秀。

（三）职业世界的新变化

国内外有关未来职业发展趋势的调查研究表明，随着世界经济、社会文化和科学技术的发展，社会上的行业结构将发生很大的变化，未来社会对人才需求的情况也会发生重大调整。《美国新闻和世界报道》的专家对未来社会的职业发展趋势进行了预测，并提出了未来世界的20个主导行业：执法、法律、信息服务、社会工作、医疗服务、公共事务、金融、技工、电信业、工程技术、科学研究、销售、医学、传媒、教育、咨询业、广告业、艺术、娱乐、工程学。这项调查是对未来美国和发达国家的职业发展趋势进行的预测，我国未来的职业发展既受世界性的大趋势影响，也因具体国情和不同社会发展阶段等因素的影响，具有自身的特点和规律，具体表现在：

1. 由单一基础型向跨专业、复合型转化

从目前招工、就业的情况分析，职业岗位的要求和劳动方式逐步由简单向复杂转化，过去单一技能就能胜任的工作，现在由于职业内涵发展扩大了，往往需要相关专业的许多知识和技能，更多地需要跨专业的复合型人才。

2. 由封闭型向开放型转化

随着改革开放的深入，职业岗位工作的范围和面向的服务对象越来越广泛,接受信息的渠道也不断增多,人们相互之间的交往和协作大大加强,所以要求人们具有开放的观念和心态,彻底摆脱封闭的状态。

3. 由传统工艺型向信息化、智能型转化

传统工艺型在科技含量上相对滞后,在技术更新速度方面比较缓慢,有时跟不上时代前进的步伐。生产力发展的关键之一是增加职业岗位科技含量,改进劳动组织和生产手段,使其由传统工艺型向信息化、智能型转化。

4. 由继承型向知识创新型转化

知识经济的到来,要求社会成员必须不断树立创新意识,在自己的职业岗位上进行创造性劳动。经济和社会的发展变化,已经使完全以继承方式获得的劳动技能和方法大大落后,国家的知识创新工程,不但将科技成果迅速转化成生产力,而且使更多的工作岗位由继承型向知识创新型转化。

5. 第三产业、社会服务业发展壮大

社会生产力的提高,解放了劳动力,人们越来越多地需要社会服务行业为他们排忧解难、提供方便。第三产业的劳动人数将迅速增加,信息传播与管理行业的各种职业,文化教育事业,休闲、娱乐、保健等事业,提供各种各样服务项目的社会服务业等迅速发展壮大,不仅能产生大量新职业,而且是吸纳社会劳动力的主要渠道。

三、职业生涯

职业生涯是一个可以从多角度看待的问题。既可以从财富、地位的角度来看待,也可以从成功、幸福的角度和健康、快乐等角度来看待。职业生涯也是一个可以从多种学科进行研究的问题。从哲学的角度可以讨论职业生涯发展的理念和指导思想,思考应该树立什么样的工作生活目标,用什么手段来实现这样的目标,形成人的职业价值观;从心理学角度可以基于认知、情感和社会观念等方面的分析来认识人的职业发展历程及其所面临的问题;从生理学的角度可以基于生命周期的理念看待职业生涯的发展,帮助人们认识体力、体能、智力、智能等从发育、成熟到衰退的整个过程。这里我们仅从劳动者个体职业发展的角度,综合运用各学科研究成果对这一问题进行探讨。

（一）职业生涯的界定

关于职业生涯的界定,目前学术界尚有许多争议。其中较有代表性的观点有三种:一种是广义的职业生涯概念,它包括了从职业能力的获得、职业兴趣的培养、职业的选择和获得,直至最后完全退出职业劳动这样一个完整的职业发展过程,并将人的一生所经历的职业与非职业活动都视为职业生涯的内容（Super，1953）；一种是狭义的职业生涯概念，认为职业生涯仅指劳动者踏入社会从事职业工作到最终离开工作岗位为止的过程，它包括一个人一生中与职业相关的活动（Hall，1997）；还有一种更为狭义的职业生涯概念，认为职业生涯实质上是指一个人一生中的工作任职经历或历程，它不仅表示职业工作时间的长短，而且内含职业发展、变更的经历和过程，包括从事何种职业工作、职业发展的阶段、由一种职业向另一种职业的转换等具体内容（曹振杰，2006）。

（二）传统的职业生涯

20世纪60年代以来的传统职业生涯特点，可从员工与组织之间的"心理契约"中得到更好的说明。"心理契约"这一术语是美国组织心理学家阿吉里斯（Argyris，1960）首先提出来的。他将这一术语引入管理领域，旨在强调在员工与组织的相互关系中，除正式雇佣契约规定的内容外，还存在着隐含的、非正式的、未公开说明的相互期望，它不但影响着员工的态度和行为，而且是剖析组织管理水平、洞察个体行为特征的重要变量。著名生涯规划专家施恩（Schein）指出："心理契约的意思是说，在任一组织中，每一成员与该组织的各种管理者之间及其他人之间，总是有一套非成文的期望在起作用。"这些期望微妙而含蓄，它虽然是非正式的，不具有书面的形式，却具有契约的功能。如果其中一方未能如愿，就意味着相互之间的信任与真诚将被打破，由此会带来员工的激励消退、流失等一系列严重后果。

（三）无边界职业生涯

无边界职业生涯的提法虽然在学术界尚有争论，但在目前大多数企业的人力资源管理中，它已经成为一个不容忽视的现实问题。事实上，企业自身在激烈的市场竞争中，既不能保证长期在某一行业中存在，也不能保证自己不被其他企业收购或者兼并。另外，由于组织的日趋扁平化，也不可能保证组织中的员工一定能够获得好的晋升空间，甚至在员工退休之前，公司都无法保证他们所从事的工作岗位是否能够存在。在这种情况下，作为公司员工的劳动者个体必须清醒地意识到自己随时可能面临失业危机，并要对无边界职业生涯时代雇佣"心理契约"所发生的下述变化有一个比较全面、深入的了解和认识。

（1）传统的"心理契约"是以工作安全感和家长式的组织管理为基础，而新的"心理契约"是以增强员工的受雇佣能力和责任感为基础。随着企业经营风险的提高和员工自我意识的觉醒，员工和组织之间的关系已经不再是传统的单向依赖关系，而是一种新型的共生共荣、相互依赖的关系。

（2）传统的"心理契约"中组织与员工之间那种稳固的、相互忠诚的关系正面临着崩溃的危机。这种危机在组织一方表现为大量裁员，在员工一方则表现为大量跳槽与流失。为此，员工更应关注自己在组织中学习和成长的机会以及可雇佣性的提高，并以此来抵消新经济条件下自己随时面临的失业风险。

（3）传统的"心理契约"强调组织对员工的认可，在线性的带有科层制的职务结构中，较高的等级往往意味着较大的权力和较高的薪金收入，而员工晋升目标的实现，不仅受其自身努力的影响，更要受公司所提供的职位和组织评价的影响。新的"心理契约"强调职业发展中个人的驱动性、独特性和心理成就感，它在很大程度上由员工自己掌握和控制。

（4）传统的"心理契约"中员工的职业生涯发展往往被局限在一两个组织内部或某一个专业领域，而新的"心理契约"更加强调职业生涯中的个人选择和自我管理，其直接后果是劳动者个体可以在不同的产品领域、技术领域和组织之间流动，可以不断地寻找新的工作机会，不断地尝试错误和进行自我调整，直至找到最适合自己的职业发展领域。

相关链接

我国未来十年的主导职业

我国人事管理机构根据全国各类专业协会的有关统计资料，对未来主导职业进行了分析和预测。结果认为，我国未来十年的主导职业包括会计、计算机应用、软件开发、环境保护、健康医学与保健医药、咨询服务、保险、法律、老年医学、家庭护理和服务、公关与服务、市场营销、生命科学、心理学、旅游管理与服务、人力资源管理等 16 种职业。这 16 种职业的基本情况与涉及的相关专业简介如下：

（1）会计类。随着经济的发展和财务管理的规范化，各企事业单位对会计的需求也大大提高。该行业的从业者应具有助理会计师、会计师和高级会计师等职称或专业资格认证，一般要具有会计、财经、统计学等专业的学历或学位，并通过国家各等级的会计师资格考试，取得会计师上岗资格证书。

（2）计算机应用类。计算机技术不断发展，应用广泛。硬、软件的开发、使用和维护成为社会各行业工作的必要组成部分，因此对计算机专业人才的需求也越来越大。这类行业需要计算机硬件工程师、程序员、网络管理员、系统维护专家及数据库管理人员等。这些专业人员一般需要获得计算机、信息技术、电子技术或相关专业的学历或学位。

（3）软件开发类。软件开发是计算机行业的重要领域。软件设计专家成为软件开发业的热门人才。他们主要从事操作系统、开发工具和应用软件等的开发工作，要求具有计算机软件或相关专业的学历或学位，并具有一定的软件开发经验。这种职业在未来相当长的时间内，将成为社会上高技术和高待遇的职业。

（4）环境保护类。随着环境污染的加重和公众环保意识的增强，社会对环境保护类专业的人才需求将呈直线上升趋势。环境保护包括环境监测、环境质量评价、环境治理（环境工程）和环境卫生等，需要环境科学、地理学、生物学、环境化学、环境工程学等专业人才。

（5）健康医学与保健医药类。随着人们对自己的生活状态和健康状况越来越关注，健康医学应运而生，医用保健品的市场也越来越大，中医学和健康医学成为关注的焦点。中医在辨证治疗和整体治疗方面与当今的生物制药有密切关系。社会对中医师和健康医学人才的需求量逐渐增加。这类从业者需要获得生物医学或中医学专业方面的学历或学位。

（6）咨询服务类。在信息时代，信息的获取已经成为科学技术发展和商业运作的关键环节。社会分工的精细化和专门化促进了信息咨询和相关咨询行业的发展。目前社会上的咨询行业有企业咨询、心理咨询、信息咨询（包括各种信息服务咨询）、教育咨询等。从事咨询业需要具有教育学、心理学、管理学、信息科学、经济学等方面的学历或学位。

（7）保险类。经济结构的变化和各种不可预测的因素给人们的工作和生活增添了很多不确定性，完善社会保障体系必不可少。社会保障体系的不断完善促进了保险业的发展。社会对保险业务员、管理人员、精算师和索赔估价员的需求不断提高。一般从事保险业的人员需要具有保险专业、金融专业、经济类专业、管理类专业的学历或学位。

（8）法律类。我国的法制建设初见成效，国家颁布的各种法律法规越来越多、越来越详细，从事司法工作的政府机构（如法院、检察院）需要更多高素质、高学历的法律人才。为了更好地开展法律咨询和处理各种刑事、民事案件，律师在社会上的需求量很大。律师将成为高智力、高社会地位和高收入的职业。律师需要具有法律专业的学历或学位，并获得国家的律师资格证书。

（9）老年医学类。人口老龄化是全世界面临的一个严峻问题。老年人的医疗、社会保障、心理问题等是社会亟待解决的问题，其中老年医疗和保健问题最为突出。社会将急需医学、老年医学、健康保健和护理等方面的专业人才，从事老年人医疗保健事业。

（10）家庭护理和服务类。生活和工作节奏的加快使家庭成员压力增大，照顾病人、老人和孩子成为年轻父母的沉重负担，家庭护理的需求量也因此大大提高。相关的热门人才有幼儿教师和家庭服务人员，这类人员不需要很高的学历。但是，对于这个行业的管理者，则需要具备社会服务、管理学等方面的学历或学位。

（11）公关与服务类。公关和企业形象对一个企业的发展至关重要。公关行业的从业者一般需要获得公共关系学、社会服务类专业、经济贸易类专业、管理类专业的学位，并具有相关的工作经验。

（12）市场营销类。市场营销是企业产品销售的一个重要环节。在未来社会发展中，产品的独立承销和销售网络的建立将成为企业运作的主要形式。承销商和销售网络为企业进行广告宣传和提供相应的技术或销售服务。证券及金融业、通讯、医疗器械、计算机与网络设备、一般的商业机构等均需要市场营销人才。从业者一般需要具有市场营销学、管理学、经济类专业的学历或学位。

（13）生命科学类。生物化学和生物技术是近年来科学研究的一个热门领域。该领域在生物制药、保健品开发、治疗疑难病症的药品的研制、人工蛋白质的合成等方面有巨大的发展潜力。目前的新药主要是生物化学家与生物技术专家开发出来的，对治疗和预防疾病起到了重要的作用。该领域的从业者一般需要具有生物化学、生物技术、生物医学、分子生物学等专业的学位。

（14）心理学类。我国已经将心理学列为21世纪重点发展的十几个学科之一。自1997年起，教育部在几所重点院校建立了心理学科基础研究人才培养基地。国家在心理学领域的投入逐年增大，心理科学也逐渐成为一个受社会关注的专业。如从事市场研究、人力资源开发、心理咨询与心理治疗、学习障碍的矫正、人机交互作用的研究等，均需要大量的心理学人才。从事心理学方面的职业需要获得心理学专业的学位。

（15）旅游管理与服务类。随着收入和生活质量的提高，人们在户外娱乐、休闲和旅游中投入更多时间和金钱，促使旅游业迅速发展，对旅游代理公司的需求大幅度增加。同时，这也将带动相关产业的发展，如航空、出租车、客轮、商业、宾馆和餐饮业等。旅游业的发展将促进社会经济的全面发展，旅游业也将成为国家重点开发的产业之一。该职业的从业者一般需要具有旅游管理或管理学、地理学或相关专业的学历或学位。

（16）人力资源管理类。未来社会的竞争是人才的竞争。近年来，无论是政府机构还是企业，都设立了专门负责人才招聘和培训的人事机构或人力资源部。其职能已不再是传统的档案管理，而是招聘和培训员工，开发人力资源的潜力，创造效益。人力资源管理也因此备受企事业单位的重视，并成为政府机构和企业的重要职能部门。国内新兴的大型企业和外资企业都设有人力资源部，负责企业各级人才的选拔和员工培训。在未来社会发展中，对人力资源专家的需求也将不断增加。从事这方面职业需要具有人力资源管理、心理学、管理学等方面的学历或学位。

资料来源：李凤伟，常桦. 就业力——赢在起跑线的七种能力. 北京：中国纺织出版社，2004

第二节　劳动者个体的职业生涯规划

劳动者个体的职业生涯规划是作为个体的劳动者将个人发展与组织发展相结合，对决定其职业生涯的主客观因素进行分析、总结和测定，确立其职业发展目标，选择实现其职业目标的发展路径，编制其相应的工作、教育和培训计划，并在实践的基础上对所制定的各项规划不断进行修订和完善的过程。职业生涯规划在劳动者的一生中占有非常重要的地位，它不仅对其个人的职业发展和事业成功具有非常重要的影响，而且在某种程度上决定了其生活是否美满，家庭是否和谐，人生价值能否得到充分实现。

一、职业生涯规划概述

职业生涯规划既是一项现实工作，又是职业指导和人力资源管理研究中的一个重要问题。从现实工作的角度看，职业生涯规划至少应该解决职业生涯设计中"干什么"、"在何处干"、"怎么干"和"以什么心态干"四个基本问题，即"四定"——定向、定点、定位和定心。从学术研究的角度看，职业生涯规划不但关系到劳动者个人的潜能发挥与生活幸福，而且关系到整个社会的安定、和谐与可持续发展，所以应该以更广阔的视野对其进行更加深入、全面的了解和认识。

（一）职业生涯规划的界定

由于对职业和职业生涯的认识不同，人们对职业生涯规划的理解和设计也不尽相同。从目前已经出版、发表的相关领域的著作和文章来看，国内外学者对职业生涯的界定大致有如下六种：

第一种定义为"自我评估、组织内外开发机会、目标设置、达成目标的计划和执行"（Beach，1980）。

第二种定义为"职业探索、职业目标设置和职业实施策略确定"（Stumptf，1983；Noe，1996）。

第三种定义为"职业决策的过程，其中包括职业规划、职业生涯策略和积极参与规划"（Pazy，1988）。

第四种定义为"工作选择、职业选择、组织选择和自我生涯发展"（Hall，1988）。

第五种定义为"结合自身条件和现实环境，确立自己的职业目标，选择职业道路，制定相应的培训、教育和工作计划，并按照生涯发展的阶段实施具体行动以达到目标的过程"（李隆盛、黄同圳，2000；张敏强等，2006）。

第六种定义为"组织帮助个人检视其生涯，评估其教育培训需求，并发展一些特殊的行动计划来维持、增强及再评估他们在工作环境中的专业与管理技能是否合适，以面对快速改变的局面的过程"（Haywood，1993）。

从上述职业生涯规划概念的界定中可以看出，前五种界定虽然有一定的差异，但从总体上来说都属于基于劳动者个体发展的规划，而且都将职业生涯规划看作是一项经过深思熟虑的个人发展计划，是劳动者个体为了解和控制自身的职业生涯而实施的行动。它包括个人评估和了解自身的优势与劣势，以及组织存在的机会与限制，从而选择和确定自己的职业目标，并为实现这些目标而做好一系列准备工作，如接受教育、积累工作经验等。第六种界定是从组织角度出发提出的有关员工个人发展的职业生涯规划，它既考虑到了组织的发展，又兼顾了员工的个人实际情况，所以无论对组织的人力资源管理，还是对组织成员的个人发展都有一定的积极意义。

（二）职业生涯规划的作用

职业生涯规划是劳动者个体对今后所要从事的职业和所要担负的工作职务等所做的设想和计划，它无论对劳动者个人还是对其所在的组织都具有非常重要的作用。良好的职业生涯规划应具备以下特点：一是可行性，即规划是在对个人及所处环境进行认真了解和分析的基础上做出的，不是脱离实际的幻想；二是适时性，即规划的制定及时、有效，能够对劳动者个体的职业发展切实起到引领和促进作用；三是适应性，即规划能够考虑到个人成长和环境变化等不确定因素，具有一定的弹性和灵活性，能够适应经济社会的发展和职业世界的变化。

职业生涯规划对劳动者个人的作用主要表现在：①有助于劳动者个体客观地确定自己的职业发展目标。在高度分工的现代社会，每个人都应有自知之明，不仅要知己所长，还要知己所短。良好的职业生涯规划能够帮助劳动者个体知己之长短，知环境之利弊，扬长避短地确定自己的职业发展目标。②有助于劳动者个体有针对性地制定自己的职业能力开发计划。人的职业发展过程，也是一个终身学习和终身提高的过程。良好的职业生涯规划有助于劳动者个体有计划地安排自己的职前学习和职后培训，不断提高自己的职业能力，为实现自己的职业发展目标奠定必要的基础。③有助于劳动者更好地进行职业选择和调整。良好的职业生涯规划有助于劳动者个体在职业变动的过程中，面对已经变化了的个人需求和职业世界，对自己的职业发展进行及时、恰当的调整。这些职业选择和调整包括：接受还是拒绝某项工作，有无跳槽的必要，是否该寻找更具挑战性的工作等。

职业生涯规划对组织的作用主要表现在：①有助于组织稳定员工队伍。在无边界职业生涯时代，如何保持员工队伍的相对稳定性是组织管理的一项重要任务。通过职业生涯规划，组织可以更加深入地了解员工的需要、兴趣和理想，并根据具体情况适时引导员工进入组织的工作领域，使他们感觉到自己是受到重视的人，使他们看到自己在组织中的希望、目标，从而达到稳定员工队伍的目的。②有利于人尽其才，避免人力资源的浪费。个人的职业发展目标的实现，除了主观努力之外，还需要组织创造条件。良好的职业生涯规划，有助于将劳动者个体的职业发展与组织的发展紧密结合起来，并在条件允许的情况下尽量做到人职匹配，从而使员工的作用能够得到更大发挥。③有助于组织在社会发展变化中实现可持续发展。科学技术的进步，必然会带来产品和技术老化周期的加快。职业生涯规划在提高员工职业适应能力的同时，也为组织整体适应能力的提高和实现可持续发展创造了必要的条件。

（三）职业生涯规划的原则

职业生涯规划是一个个体探索、科学决策和统筹规划的复杂过程。为了保证职业生涯规划的科学性和实用性，它应该遵循如下四项基本原则。

1. 量体裁衣原则

量体裁衣原则要求在进行职业生涯规划之前，不仅要对个体的主观因素，比如知识结构、能力倾向、性格特征和职业兴趣等进行全面的测评，而且要对个体的外部环境和职业发展资源等进行系统的评估，既考虑个体的职业发展动机，又分析其成功的可能性，从而设计出真正符合个体特点的职业生涯规划。

2. 可操作性原则

职业生涯规划是为个体的职业发展所设定的达成理想目标的规划和步骤，因此，它的内容应该是具体明确的，不能是空洞的口号。职业生涯规划的可操作性主要包括目标的现实性、计划的可行性和效果的可检查性三个方面。

3. 阶段性原则

对职业生涯发展而言，个体的理想目标不可能一步就实现，它需要分解为一个个更加具体的阶段性目标，落实到人生发展的不同阶段，从而使人生的不同阶段承担不同的发展任务。

4. 发展性原则

发展性原则是指个体在进行职业生涯规划时，不仅要考虑到个体当前的需要和当前的发展，还要放眼未来，为今后的职业发展预留足够的空间，并能实现可持续发展。

二、职业生涯规划的理论资源

职业生涯规划的理论研究源于职业指导的实践探索。职业指导是在西方国家因经济发展、职业分化、技术进步而产生一系列社会矛盾后，社会为解决就业问题而做出努力的产物。职业指导的正式形成以美国波士顿大学教授帕森斯（Frank Parsons）在 1908 年创立地方职业局为标志，他首次提出"职业指导"这一概念，并使职业指导成为具有组织形态的专业性工作。在职业指导活动初期，没有任何成熟的理论可以遵循。职业指导工作者在大量积累实践经验的基础上，开始进行理论的提炼。他们先是推演出若干基本原则与假设，然后加以总结和验证，进而建立起初步的理论框架。职业生涯规划理论的奠基人当属"职业指导之父"帕森斯，他根据多年的工作实践经验总结出职业选择的三大要素：第一是必须对求职者自身的天赋、能力、兴趣、志向、资源、限制条件以及种种因素考虑清楚；第二就是对不同行业工作的要求、成功要素、优缺点、薪酬水平、发展前景以及机会有较为明确的认识；第三是在这两组要素之间进行最佳搭配。他认为人们如果按照他提出的这"三步范式"去寻找工作，就会对自己的职业更为满意。帕森斯提出的这种思想为后来出现较为系统的职业生涯规划理论奠定了良好的基础，也为许许多多的职业咨询师和专家提供了最初的理论指导。进入 20 世纪 50 年代，心理学的发展特别是心理测量的兴起及其广泛应用，为职业生涯规划理论的丰富和成熟奠定了重要的基础。目前，职业生涯规划的理论研究不但已经形成许多各具特色的流派和体系，而且能为职业生涯规划实践提供标准化的测评工具和系统的方法论指导。

（一）职业选择理论

早期的职业生涯规划理论探索主要集中在职业选择领域，其中最有影响的是在帕森斯"三步范式"基础上发展起来的"特质—因素"理论。该理论是一种以经验为导向的职业生涯指导模式，其核心是强调择业过程中的人职匹配。1956 年，罗伊（Anne Roe）提出了一种基于马斯洛需要层次学说的职业选择理论，认为个人的早期成长环境对其职业选择具有十分重要的影响。1959 年，霍兰德（John Holland）提出了一种关于职业选择的人格类型理论，该理论将"特质—因素"理论从一种静态的模式扩展为动态模式。后来（1973、1985、1999 年）他又对其理论进行了三次大的修改，并开发出了两种重要的测量工具。霍兰德的理论不但在实践中产生了巨大影响，而且推动了后来者的相关研究，其中较有代表性的有：

1. 职业锚理论

1978 年，美国麻省理工学院斯隆管理研究院的埃德加·H. 施恩（Edgar H. Schein）教授出版了《职业的有效管理》（*Career Dynamics*）一书，率先从职业发展观出发勾勒出了个人与组织相互作用的基本图式，并提出了一个使他在职业生涯规划领域声名远播的概念——职业锚。所谓职业锚是指个体经过探索所确定的长期职业定位。

2. 社会学习理论

1979 年，克鲁姆波兹（Krumboltz）提出了职业生涯选择中的社会学习理论。他认为影响个体职业选择的因素主要有如下四种：一是基因特征，如智力、艺术才华、肌肉协调性等，它可以拓展或限制人的职业偏好和能力；二是环境条件，如劳动法规和行业协会的规定、自然资源的供需情况、新技术的发展等，它使人只能在某些地域找到某些工作；三是过去的学习经验，包括个体作用于环境的与环境作用于个体的；四是个人处理新任务、新问题时所形成的技能、绩效标准和价值观。在他看来，个体对某些职业有所偏好，折射了其所习得的反应。当你做与某项职业有关的事得到正反馈，如赞许、认可时，你会倾向于对该职业有所偏好；而没有反馈或负反馈，则会减弱甚至完全消除你对某一职业的偏好。

3. 职业自我效能理论

职业自我效能理论是在班杜拉的自我效能理论基础上发展起来的。从 20 世纪 80 年代起，哈克斯（Hackett）和彼特兹（Betz）开始运用自我效能概念来解释大学生职业选择中的性别差异问题。其研究的基本假设是：女大学生在非传统女性职业领域所占比例不足，是由于她们在这些领域中的低自我效能所致。正是为了验证这一假设，他们提出了职业自我效能（career self-efficacy）的概念，设计出了职业自我效能量表，使自我效能理论扩展到职业领域。哈克斯和彼特兹的研究扩大了研究者的视野，引起了他们的强烈兴趣，不久自我效能理论就从有关女性职业问题的应用研究转向了所有人的一般职业选择和发展研究。从概念的发展来看，职业自我效能与自我效能一样，不是指某种人格特质或职业行为能力本身，而是指综合各种信息，基于对自身某种职业行为能力的判断和评估所形成的对自身能力的信心或信念，即职业自我效能反映的是个体对自己完成特定职业的相关任务或行为的能力的知觉或对达成职业行为目标的信心或信念。

（二）职业发展理论

人的职业生涯是一个动态的发展过程。虽然对每一个劳动者个体而言，这个过程各有其特点，但就总体而言，人的职业生涯发展都面临着一些共同的问题，并遵循着一些基本的规律。对于这些问题和规律，很多专家学者从不同的角度进行了专门的研究。他们将人的职业生涯划分为不同的发展阶段，假设每一阶段都有其独特的问题和任务，并提出了解决这些问题、完成这些任务的方法和对策。

1. 金斯伯格的职业发展理论

1951 年，金斯伯格（Ginzberg）等人提出了一种全新的、心理学视角的职业生涯发展理论。这种理论突破了处于静止状态的"特质—因素"理论，将职业生涯开发看成是一种终其一生的过程，开创了对职业生涯开发进行动态研究的先河。金斯伯格的早期研究重点是从童年到成人的职业心理发展，他通过对比将人的职业选择心理分为三个主要时期。一是幻想期。这个时期儿童经常会想象他们将来会成为什么样的人，他们在游戏中根据所见到的成人表现来扮演职业角色。这一时期儿童的职业期望是由其兴趣所决定的，并不考虑自己的能力和社会条件。二是尝试期。尝试期又可分为兴趣、能力、价值和过渡四个阶段。三是现实期。现实期为 17 岁以后的成年期，进入现实期个体开始基于现实条件进行职业选择。这个时期可分为对不同职业进行试探的探索阶段、选定了主修专业或某种职业方向的固化阶段，以及依据自己选择的职业目标进入某种特定的工作或为其作准备的明确化阶段。1983 年后，金斯伯格对其理论进行了重新阐述，重点强调了职业选择是一个终生的决策过程，要用动态的、发展的观点看待职业生涯和进行职业选择。

2. 舒伯的职业发展理论

1953 年，舒伯（Donald Super）发表了他的职业生涯选择和发展理论。该理论包括对"特质—因素"理论、发展心理学以及个人结构理论的阐述。舒伯的理论着重从生命周期角度来考虑职业的发展，描述了变化的职业任务，并关注不同生命阶段的职业发展状况。他认为职业发展和个人发展是相互作用的，主张通过生活角色和工作角色的共同作用来决定个人的职业发展模式。在舒伯看来，职业发展是人成长的一部分。当一个人选定一个职业时，实际上是在说："我是这样或那样的人。"当一个人在某种职业中工作并进行相应调整时，他可以发现这工作是否与自己相适应，并允许其扮演自己希望在生活中扮演的角色。当一个人度过每个职业发展阶段的危机并在其中前进时，就会形成健康的自我概念。

3. 生涯混沌理论

20 世纪末，一些生涯心理学家在混沌理论的基础上，提出了生涯混沌理论（chaos theory of career）。这一理论摆脱了传统生涯心理学理论线性的、静态的、还原论的和因果决定论的思维束缚，为研究各种复杂关系、意外事件以及快速变化的环境在人类生涯中的作用提供了新的理论框架。生涯混沌理论认为，生涯是一种复杂的系统，它是动态的、开放的，也是适应性的，是个体甚至人类自身的分形。个体生涯与现实有着复杂的联系，我们必须以现实的复杂性来对待它。混沌理论强调，每个人的生涯发展都有其特定的动力发生环境和个体的内部动力，每个人的生涯发展都是一系列的选择，每个人的生涯经历都构成了自身发展的模式，都是有意义的。复杂的系统最终会以自我组织为模式，这种系统的模式功能会导致有序的发展，吸引因子表达的就是这种目标状态。因此，在某种程度上，混沌生涯观将个体的行为视为有目的的。目的性不仅仅能学习或适应内部亚系统的构造、变化或外部超系统的发展，重要的是它还能做出创造性反应，也即个体的能力不仅仅是简单地做出反应，而且还能产生创造性行为，改变自身和环境。

三、职业生涯规划的基本程序

职业生涯规划是一项具有前瞻性的系统工程，它的制定需要一个长期、连续和循环往复的过程。为了使职业生涯规划确实能对劳动者个体的职业生涯发展起到引导和促进作用，需要一套科学的程序保证这一过程顺利进行。本书认为，一个完整的职业生涯规划至少应该包括现实条件分析，职业生涯目标确定，职业发展路径选择，职业生涯规划方案设计和实践、评估、反馈与调整五个基本环节。

（一）现实条件分析

现实条件分析是制定职业生涯规划的基础和前提，它既包括对职业生涯规划主体自身的分析——自我评估，也包括对其所处的社会环境、组织环境和人脉资源的分析——外部环境评估。

（二）职业生涯目标确定

职业生涯目标是指一个人渴望获得的与职业相关的结果。确定职业生涯目标是职业生涯规划的核心内容，它可以在许多方面影响劳动者个体的职业生涯发展。其具体表现在：第一，它可以刺激高水平的努力；第二，它可以给高水平的努力固定方向；第三，它可以提高朝向目标努力的坚持性；第四，它可以衡量行为结果的有效性，向个体提供积极的反馈。职业生涯目标的制定，从某种意义上说也是目标管理法的一种具体运用。按照目标管理的要求，在制定有效的职业生涯目标过程中，应坚持目标管理的"SMART"原则。

1. 明确性（specification）

目标的制定要明确具体，同一时期的目标不要太多，目标越简明、越具体，就越容易实现，越能促进个人的发展。

2. 可测量性（measurable）

目标应该是可以测量的，要有定量的数据，如具体的数量、质量等。

3. 可实现性（attainable）

目标必须是合理的，是劳动者个人经过努力可以实现的。

4. 相关性（relevant）

目标要符合社会与组织的需要，要与组织目标、部门目标和个人发展目标相联系。

5. 时限性（time-bound）

目标的完成要有明确的时间结点，即各阶段的目标必须在一定的时间内完成。

制定职业生涯目标除坚持上述原则外，在具体的目标制定过程中，还必须注意把握好如下六个方面的问题：一是目标制定要适合自身的特点，并使其建立在自身优势之上；二是目标要高远，一个人追求的目标越高，其才能就发展得越快，对社会就越有益；三是要注意长期目标与短期目标的结合，长期目标指明了发展的方向，短期目标是实现长期目标的保证，长短结合更有利于职业生涯目标的实现；四是目标幅度不宜过宽，最好选择窄一点的领域，并把全部身心力量投进去，这样更容易获得成功；五是目标的制定要有主次之分，不同的目标要有不同的权重，这样才能分清轻重缓急；六是要注意职业目标与家庭目标、个人生活与健康目标的协调与结合。

（三）职业发展路径选择

职业发展路径是指个体在确定了职业发展目标后，拟从什么方向上实现自己的职业生涯目标。每个人的现实状况与理想目标之间，通常都会存在多种可供选择的发展路径，可以选择不同的行业，选择了行业还可以选择不同的单位，选择了单位还可以选择不同的职位起点。对某一具体的劳动者个人而言，在一定的时间和空间范围内，选择不同的发展路径，往往会有不同的结果。

对劳动者个体而言，选择职业发展路径通常需要考虑如下三方面的问题：一是个人希望向哪一条路线发展，这要考虑自己的理想、信念、价值观和成就动机等，明确自己想要什么，希望过一种什么样的生活；二是个人适合向哪一条路线发展，这主要考虑自己的性格、特长、经历、学历等主观条件，明确自己的优势和不足；三是个人能够向哪条路线发展，这主要考虑自身所处的社会环境、政治与经济环境、组织环境等，明确自己面临的机会和向各方面发展的可能性。

（四）职业生涯规划方案设计

在确定了职业生涯目标和选择了职业发展路径之后，要实现职业生涯目标还必须有相应的职业生涯策略作保证。职业生涯策略是指为争取职业生涯目标的实现所采取的各种行动和措施。如为了获取某一职位，你需要具备什么学历和工作经验，你准备补充哪方面的知识和提升哪方面的能力；为了完成工作目标，你计划使用什么样的工作方式，拟采取哪些措施来提高工作效率；为了实现职务晋升，你计划采取哪些措施来提高业务能力，准备采取什么样的方式来展示工作业绩，等等。

上述职业生涯策略的实施，都需要有具体的计划和措施作保证。如参加公司的教育、培训与轮岗，构建人际关系网，利用业余时间参加相关的课程学习，掌握额外的技能与知识等。因此，在明确了职业生涯目标，选择了职业发展路径和制定了相应的职业生涯策略之后，需要形成文字性的方案，以帮助理清思路和提供操作指引。综合有关专家建议和各种版本的职业生涯规划方案，我们认为一个完整的职业生涯规划方案应该包括如下八项内容：

1. 规划年限和起止时间

规划年限可长可短，可以是半年、一年、两年，也可以是三年、四年、五年，甚至是十年、二十年，视个人具体情况而定。

2. 目标确定

目标包括总体目标和阶段目标。总体目标是可预见的最长远目标或规划时间内的最终目标，阶段目标是规划中各个时间段的目标。

3. 个人分析结果

包括对自身人格特征和目前状况的分析，以及个人对未来发展的主观愿望和设想。

4. 社会环境分析结果

既包括对自身所处的小环境和现实环境的分析，也包括对国家、世界和未来环境的分析。

5. 组织环境分析结果

主要是对所在单位和目标单位进行分析。

6. 目标分解与目标组合

即将职业生涯中的远大目标分解为有一定时间节点的阶段性目标，将若干阶段性目标按照内在的相互关系组合起来，转化为更加具体的活动或工作任务，从而使目标具有可操作性。

7. 实施方案

即根据现实条件与实现目标要求之间的差距，制定出具体的缩小差距的措施和行动方案。

8. 评估标准

即衡量规划是否成功的一系列指标，这些指标应该是明确、具体的，应能对执行规划的行动具有引领和判断作用。

（五）实践、评估、反馈与调整

任何规划都是指向未来的设想和计划，带有明显的预测性，它不但需要具体的实践活动去完成，而且需要实践对其正确与否进行检验。因此，一个完整的职业生涯规划应该包括实践、评估、反馈与调整等环节，以便在实践中对规划不断进行修正、补充和进一步完善。

相关链接

未来我国社会声望最高的职业

据预测，在未来十年的职业发展态势中，以下 10 种职业将会拥有最高的社会声望，受到市场的推崇与从业者的追捧。

（1）管理咨询师。管理咨询工程师是企业的"医师"，帮助企业诊断问题，并找出可行良方。咨询业虽然属于新兴行业，但发展势头极为迅猛。例如，在 2000 年，我国管理咨询行业的有效需求总额约 1 亿美元，而 2002 年全年的增幅在 20% 以上，且下半年比上半年增长更为明显。据有关机构预测，在未来十年内，我国管理咨询行业将以很快的速度发展，到 2010 年我国管理咨询行业的有效需求总额将达到 100 亿美元。市场的需求使咨询业成为创业板块中最受青睐的产业之一，具有很大的发展空间，也吸引了越来越多的投资。然而，我国现阶段管理咨询行业的人才却明显不足，远远不能满足庞大的市场需求，有国外大企业工作背景的咨询人员更是凤毛麟角。

（2）电信人才。电信是中国最近几年发展最快的行业。据信息产业部统计，截至 2002 年底，我国电话普及率达到 33.74%，移动电话普及率达到 16.19%。发展速度很快，加上其备受争议的行业垄断，中国电信被业界认为是少有的电信人才市场短缺，其薪酬也最高。2002 年，电信行业的行业年薪均值达到了 52 677 元，雄踞各行业榜首。而在管理层，电信的经理人薪酬增幅在 30% 以上的占 35.7%，薪酬增幅也最大。随着国家在电信基础设施方面的投入不断加大，电信业发展依然后劲十足。

（3）软件工程师。IT 业属于高投入、高产出、高回报的高新技术行业。目前 IT 行业的高级人才年薪跨度也较大，可以从 20 万元左右到几百万元不等。业内专家普遍认为，虽然受网络泡沫的影响，IT 类（计算、通信、电子等）专业人才需求已不如从前火暴，但 IT 业人才价格会仍然位居行业榜首。在 2003 年 5 月热门职位排行榜中，"软件工程师"的需求量又是名列第一，成为最令人关注的职位。

（4）国际公务员。国际职员，是一项令数以千计出类拔萃的青年才俊为之向往的职业，在联合国工作是其最诱人的地方。即使是在美国等发达国家赢利颇高的大企业工作，也会因经济不景气而遭遇裁员。但联合国职员一般工作都比较稳定，不会被解雇，而且工作相对轻闲。与过去我们常说的"铁饭碗"相比，这个职业堪称是"金饭碗"。

（5）培训师。企业培训师将备受欢迎。企业培训收费是按天计算，每天1万元到3万元左右，其中大部分费用于支付培训师的工资。一般培训师上一天课的收入在3 000元至1万元不等，平均收入约为5 000元/天。目前广州刚刚能在企业培训行内立足的培训师，年收入在15万至20万元是极为常见的，而年收入在50万元属中上水平，水平更高、名气更响的培训师年收入可以达到百万元以上。

（6）注册会计师。市场缺口很大，整个行业的前景非常看好。2001年注册会计师各科通过考试及格百分比如下：会计5.7%，审计13.6%，财务9.27%，税法6.81%，一次性五科全部通过的比例仅有0.36%。这些数据表明，一方面是国家严格控制注册会计师质量；另一方面也说明注册会计师极其紧俏。目前，我国社会实际需要大约35万名注册会计师，但目前只有5万名，并且其中一大半没有国际机构认可。

（7）精算师。精算师是保险业的精英，是集数学、统计学、投资学于一身的保险业高级人才。此项职业不仅要具备保险业的知识，更需要具有预测社会经济未来发展方向的能力，被人们称为"与未来不确定性"打交道的行当。目前，我国真正称得上"精算师"的人寥寥无几，其他经过初级考试的，只能被称为"准精算师"。

（8）高级电路工程师。高级电路工程师是新兴的"金领"。这项职业包括程序设计师、开发工程师、系统工程师和网络支持工程师等电路技术专家。业内人士称该类职业在以后的十年中十分吃香。

（9）教师。与发达国家相比，我国教育仍然相对落后，21世纪教育的发展任重道远。据教育部统计，高中和高等教育急需的教师达120多万人，按照"十五"计划的发展要求，高中阶段教育入学率要达到60%，按照学生、老师比18∶1测算，2005年教师队伍的缺口仍达到116万，而大量出现的民办、私立学校，使教师更是供不应求。同时，现阶段教师的水平也亟待提高，大量的高学历人才将成为教育行业最需的人才。以北京为例，在以后的几年内，各高校和中小学普遍需要引进教师。北京高校的师资需求，以研究生学历或中级以上职称为主，专业主要是英语、计算机、金融、保险、经济、企业管理、财政学、新闻、法学、会计审计、信息管理、数学等。北京中小学教育界的师资需求以本科以上学历为主，专业主要有英语、计算机、数学、中文等。

（10）注册建筑师。注册建筑师素有"凝固音乐的作曲家"之称，其知识含量和含金量一直都受人景仰。目前，全国已注册的一级建筑师有8 300人左右，二级建筑师有3万人，远远无法满足建筑行业的需求。注册建筑师的稀缺，直接导致了建筑产品的粗劣，同时又因"物以稀为贵"，其身价近年来扶摇直上。注册建筑师在国内平均年薪已达5万元以上。

第三节　劳动者个体的职业生涯管理

职业生涯管理是以组织为中心，通过特定的人力资源活动，帮助劳动者个体将自己的职业生涯目标与组织目标结合起来，以达成组织和个人的发展目标的过程。职业生涯管理主要包括：由组织主动实施的职业生涯管理，简称组织职业生涯管理（organizational career management）；由个人主动进行的职业生涯管理，简称个体职业生涯管理（individual career management）。本书主要介绍个体职业生涯管理。个人职业生涯可分为早期、中期和后期等不同的发展阶段，由于个人年龄特征的不同，其在不同发展阶段所面临的任务及其管理也各不相同。

一、职业生涯早期阶段的特征和管理

职业生涯早期阶段是指一个人由学校进入组织，在组织内逐步"组织化"，并为组织所接纳的过程。这一阶段一般发生在20～30岁，是一个人由学校走向社会，由学生变成雇员，由单身生活变为家庭生活的过程。这一系列角色和身份的变化，必然要经历一个艰苦的适应过程。在这个过程中，劳动者个人的组织化以及个人与组织的相互接纳是个人与组织共同面临的重要的职业生涯管理任务。

（一）职业生涯早期阶段的个体心理特征

在职业生涯早期阶段，个人正值青年时期，由于刚步入社会和职场，其主要任务是进入组织，学会工作，学会独立，并寻找职业锚，完成向成年人和职业人的过渡。在这一时期，其突出的个体心理特征是：

1. 进取心强，具有积极向上的心态

进取心是一种积极的推动力量，这种心理状态能促使人不断上进。但由于年轻气盛，难免表现出浮躁和冲动，如在工作中站这山望那山高，很少检查自己主观上的不足，经常高估自己，低估他人；工作一旦出现失误就怨天尤人，强调客观因素；在自己工作的团队中，由于个人争强好胜，易产生对他人不服气、不认输的心理，甚至危及人际关系的和谐等。

2. 职业竞争力不断增强，具有做出一番轰轰烈烈事业的心理准备

对于初次就业的青年人来说，精力最旺盛、充满朝气，初生牛犊不怕虎，具有远大的职业理想和抱负，成功的心理要求强烈。

3. 开始组建家庭，逐步承担家庭责任

职业生涯初期，个体常常处于由单身向初组家庭过渡的时期。成家后个体不可避免地要处理同配偶的关系，担当抚育子女的任务。家庭的责任使自我意识逐渐削弱，家庭观念逐渐增强。这对尚是职业新手，一切还在学习、探索之中的个体的职业生涯发展会产生重要影响。

（二）个体的组织化过程及所承担的任务

所谓个体组织化是指应聘者接受雇佣并进入组织后，由一个自由人向组织人转化所经历的一个不断发展的过程，它包括向所有受雇员工灌输组织及其部门所期望的主要态度、规范、价值观和行为模式。在个人组织化过程中，组织应创造条件和氛围，使新员工学会在组织中如何工作，如何与他人相处，如何充当好个人在组织中的角色，以及逐渐接受组织文化和融入组织。而作为新员工的劳动者个体，则应从自我职业生涯管理的角度注意如下问题：

1. 掌握职业技能，学会如何工作

做好本职工作是员工的基本任务和责任。对于新员工来说，其组织化的第一步就是要掌握岗位技能，学会如何在组织中开展工作。在这一过程中，要注意三个方面的问题：一是弄清岗位职责，明确工作任务；二是克服依赖心理，学会自主工作；三是从小事做起，树立良好形象。

2. 适应组织环境，学会与人相处

新员工进入组织后要想尽快融入组织就必然经历一个适应组织环境的过程，这也是新雇员学会工作、做好工作、获得发展的必要条件。在适应组织环境的过程中，有三个方面的问题需要注意：一是了解和接受组织现实的人际关系；二是尊重上司，学会与上司融洽相处；三是寻找个人在组织中的位置，建立心理认同。

3. 正确面对困难，学会以平常心工作

对于刚开始工作的新员工来说，工作中经常会遇到来自各方面的阻碍或困难，这是正常的、不可避免的，这时最重要的是要用正确的态度来对待工作中所产生的困难和障碍，并逐渐学会克服困难的技巧。另外，新员工进入工作岗位后，容易对自己的职业有一些不切实际的幻想，不愿做重复性的简单劳动。其实，无论多么有创造性、挑战性的工作，都需要大量简单的、重复性的劳动来支持。因此，新人在进入职场后，一是必须学会以平常心面对

自己的工作，甘于平凡寂寞，主动承担各种简单、重复、无名无利的工作；二要勇于面对困难并积极主动地去克服困难，因为这不仅表明了你个人的能力、素质、进取精神，而且在很大程度上决定了你未来的职业发展道路；三是应在困境中学会如何进步。

（三）在职场工作变化中寻找自己的职业锚

职业锚是个人经过长期寻找所形成的职业定位。员工的职业锚形成后，便会相对稳定地从事某项职业，这样随着个人工作经验的丰富和积累，其职业技能和工作效率就会明显提高。那么，个人在早期工作中如何寻找和开发自己的职业锚呢？

1. 提高职业适应性

职业适应性是职业活动实践中验证和发展了的适合性。新员工经过职业选择进入组织工作，这本身代表了该员工对其所选择的职业有一定的适应性。适应是需要时间检验的，只有专注地从事某项职业活动一段时间后，才能真正知道自己到底适应还是不适应。

2. 发现职业兴趣

兴趣是个性倾向性的重要内容，也是职业活动的心理动力之一。在寻找职业锚的过程中，发现和培养自己的职业兴趣不但具有非常重要的作用，而且对员工个人的自我管理能力也是一个很大的考验。因此，在职业生涯初期，员工应积极投身职业活动，努力学习职业所需的知识技能，在实际工作中重新体验和反思自己对所从事的职业是否感兴趣。

3. 培养自我职业决策能力

自我职业决策能力是指个人习得的用以顺利完成职业选择活动所需要的知识、技能及个性心理品质。职业决策能力的大小，决策的正确与否，往往会影响个体的整个职业生涯。因此，劳动者个体在寻找自己的职业锚时，必须着力培养和提高自我职业决策能力。

二、职业生涯中期阶段的特征与管理

职业生涯中期是一个长达 20 年乃至更长时间的宽带。在这一宽带的初始阶段，呈现出由低到高向上走的趋势，事业顶峰多出现于宽带的中间段，跨过事业辉煌的高峰后，开始走下坡路。有人形象地比喻说："在职业生涯中期这一宽带，每个人几乎都跨越了人生的一座山，只是每个人所走过的山的形状、高低不同而已。"对大多数人而言，职业生涯中期是人生的关键期，在这一时期，虽然每个人的个性与事业发展的具体情况不同，但从总体上看还是有一些共同规律可循的。

（一）职业生涯中期阶段的个体心理特征

在职业生涯中期阶段，劳动者个体一般都成了单位的骨干，具有创造一番辉煌业绩的能力。这种能力一方面源于工作经验的积累和个人综合素养的提升；另一方面是其原本长期潜伏的个人才能到这时才得以显现。在职业生涯中期阶段，随着劳动者个体在年龄上步入中年，其心理特征也发生了不同于青年期的明显变化，具体表现在：

1. 有了更大的责任意识和工作、生活压力

在职业生涯中期，劳动者个体经历了人世间的风风雨雨，积累了丰富的生活阅历和工作经验，具有了较强的工作能力和人际交往能力，形成了踏实的工作作风和较为稳定的长期贡献区。此时，个人在组织中的地位也开始由边缘走向中心，由配角变为主角。工作角色的转变，既为其提供了更大的展现个人才华和实现个人价值的舞台，也使其承担了更大的责任，体会到了更大的工作压力。而在家庭中，随着孩子的长大和父母年龄的增高，其责任和压力也不断增大。他们除了从物质上照顾父母以外，或许还要体验和应付家庭关系所引发的精神上、精力上的牵累和心理上的混乱。

2. 意识到时间有限和力不从心

当步入中年，个人一旦从感情上真正认识到生命有限，一个人的日子屈指可数时，思旧之情便会油然而生。反思自己的过去，重估自己的抱负和建树，思考在自己的职业和一生中是否完成了预计要做的事情，还有多少时间可以做这些未竟之业。当意识到个人学习和能力正在下降，感到力不从心、力所不能及，已没有精力、时间和机会去完成各种梦寐以求之事时，常常会出现抑郁、忧虑心态，产生感情负担。

3. 意识到年龄优势下降和职业机会有限

中年期一个突出的心理特征是意识到职业机会随年龄增长愈来愈受到限制，个人愈益难以做出职业选择，由此产生焦虑不安的心态。通常有如下三种情况：一是已经走在成功的道路上，而且正在向上走。如正在向公司的某高层位置攀升，或者以其专业技术水平达到一定地位，欲达更高层位。恰在这种接近一个组织高层或某职业高层时，由于金字塔式的职位结构存在，越向上路越窄，职位少之又少，竞争变得越来越激烈。二是平日工作平稳，但由于行业或组织的结构发生了变化，突然面临转岗或下岗再就业。三是对自己的工作不满意，而以往的生活负担和经济压力减小了，想换种工作换个活法。对中年人来说，随着自身年龄的增大，适合其职业转换的岗位和机会越来越少，以至于大多数人根本无法实现职业转换的愿望，这无疑也会使其生出许多焦虑和烦恼。

（二）职业生涯中期危机

职业生涯中期不但是人生发展的关键期，也是个人职业生涯发生重大变化，甚至开始出现"职业生涯中期危机"的重要转折期。"职业生涯中期危机"的形成，既受经济社会发展和职业结构变化，以及行业、组织、产品的生命周期等外部因素影响，也受劳动者个体的生命周期、个性特征和知能结构等内部因素的影响。其具体表现是：

1. 对个人价值产生了怀疑

"职业生涯中期危机"的一个典型症状是对个人的价值产生了怀疑。人到中年，辛辛苦苦工作了十来年，却发现自己干的都是些简单琐碎的事情，既得不到组织和社会的认可，也没有聊以自慰的学识和能力，更谈不上拥有显赫的地位和骄人的业绩。置身这种境地，不仅难以向家人或朋友讲述自己的职业和所干的事情，而且很难认同自己的贡献是什么，自己的突出成绩和作为是什么。这对每一个有自尊和自我实现需要的人来说，都是一个不小的挫折。在这种情况下，人们往往会选择放弃对工作的追求，转向更多地计较、关注工作之外的福利待遇、个人爱好和家庭建设等。

2. 现实与抱负不一致

进入职业生涯中期，许多人还会因为其现实职业发展同其早期的职业目标、抱负或理想不一致而陷入一种难以摆脱的自我矛盾之中。其中有些人是因为自己所从事的职业不是自己喜欢和主动选择的职业；有些人是因为自己的职业锚完全不同于最初的设想，现实的职业比最初设想的低，或者与早期的职业设想、抱负相比，更需要职业以外的其他东西；有些人是因为实际获得的成就，如职位、薪酬等比预期的低。面对这些情况，员工往往会产生失望、郁闷的情绪，感到心灰意懒，提不起工作热情和工作干劲。于是他们或者反思自己在早期职业阶段对职业、家庭和自我发展之间所做的交易，重新规划自己的职业生涯，或者无奈、被迫地认可现状，消极、平庸地走完自己的职业生涯。

3. 产生职业倦怠

职业倦怠是"职业生涯中期危机"的又一种典型症状。产生职业倦怠的员工的主要特征是：①工作对他们来讲已不再富有挑战性，工作不再使他们感到兴奋，觉得落入组织或职业陷阱，没有什么好去的地方；②工作时不再有进取心，平淡应付，得过且过，消沉抑郁，没有生气和活力；③在经济收入不减少，其他条件基本相当的情况下，突然戏剧性地转换职业；④发生"战略"转移，由原来以事业和工作为重心，转向以家庭和个人发展为重心，能量指向个人业余爱好、兴趣、社交等方面。职业倦怠虽然是职业生活中一种比较普遍的现象，各个年龄阶段、从事各种职业的人都可能在不同程度上产生职业倦怠，但中年从业者的职业倦怠率却明显高于其他年龄段的从业者。

（三）应对职业生涯中期问题的对策

在职业生涯中期，相当数量的劳动者个体原来的工作热情减弱以至泯灭，只求平平稳稳地安度后期职业生涯，不想也不肯对工作投入太多、参与太多，少数人甚至因为遇到的困难和问题太多而失望、沉沦，产生职业倦怠。这种情况于己、于组织都十分不利。职业生涯中期所产生的许多问题确实会给劳动者个体带来很大压力，但同时也为其提供了成长的机会。如果能够想方设法地把握住自己的感情，勇于接受现状和正视现实，保持积极成长的取向，积极寻找解决矛盾和问题的办法，就会化危机为机遇，闯出一片职业生涯发展的新天地。

1. 重新调整职业发展目标

职业生涯规划是一个动态的、发展的过程，它的重要任务之一，就是要根据劳动者个体自身的发展和社会环境的变化来调整自己的职业发展目标。引发职业生涯发展中期问题的原因很多，但其中最为重要的原因是主观愿望与现实条件之间的矛盾。人在职业生涯早期都有自己的人生理想和职业发展目标，但这个目标却不一定符合自己的主、客观条件。即使其目标符合早期的现实情况，但经过十几年的职业生涯，个人、组织和社会的情况都可能会发生变化。因此，进入职业生涯发展中期，每个人都应重新思考自己最终希望过什么样的生活，今后的长期贡献区应该定位在哪里，自己到底适合什么样的职业角色等，进而对自己的职业发展目标重新进行调整。

2. 树立终身学习的理念

随着全球化进程的加快和知识经济时代的来临，终身学习正从一种国际化的教育思潮变成世界上许多国家的教育政策和实践行动。"终身学习"的基本思想是"有目的的学习能够而且应该贯穿人的一生"（Christopher，2000）。欧盟在宣布 1996 年为终身学习年时（OCED，1996），也以变革尤其是科技变革作为关键理念，并且指明有必要在"获取知识的方法上取得进展"，以此作为应付变革的方式。里斯尼克和沃斯（Resnick & Wirth，1996）对工作世界重大变化的研究表明，围绕着技术进步、制造技术的开发、新产品的出现和知识增长而出现的变化，导致了某些工作的逐渐消失。就其他工作而言，由于基本技能的变化是如此广泛和迅速，人们想要通过一种初始教育一次性掌握这些技能以享用一辈子的愿望已经变得不可能。因此，为了自身的福祉和社会的利益，人们必须善于适应既广泛又迅速的变革。而要做到这一点，就必须进行终身学习。

3. 实现工作、家庭和自我发展的均衡

职业生涯发展中期的许多问题，都与劳动者个体遇到的来自工作、家庭和个人发展三方面的压力有着密切的联系。因此，解决职业生涯发展中期的问题，必须正确处理好这三个方面的关系，实现工作、家庭和自我发展之间的适当均衡。然而实现均衡并不是什么都想要，什么事都得做满。这既不现实，也没必要。要懂得"鱼和熊掌不可兼得"、"有得必有失，有失必有得"的道理。均衡是一门缺憾的艺术，要舍得放弃，要学会有所为有所不为。

三、职业生涯后期阶段的特征和管理

从年龄上看，职业生涯后期一般是指处于 50 岁至退休年龄这一阶段。由于职业性质及个体特征的不同，个人职业生涯后期阶段开始与结束的时间也会有明显的差别。在这一阶段，个人职业工作、生活和心理状态都发生了与以前不同的变化，并呈现出某些明显的特征。

（一）职业生涯后期阶段的个体心理特征

职业生涯中期是职业发展至顶峰的时期，有的员工攀升至中、高层领导岗位，拥有相当权力，负有重要责任，就是一般员工，也多是单位的工作骨干，娴熟的技能和丰富的经验使他们处于组织的核心位置。但是，到达职业生涯后期，由于年龄的增长和身体健康状况的下降，这一个个夺目的光环会渐渐消失，而随着这些光环的消失，大多数个体的心理特征也会随之发生相应的变化。

1. 自我意识上升

突出表现在三个方面：一是觉得干了一辈子，现在应该是从事个人活动，实现个人兴趣爱好的时候了；二是从感情上意识到健康的重要性，自我保健意识极大增强，重心转移到自我生命及健康上；三是怀旧念友之情增多，渴望与过去的社会关系交往，回到过去的岁月，以满足精神上的需求。

2. 进取心明显下降

随着个人年龄的增长，以及体力、精力和学习能力的下降，劳动者个体的进取心也会较以往有明显下降。"五十而知天命"，走完了人生的大半段时光，酸甜苦辣、美丑善恶都已经有所经历和体验，大部分人都不再有过高的奢望和追求，安于现状，淡泊坦然，能平静自若地面对人生。

3. 竞争力和职业能力明显下降

知识经济时代，科学技术迅猛发展，知识老化和技术更新的速度非常惊人。处在职业生涯后期的员工，由于其体能和精力不可避免地衰退，学习能力呈下降趋势，其知识、技能明显老化和磨损，且已无力更新与恢复，其竞争力和职业能力将逐渐减弱乃至丧失。

（二）职业生涯后期阶段容易出现的问题

在职业生涯后期，老员工由于已经将个人深深融入组织和工作之中，不但对组织和工作颇有感情，而且将工作和组织活动变成了个人生活不可缺少的重要组成部分，所以当个人工作减少和在组织中的地位逐渐边缘化后，极易产生挫折和失落感。而客观上存在的退休后收入下降和生活孤单，又常常会使其产生恐惧感。因此，在职业生涯后期，应注意防止下述问题的出现。

1. 对职位和权力的过分迷恋

进入职业生涯后期，虽然个体的体能和智力都有所下降，但丰富的工作经验往往会使其对本职工作有驾轻就熟的感觉。特别是那些经过非常艰苦的努力才获得了目前的职位，并将职位看成是获取个人尊严和利益手段的人，往往会对职位和权力过分迷恋，不愿意从重要岗位上退下来。一些人甚至在交班之前以权谋私，形成了晚节不保的"58岁现象"。

2. 心理上的不安全感

进入职业生涯后期，就意味着接近了退休。退休后个体的经济收入和所能利用的社会资源，都会有较大程度的下降，而其生活开支，特别是医疗开支一般会有所增加。目前我国的社会保障，与西方的高福利国家尚有明显的差距，在不出意外的情况下，退休职工的生活都会随着物价的上涨而日渐贫困，如果患上较大的疾病，一般家庭则很难负担。在这种情况下，进入职业生涯后期，大多数职工都会有心理上的不安全感，对退休生活深感恐惧。

3. 失落感与消极情绪

对大多数劳动者个体而言，在四十五岁到五十岁期间，就要从领导或关键岗位上退下来从事一般性工作。职业角色的转换一方面会使其产生不同程度的失落感；另一方面会因对新人的领导风格、做事方式，甚至是整个社会风气变化的不适应而产生消极和不满情绪。其直接后果是：要么把牢骚和不满发泄出去，使组织的团结与和谐受到损害；要么把牢骚和不满憋在心里，使个人的身心健康受到损害。

（三）职业生涯后期阶段的管理

尽管进入职业生涯后期阶段的员工在体能和智力方面已明显下降，在职业工作中逐渐处于次要地位，但他们仍然有自己的优势，只要其根据职业生涯后期阶段的个人身心特征及职业工作变化适时对自己的心态进行调整，并能对自己的时间和情感等因素进行有效的管理，仍能老有所为。

1. 承认竞争力下降，学会接受和发展新角色

处在职业生涯后期阶段的员工，要勇敢地面对和欣然接受生理机能衰退

及由此所导致的竞争力下降的客观现实，另辟新径寻求适合自己的新角色，以发挥个人的专长与优势。在现实工作中，当师傅带徒弟，培育新员工；充任教练，对员工进行技能培训；当参谋、顾问，为单位出谋划策，提供咨询，从事力所能及的事务性工作等，均不失为适宜于职业生涯后期阶段的良好角色。

2. 学会接受权力、责任和中心地位的下降

将思想重心和生活重心逐渐从工作转移到个人活动和家庭生活方面，善于在业余爱好、家庭、社交、社区活动和非全日工作等方面寻找新的满足源。如参加各种休闲活动，参加社会治安和交通治理等活动，或从事新的职业等，以充实自己的生活，满足自己的需求。

3. 学会应付"空巢"和收入下降

在职业生涯后期，"空巢"的出现是家庭生活的一大变化，也是人生的一大转折。应付好这一变动，对员工职业生涯后期的工作和个人发展都很重要。这一时期要多给配偶些时间，通过多种方式方法密切同配偶的关系。随着生活重心的转移，要有意识地培养和发展个人的业余爱好和兴趣，满足以前难以实现的个人需求。另外，要尽早提高个人的理财意识和理财能力，积极进行储蓄和各种安全型投资，为应付个人收入的下降做好必要的准备。

本章思考题

1. 职业有哪些特点和功能？
2. 目前职业世界有哪些新变化？
3. 什么是无边界职业生涯？
4. 职业生涯规划包括哪些内容？
5. 怎样确定职业生涯目标？
6. 怎样选择职业生涯发展路径？
7. 早期职业生涯管理应注意哪些问题？
8. 中期职业生涯管理应注意哪些问题？
9. 晚期职业生涯管理应注意哪些问题？

劳动环境

第四章
劳动环境与心理

本章重点

1. 照明的分类
2. 克服眩光的有效措施
3. 色彩对人的生理、心理的影响
4. 色彩在劳动中的运用
5. 噪声对工作绩效的影响
6. 如何控制噪声
7. 温度对工作效率的影响

　　人生活在由多种物质包围的世界里面，其中常见的有光、声、电磁辐射、气体等物质形式，它们构成了人类生活和工作的物理环境。物理环境变化对人类的活动和生存具有重大的影响。人类在长期演化过程中虽然学会了适应地球物理环境的能力，但这种适应能力是很有限的。若物理环境变化超过人类所能承受的范围，则可能危害性命。因此，人类必须学会改善物理环境，使物理环境的变化至少要控制在无害于人类性命的范围内。

　　要控制物理环境的作用，就要研究物理环境变化与人的生理、心理变化和工作绩效变化的关系。物理环境因素强度过低会满足不了人类维持生存和工作需要的要求，但强度过大则会超过人类的耐受限度，对人体产生伤害。例如，光照不足会影响视觉信息的获得，光照过强，则会产生眩目现象，严重时还会损坏视网膜；声音过低会妨碍听觉信息的获得，声音过高，则会产生噪声，甚至导致耳朵鼓膜穿孔；空气稀薄将会引起高山反应，吸氧过多，则会引起氧中毒，等等。因此，本章将有选择地介绍照明、色彩、噪声、振动和气候等环境与人的身心行动和工作能力间的关系的有关知识。

第一节　照明与色彩

眼睛是人类从外部世界获得信息的最主要的感受器官。假使没有照明，即使最好的眼睛也无法从外界获取信息。因此，照明是人类生活和工作中必不可少的基本条件。照明可分为自然光照明和人工光照明。太阳是最重要的自然光源，它包含全部可见光谱，具有最好的显色性，美中不足的是它昼升夜落，夜间无法利用，还容易受气候变化的影响。长期以来，人类一直在寻求具有日光照明优点而无日光照明缺点的人工照明光源。如从钨丝、白炽灯的运用，到荧光灯、卤化物灯和氙灯的应用等。

人类具有爱美的本性，色彩正是使人产生美感的最重要因素。而人对色彩的感受仍离不开照明的作用。一幅色彩艳丽的画面必须配以优质的照明，才能向人显示它美在何处。另外，色彩要惹人喜爱，不在花色众多，而在配色协调。在劳动环境的设计中，善于利用各种颜色的视觉特点进行合理的颜色调配，就可产生调节心情、增进身心健康和提高功效的作用。

一、照明

照明是一切视觉活动的最基本条件，一般分为自然光照明和人工光照明。人类的生产劳动既离不开自然光照明，也要依赖人工光照明。

（一）自然光照明

自然光照明主要来自阳光。人的眼睛是我们的祖先在太阳光作用下经过千百万年的演化而发展起来的。因此，人类在阳光下具有最好的视觉功能。日光包含全部可见光谱成分，具有最好的显色性能，任何颜色在日光下都显得更为鲜艳逼真。因此，人们在可能的情形下都要利用自然光照明。但是自然光照明有其局限性。它不仅容易受气候的影响，晴天亮，雨天暗，夜间更无日光可言，还受建筑物结构的限制，近窗处亮，远窗处暗，无窗的封闭空间更无法依靠自然光照明。因此，人类除了利用自然光照明外，还创造了各种人工光照明。

（二）人工光照明

随着工业和科学的进步，人工照明技术发展很快。在室内劳动场所，无论是白天还是夜晚，一般都要用人工光照明。现在已经制造出许多种高效优质的人工光源。最常见的人工照明光源有白炽灯、荧光灯、碘钨灯、氙灯、镝灯、高压汞灯、高压钠灯等。评价照明光源主要看它的发光率、光源颜色和显色性能等。

（三）眩光与闪烁

当光源直接射入视野，或看到作业对象邻接领域的反射光时，就会耀眼刺目，降低对比度，难以看到作业对象的细部，这种光就叫眩光。它会产生不快感，影响视觉效果。它影响的程度随光源、对象和人眼的相对位置的不同而不同，如下图所示。

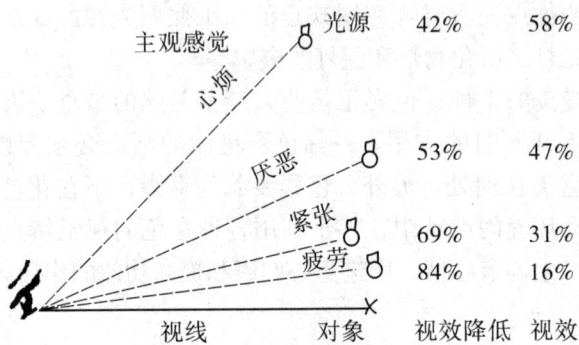

直接眩光对视效的影响图

眩光有两种形式：第一种通常称为不舒适眩光。它引起不舒适，但不一定损害对细节或物体的视觉。它随时间推移而趋向加剧，并可能引起疲劳。光源亮度越高，对着它们的立体视角就越强，在正常视场内，光源数量越多，不舒适感就越强。光源方向与视轴之间的夹角越大，背景亮度越高，则不舒适感越弱。第二种称为失能眩光。它会损害对细节或物体的视觉。

在照明设计中必须考虑眩光问题，对它进行预测，使得在作业环境内尽量不产生眩光。例如，在飞机座舱的照明设计中，由于整个舱内都布满了仪表，而这些仪表又都有各自的照明。这些仪表紧接在一起，因此产生眩光的可能性很大，这就对照明的设计提出了很高的要求。

克服眩光的措施有：①使眩光源尽量远离视线；②选用眩光指数小的灯具；③提高眩光周围环境的亮度，减少亮度反差；④用遮挡物遮挡眩光源光线；⑤为了防止失明眩光效应，可佩戴固定减光护目镜。

（四）环境场所照明举例

1. 雷达室的照明

雷达原为军事用途而设计，但现在它已广泛应用于空中交通管制、海运、空运和汽车交通管理上。雷达室的照明系统必须：第一，能提供充分的一般环境照明，使雷达操作员能四处走动，使保养人员能执行工作；第二，四周环境的照明光线不能照射到雷达指示器，因为一旦照射到指示器上，目标与背景的亮度对比就会大大减低，使目标的可见度大大减低；第三，来自指示器表面的间接反射光线不能传入操作员的眼睛。

2. 学校照明

教室照明和天然光一样，也要防止眩光。一般来说，黑板面上的照度如为白炽灯照明时，不得小于 150 勒克斯；如为荧光灯时，不得小于 300 勒克斯。关于教室自然光或人工光的课桌面照度标准问题，各国的规定不一致。就自然光而言，美国定为 300 勒克斯，英国、日本定为 100 勒克斯，前苏联定为 75 勒克斯。这些标准未必符合我国的实际情况，因此，我国心理学工作者于 20 世纪 60 年代中期进行了"中小学普通教室自然光、白炽灯、荧光灯课桌面照度"的研究。

实验结果表明，第一，无论在自然光或人工光条件下，不同照度对视觉功能的影响是有明显差别的。就自然光而言，在 20 勒克斯条件下，视觉疲劳程度最为严重；在 60 勒克斯条件下，疲劳程度有较明显的下降；在 180 勒克斯条件下，疲劳程度最轻。综合我国经济情况、我国学校教学的特点以及视力保护等因素来考虑，建议以 60～100 勒克斯为中小学普通教室自然光课桌面的必需照度，180 勒克斯为最优照度。第二，在 20 勒克斯条件下，白炽灯和荧光灯照明的疲劳程度都较严重；在 50 勒克斯条件下，白炽灯的效果优于荧光灯；在 125 勒克斯条件下，两者都有较好的效果。建议教室人工照明课桌面的平均照度，白炽灯可定为 60～70 勒克斯，荧光灯可定为 90～100 勒克斯。

3. 其他室内各种作业的标准照度

无论是白天还是夜晚，室内场所都要用人工照明。照度越合理，对作业对象的知觉就越容易。CIE（国际照明委员会）规定了各种作业的标准照度（如表 4-1 所示）。

表 4-1　室内的标准照度

范围	标准照度（勒克斯）	活动类型或场所
常使用的场所或进行简单视觉作业的场所的整体照明	20 30 50	周围黑暗的公共场所
	75 100	短时间使用的场所的简单位置照明
	150 200	不太使用的贮藏室等
作业室的整体照明	300 500	有限制的视觉作业（例如粗机械作业、教师）
	750 1 000	普通的视觉作业（例如中等程度的视觉作业）
	1 500 2 000	办公室特殊的视觉作业（例如雕刻、纺织工厂的检查作业）
进行正确视觉作业的辅助照明	3 000 5 000	长时间连续精密视觉作业（例如精密电子产品及钟表的组装）
	7 500 10 000	超精密视觉作业（例如微电子化学产品的组装）
	15 000 20 000	非常特殊的视觉作业（例如外科手术）

资料来源：方俐洛，凌文辁. 工业劳动心理学. 开封：河南大学出版社，1999

　　一般工作环境虽然简单，但这些环境照明系统的设计与安置必须考虑下列因素：

（1）视觉作业的本质；

（2）必须供应的光线量；

（3）光线的均匀程度；

（4）光源或工作地点的强烈闪光与反光；

（5）光源或工作地点的颜色及品质。

表 4-2 为普通工作环境中比较适当的照明方式与照明标准。

表 4 - 2　各种作业情境中适用的照明方式与照明水准

作业情境	作业方式或作业地点	照明标准（勒克斯）	照明方式
小零件，亮度对比不明显，工作时间长，速度快，准确性高	剪裁、制衣、检验黑色材料等	300	一般照明加上辅助灯（如台灯）
小零件，中等对比，速度不必快	机械制作、绘图、修表、检验中等大小材料等	100	一般照明，加上辅助灯
中等大小零件，长时间工作	阅读、零件装配、一般办公室与实验室作业	50	一般照明（如装于天花板的灯光设备）
中等大小零件，工作时间不长	浴室、动力工厂、厂房、会客室	10～20	一般照明（如各种天然的或人工灯光）
对比强烈，稍大物件	运动或娱乐器材	5～10	一般照明
大物件	餐厅、楼梯、储藏室	2～5	一般照明

资料来源：方俐洛，凌文辁. 工业劳动心理学. 开封：河南大学出版社，1999

二、色彩

人类生活在五彩缤纷的世界里，到处充满着色彩。色彩已经成为人的生活环境中对人的各种活动产生影响的重要因素。色彩不仅可以丰富认识，调节情绪，陶冶人格，还能影响人的工作，改变人的活动。因此，色彩设计已成为心理学、工效学、建筑学、工艺美学等许多学科关心的问题。

人对颜色的感受是一定波长的电磁波作用于人的视觉器官的结果。眼睛能感受的光波的波长范围为 400～700 纳米，短波段为蓝色，长波段为红色。不同的光波作用会引起不同的颜色感觉。作用于人眼睛的光波有的来自发光体，有的来自反光体。由于各种物体发射或反射的光谱成分及其比例不同，我们看到的物体颜色也千差万别。

光波的作用除了使人产生颜色的感觉之外，还会引起人的其他多种不同反应。这些反应中有心理的反应和生理的反应，有认知的反应和情感的反应，也有积极的增力反应和消极的减力反应。人类可通过色彩的合理设计，达到调节身心、促进工作的目的。

（一）颜色的距离效应

颜色的调配，有助于改变对空间尺寸比例的感受。颜色距离效应（distance effect of color）是指不同的颜色会使人产生不同的扩缩或进退的感受。海梅斯（Hames，1960）和威廉斯（Williams，1972）先后研究过不同颜色的视觉距离感差别问题。海梅斯的研究比较了红、黄、绿、蓝、黑、淡灰、中灰、白等八种颜色。结果表明，黑色离得最远，黄色离得最近。八色的近远次序为：黄、绿、红、白、淡灰、蓝、中灰、黑。

在空间环境的颜色设计中，若能合理地运用人对不同颜色距离感差别的知识，就可通过空间不同侧面的颜色调配，使人对空间的长度、高低和深度的感受发生一定程度的变化。这对空间环境设计工作很有意义。

（二）颜色的冷暖效应

人们常把颜色作冷色与暖色的区分。例如把蓝绿色归为冷色，把红橙色归为暖色。一个人走入一个采用红光照明，墙壁、地板涂成红色的房间，似乎会比走入一个用蓝绿光照明，墙壁、地板涂成蓝绿色的房间感到热一点。即使把房内温度控制在同一水平，仍会使许多人产生在红色房内比在蓝绿色房内暖和的感觉。从心理原因看，在人的生活经历中，红、橙色是与火光相联系的颜色，蓝、绿色是与树木、草地、清水等相联系的颜色。火光自然与发热相联系，草木、水则往往与吸热相联系。按照条件反射的原理，心理上的联想会引起生理上的反应，这与"望梅止渴"是同样的道理。在生活与工作环境的色彩设计中，若合理地利用颜色冷暖效应（cold and warm effect of color），就能在一定程度上起到调节身心的作用。

（三）颜色的生理效应

一般认为颜色不仅影响人的心理，也对人的生理状态产生影响，称为颜色的生理效应（physiological effect of color）。不同的颜色会使人的某些生理过程发生不同的变化。例如，红橙等暖色能提高人的兴奋水平，并有助长血压升高和脉搏加快的作用，而青、蓝、绿等冷色则有使人趋向宁静，有降低血压、减缓脉搏的作用。有人用赛马做实验，将一个赛马的马厩分成两部分，一部分涂成蓝色，另一部分涂成红橙色。赛后进入蓝色厩房的马匹，能较快地安静下来，而进入红、橙色厩房的马匹则较长时间内仍处于兴奋状态，安静不下来。有人在医院中观察病房环境颜色对病人疾病的治疗作用，发现紫色可安定孕妇情绪，淡蓝色也具有稳定病人情绪的作用。

（四）色彩调配

色彩配合（color mathching）是指对一定空间内的物体颜色加以组合安

排，使之协调一致，以达到优化视觉效果、调节心理状态和提高工作绩效的目的。

（五）色彩在劳动中的应用

色彩在劳动中的应用非常广泛，不仅广泛运用于工业中，并且在非生产场合也越来越受重视。在工业设计中很多地方需要利用色彩。例如厂房建筑、机器设备、产品试样、包装设计、管道布设、安全标志等的设计和制造都要考虑色彩因素。色彩设计得好，能达到改善生产场地的视觉环境、激发人的工作热情、提高工作效率和减少生产事故的作用；反之，则会对工作情绪、生产效率和劳动安全产生不利的影响。因此，色彩的应用已越来越受工业设计者和企业管理者的重视。

在非生产场合，色彩设计侧重于从审美舒适、感情爱好等角度考虑。在生产环境中色彩设计虽然也要注意这些要求，但首先需要考虑色彩对工作效率和生产安全的影响。上述两方面发生矛盾时必须服从效率与安全的要求。

1. 生产环境的色彩选配

生产中的环境色（environment color）主要是指生产场地内的墙面、地面、天棚以及工位周围器物的颜色。设计生产场地的环境色特别要考虑如下三点：一是有利于采光；二是避免引起注意分散；三是色彩配合协调，并应与场地环境的整体布局协调和谐。生产场地环境色变化不宜多，不可采用太艳丽的色彩。颜色浓度不能过深，明度不宜过低。厂房顶棚和侧墙可采用浓度低、明度高的颜色。顶棚一般可采用白或乳白色、浅黄、淡黄、淡灰等反射系数大的颜色，这样可增加来自上侧的反射光。墙面颜色的浓度和明度或与顶棚一致，或比顶棚深一点，墙面避免采用深暗色。地面的颜色可以采用浓度和明度中等的，即反射率较小的颜色。顶棚、墙面、地面的反射率依次以 0.7 ~ 0.8、0.5 ~ 0.6、0.2 ~ 0.3 为宜。墙面、地面的色调选择要和机器设备相协调，同时也要看作业的性质，可采用暖色、冷色或中性色。在高温作业环境下宜采用冷色调，在低温作业环境下宜采用暖色调，在常温作业环境下冷、暖、中色调可任意选用。

2. 生产设备配色

生产设备配色（equipment color）选择需要考虑以下三方面的情形：其一，生产设备处于一定的环境中，其颜色选择应与周围环境配色统一考虑，使之互相协调。车间地面、墙面与设备构成背景与对象的关系，设备的颜色应与墙面、地面背景颜色在色调与明度上产生一定的对比。设备一般采用比墙面色暗、比地面色亮的颜色。譬如墙面采用淡黄色，地面采用紫红色或深灰色，则设备宜采用绿色或中灰色。这样可使整体生产环境中不同部分的色调与明度层次分明，对比协调。其二，操作人员与生产设备接触频繁，表面颜色不宜过于鲜艳或刺激过强，否则容易分散注意。其三，设备不同部分要根据有利于提高工效和保障生产安全的原则进行配色。例如，设备上的动力或转动装置等容易引发事故的部位应配以容易引人注意的警戒色；设备上的按钮、开关、手柄等控制装置应配以与机器表面色有较强对比的颜色，以免误认或错误操作。功能上相同的设备，颜色上应尽可能一致，不同功能的设备，色彩上可适当有所区别。机床等设备一般多选用有一定明度的柔和颜色。

3. 焦点色的处理

焦点色（focal point color）是指生产过程中操作人员注视的加工件、操作中心和机器运行部分的颜色。不同的生产作业有不同的焦点色。焦点色的设计要着重从颜色对比上，使注视对象从背景中明显区分出来。如加工件为深暗色，背景则应选浅亮色；加工色为浅亮色，背景则应选深暗色。

企业除了生产场地的空间与设备需要进行色彩选配外，还需对产品色彩及产品包装的色彩进行精心设计。产品及其包装的色彩设计与生产场地的色彩设计有不同的要求。生产场地的色彩设计要以提高工作效率、保障安全和有利于工作人员的良好身心效应为目的。产品及其包装的色彩设计，则需要从有利于销售的角度考虑。产品包装的式样和色彩必须符合用户的需要。顾客来自千家万户，一种商品是否能赢得顾客的青睐，色彩起着重要的作用。要使企业生产的产品成为畅销的商品，就需要研究人们的购买心理和行为，其中包括对商品和商品包装色彩的爱好和要求。

第二节　噪声与防护

我们生活的五彩缤纷的世界里充满了各种各样的声音。风声、雨声、湖水的波浪声、海涛的拍打声，还有那蝉鸣莺歌，狼嚎虎啸……这一切的一切汇成了大自然的"交响乐"。人类在交响乐中也扮演了重要角色：琅琅的读书声，悠扬的琴声，嘹亮的号鼓，甜润的歌声……总而言之，声音无处不在。人类生活在一个无比丰富的声音世界里。

噪声也称噪音，与乐音是相对的，一般认为，那些令人烦躁、使人不愉快的以及不需要的声音均可称为噪声。噪声是我们生活的一大公害，这种令人不愉快的声音不但干扰正常的语言通讯，还会损害人们的身心健康，并给工作效率带来不利影响。噪声的测量单位是分贝（dB）。零分贝指可听音的最低强度，而不是无声音。一般情况下，噪声在 80 分贝以上即对情绪产生影响，在 100 分贝以上则对身体产生影响。常见声音的强度如表 4-3 所示。

表 4 - 3　常见声音的强度

声源	强度水平（分贝）
呼吸	10
耳语声	20
宁静的街道	30
百货商店	60
打字机声	80
公共汽车	100
纺织车间	105
火车声	110
响亮的雷声	115
飞机声	120

表 4 - 3 显示，85 分贝噪声强度下造成听力损害的机会只高出一般患病率一点点，但噪声强度一旦超过 90 分贝，除了青年人之外，其他年龄的人患听力损害的百分率大增。

一、噪声对听力的影响

在噪声引起的不良效应中最重要的是听力丧失。耳聋有两种：一种为神经性耳聋，一种为传导性耳聋。神经性耳聋所造成的听力丧失受声波频率影响，高频声波所受的影响大于低频声波。传导性耳聋是部分耳聋，没有完全听不到的病例。

听觉疲劳是噪声性耳聋的前兆。如果长期处于噪声环境而无防护，听觉疲劳现象就会日益加重，从而导致听力损失逐渐加重，直至不能恢复。此时，听觉器官就不仅仅是发生功能性变化，还会发生器质性病变，听力丧失就是永久性的。这就是通常所说的噪声性耳聋，它是一种职业病。

二、噪声对机体其他方面的影响

噪声除了损害听觉和前听觉以及影响语言通话外，还会造成其他人体器官功能的某些干扰和破坏。

（一）噪声对视觉器官的影响

曾经有实验，对 100 名在 85 分贝中工作了两个小时的劳动者进行测定，约有 80% 的劳动者对红色的敏感性降低，而对绿色和白色的敏感性提高。而在 75 分贝的噪音作用下，则看不出这种变化。同时，在 85 分贝环境中工作的劳动者的视力清晰度恢复到稳定状态至少要 1 小时。而在 20 分贝的环境中工作时，只要 20 分钟。这说明噪声会影响劳动者的视觉和色视野。

（二）噪声对内分泌的影响

在噪声影响下，甲状腺机能亢进，性腺机能减退，肾上腺皮质功能亢进。对受噪声影响的纺织女工进行调查发现，月经失调出现率以 10 年以下工龄者居多，痛经和习惯性流产则在生育年龄 15 年以下工龄组为多。这说明受噪声影响的女工，会引起内分泌系统功能紊乱，这些与对照组则有明显差异。

（三）噪声对消化系统的影响

噪声 60 分贝就能开始抑制胃的正常运动，在 80 ~ 85 分贝时，胃在一分钟内收缩次数可减少 37%。而肠蠕动减少可持续到噪声停止后。噪声可使唾液量减少。大于 60 分贝的噪声，有时可使唾液量减少 44%，随着噪声强度增大，唾液分泌量也进一步减少。还有少数人则属于胃分泌兴奋型，噪声的作用反而会促进胃液的分泌，从而造成胃酸过多。噪声还会影响我们的新陈代谢，尤以维生素 B_1 的变化最为明显。在噪声作用下，人体内维生素 B_1 的排出量增多，心、肝、肾、胃等内脏器官里的维生素 B_1 均减少，从而造成维生素 B_1 缺乏症。

（四）噪声对心血管系统的影响

突然而强大的噪声能使心率减慢和血压下降。长期受 4 000 ~ 6 000 赫兹为主的 95 分贝噪声影响的女工，其心电图 T 波，在工作后有升高的趋势。长期暴露在 65 分贝以上的噪声里，即有可能对心功能产生损害。

上述噪声影响，对高血压或动脉硬化患者表现尤为明显，当然对心肌梗死病人也是如此。

（五）噪声对神经系统的影响

长时间处于噪声影响下，会发生中枢神经系统机能的改变，并使人产生全身性疲劳、头昏、头晕、嗜眠和工作能力下降，还会出现注意力不集中、情绪不稳定、记忆力减退等现象。噪声对中枢神经系统的影响同强度有很大关系，当噪声强度在 80 ~ 90 分贝时，主要表现为头痛和睡眠不良；在 90 ~ 100 分贝时，常常容易激动，感到疲倦；当噪声为 100 ~ 120 分贝时，出现头晕、失眠，记忆力会明显下降，注意力难以集中；当噪声达到 140 ~ 150 分贝时，不但会发生耳鸣，而且会引起恐怖感或全身性紧张；如果噪声强度超过150 分贝，不仅会震破鼓膜，使内耳受损，还会造成休克、痉挛、瘫痪，甚至出现猝死；至于 175 分贝的声浪，很快就可以把老鼠杀死。

噪声不仅影响中枢神经系统，对植物性神经系统也有影响。当噪声还没有被人意识到时，它就会对植物性神经系统产生影响。长期的强噪声作用会造成植物性神经系统紊乱，表现为脸色苍白、血管痉挛、心律和血压不正常及内分泌失调等。

噪声不仅对人的生理产生重要的影响，对人的情绪、记忆力、注意力等心理活动也会带来不利影响。噪声会令人产生兴奋、不安、焦虑、厌烦等各种不愉快的情绪和情感，给人造成烦恼；强烈的噪声刺激对人的智力活动产生消极影响，会使我们的记忆力下降，注意力也难以集中。噪声会影响我们对信息加工的能力：一方面，噪声能抑制负载必要信息的声音信号，从而形成干扰，限制信息通过听觉分析器的传递，甚至还使声音信号无法传入大脑；另一方面，噪声能使人分心，不能很好地去解决问题，从而成为信息加工的障碍。

三、噪声对工作业绩的影响

诸多研究表明，噪声对工作业绩产生了不同程度的影响。

噪声严重影响工作业绩的证据来自布罗德本特（Broadbent）及杰瑞松（Jerison）等的研究。他们发现噪声情境下警觉作业的业绩远低于安静情境下，心算作业的成绩也受到噪声的不利影响。除此以外，各种复杂的心理活动作业、讲求技术和速率的作业、要求高度知觉能力的作业也受噪声的影响。

马谋超、何村道（1987）曾用信号检测论（或讯号侦测论）（Signal Detection Theory，简称SDT）方法研究交通噪声对语音再认作业的影响。在他们的实验中采用45分贝、55分贝、65分贝、75分贝和85分贝共五等噪声强度。语音采用中科院心理研究所录制的五种语音平衡字表及相应的五种反应字表，语音强度为65分贝。结果表明，噪声强度与语音再认能力之间存在负线性关系。

罗斯（Roth）的观点或许有益于这个问题的解决。他认为影响工作业绩的噪音强度必然很强，远强于造成听力丧失或妨碍语言沟通的噪音强度。因此，噪声强度若控制在某一范围内，则工作业绩受影响的几率会非常小。

四、噪声控制

许多工厂企业都存在着噪声问题。为了保护工人健康和提高工作效率，必须对工业噪声进行控制。如何控制噪声？这里只作简要介绍。

（一）制定噪声标准

为了防治噪声危害，许多国家都制定了限制噪声的标准。国际标准化组织（ISO）提出等效连续噪声暴露不同时间的噪声限值标准，如表4－4所示。假若一天中连续暴露8小时，限值为85～90分贝；若暴露时间减半，允许噪声提高3分贝。

表4－4　国际标准化组织（ISO）推荐的连续噪声暴露标准

连续噪声 暴露时间（小时）	8	4	2	1	0.5	最高限
允许等效 连续声级（分贝）	85～90	88～93	91～96	94～99	97～102	115

资料来源：转引自朱祖祥. 工业心理学. 杭州：浙江教育出版社，2001

　　我国自1979年以来已制定了《工业企业噪声卫生标准》、《工业企业噪声设计标准》、《机动车辆噪声标准》、《城市区域环境噪声标准》等多种与工业生产有关的噪声标准。表4－5、4－6是几个现有标准规定噪声限值的例子。

表4－5　新建、改进企业噪声标准参照值

每个工作日接触噪声时间（小时）	允许噪声（分贝）
8	85
4	88
2	91
1	94
最高限度	不得超过115

资料来源：转引自朱祖祥. 工业心理学. 杭州：浙江教育出版社，2001

表4－6　城市区域环境噪声标准（分贝）

适用区域	昼（7～21时）	夜
特殊住宅区	45	35
居民、文教区	50	40
一类混合区	55	45
二类混合区、商业中心区	60	50
工业集中区	65	55
交通干线道路两侧	70	55

资料来源：转引自朱祖祥. 工业心理学. 杭州：浙江教育出版社，2001

（二）采取有效防治措施

在某种程度上，可以采取一些措施来消除噪声，或者降低噪声的强度。

1. 控制噪声来源

控制噪声源是防治噪声最有效的途径。可以通过改进设备设计，或在产生噪声的设备上使用防震材料或装设消声、隔声装置。工厂噪声主要来自机械运动过程中的撞击、摩擦产生的噪声和空气动力性噪声。通过提高机械装配精度、及时增添润滑剂、采用防震措施等都可消减机械运动引起的噪声。

2. 隔离噪声

噪声强度随传送距离增长而减弱，尽可能使噪声源放置在离人较远的地方。在噪声传播途径上设置屏障，以及在传声管道衬以吸声材料都可减弱噪声的影响。

3. 使用隔板或吸引设备

噪声强度若无法降低至安全标准，就只好使用耳朵防护器了。常见的耳朵防护器有两种形式：一种是耳塞，可置于外听道；另一种包括整个耳朵的护耳器。一般来说，护耳器聚效能还相当高，许多研究指出，一般护耳器可将噪声强度减低 30 分贝或 40 分贝。

第三节　温度与效率

自然环境是否优越，已经成为劳动者能否正常生产和生活的重要因素。劳动者已能充分适应人所生存的环境，但是还有某些状态是人未能适应的。除了日常生活中人所接触的环境外，科学和技术不断创造出许多新环境，包括宇宙密封舱、冷藏库和潜水箱等。这些称为工作环境。这种环境中的许多因素都会直接或间接地影响工作效率、人身安全和健康。工作环境中的气候条件，就是其中之一。工作环境的气候因素很多，除温度和湿度外，还有空气流通、气压、空气成分等。这里主要讨论温度、湿度、大气污染等因素。

温度适宜，精神舒畅，劳动者工作热情就高，劳动效果就好。因此，工作效率与有效温度成正比例关系。

体温的量度有两种：第一种是中心温度，也就是口腔或直肠的温度；第二种是表层温度，即皮肤温度。一般认为，中心温度由直肠温度代表。衡量劳动环境、温度主要以人的舒适感为标准，即指"舒适温度"。人的舒适温度为 23℃~26℃。太高或太低都会使劳动者注意力涣散、感觉疲劳，从而影响作业情绪。

一、快感带与个人差异

快感带即人们主观意识上判断为身体舒适的温度区域。由于人体各部位生理组织与结构不同及长期劳动活动状态的差异，劳动者的快感带也不相同，如表4-7所示。

表4-7 人体不同部位的快感带

区域	快感带（℃）
头、胸、腹、背、臀	34.6
大腿、上臂	33.0
小腿、前臂	30.8
手、足	28.6

资料来源：沈志义. 劳动心理学原理. 南昌：江西人民出版社，2006

从季节差来看，人体的快感带也会发生变化，如表4-8所示。

表4-8 不同季节快感带的变化

季节	快感带（℃）	平均气温（℃）
夏天	18.9～23.9	21.7
冬天	17.2～31.7	18.9

资料来源：沈志义. 劳动心理学原理. 南昌：江西人民出版社，2006

从生理组织、机能与季节关系来看，有如下表现，如表4-9所示。

表4-9 生理组织和机能随季节变化情况

生理组织和机能	反映
血红蛋白	冬季高于夏季
血小板	3、4月最高，8月最低
血沉	冬季低于夏季
脑运动	秋季高于夏季
死亡率	冬季比晚春多1倍

资料来源：沈志义. 劳动心理学原理. 南昌：江西人民出版社，2006

此外，还有年龄、性别、职业、地区的差异。例如，女性舒适温度要比男性高，脑力劳动者比体力劳动者要高一些。

二、高温条件与工作效率

高温使人感觉热、出汗，此外还使心率及呼吸加快，若长期暴露在高温下，则中心温度升高，高温导致各种体力负荷的耐力降低。高温不仅对生理产生不利影响，还会降低工作效率。在高温生产环境中，由于热源、设备、生产布局和程序已基本定型，如果不从设计上进行根本性的改造，欲将车间温度降低到标准限制的水平是很困难的。在这种情况下，对高温作业的劳动时间加以限制，对保护劳动力、维持高工效是十分必要的。很多学者通过实验报道了人在劳动中的热耐受时间和主观症状。

据张克政报道，人在气温 30°C 环境中劳动 120 分钟，个别人会出现口渴、头昏等症状；在 34°C 中劳动 90～120 分钟，会出现头晕、渴感加重、心悸、恶心、烦躁不安等症状；在 40°C 中劳动，多数人于 50 分钟左右出现上述症状。王金华在高温舱内对 17 名男性健康者的观察发现，在气温 40°C 中从事轻劳动 1 小时明显出汗，个别人出现迟钝、嗜睡、体温上升等症状；在气温 45°C 中劳动 1 小时，被观察者大量出汗，大部分人迟钝，不愿工作。以上结果表明，主观症状与生理反应基本是一致的。劳动者通过热习服可以提高热耐受时间，增强机体调节机能。1985 年国际标准化组织（ISO）曾提出在不同气温下热暴露的时间限度（如表 4 - 10 所示）。这个限度考虑了热习服。在同一温度下，习服者允许暴露的时间比未习服者长一倍多。

表 4 - 10   热习服与允许热暴露时间

气温（°C）	习服者	未习服者
32	6 小时 44 分	3 小时 6 分
34	6 小时 13 分	2 小时 45 分
36	5 小时 41 分	1 小时 58 分
38	5 小时 6 分	1 小时 32 分
40	5 小时 0 分	1 小时 15 分
42	2 小时 52 分	1 小时 4 分
44	2 小时 29 分	55 分

资料来源：方俐洛，凌文辁. 工业劳动心理学. 开封：河南大学出版社，1998

在中华人民共和国国家标准 GB935～89《高温作业允许持续接触热时间限值》中规定，在不同工作地点、不同劳动强度条件下允许持续接触热时间不得超过表 4－11 所列数值。该标准还规定，持续接触热后必要休息时间不得少于 15 分钟。休息时应脱离热环境。凡高温工作地点的空气湿度大于 75% 时，空气湿度每增加 10%，允许持续接触热时间相应降低一个档次，即采用高于工作地点温度 2℃ 的时间限值。

表 4－11　高温作业允许持续接触热时间限值

工作地点温度（℃）	轻劳动（分）	中等劳动（分）	重劳动（分）
>30～32	80	70	60
>32～34	70	60	50
>34～36	60	50	40
>36～38	50	40	30
>38～40	40	30	20
>40～42	30	20	15
>42～44	20	10	10

资料来源：方俐洛，凌文辁. 工业劳动心理学. 开封：河南大学出版社，1999

三、低温条件与工作效率

低温条件指允许温度下限的环境温度。据测定，人在紧张的体力劳动时，肌肉产热量增加四五倍。因此相对来说，劳动者对低温环境有一定的适应能力。但是，在低温条件下劳动，劳动者的能量消耗要大于允许平均温度条件下的同等强度。

在低温下持久工作，劳动者就会出现呼吸急促、心率加快、头痛、麻木等生理反应，同时出现感觉迟钝、动作反应不灵活、注意力不集中以及否定情绪、体验等心理反应。这些反应统称为"低温状态"。

从人体不同部位的快感带进行分析，低温首先会影响劳动者的肢体端部，如手、足及细小关节活动的灵活性。因此，低温条件对劳动效率的影响主要表现在用手进行精细操作及用物来进行触觉、压觉、动觉等感觉的检查、监视工作。例如，驾驶车辆、操作仪器等，严重低温则直接反映到劳动者的情绪与意识上，使工作受到影响。

四、大气污染对劳动者的影响

被污染的大气能使劳动者产生严重的生理和心理症状。长期受到被一氧化碳污染的大气的影响，大脑及神经系统受到刺激，导致劳动者的机警性减弱，注意力不集中。与漆打交道的工人长期接触苯，会使人心情烦躁，头脑发涨，反应迟钝，错觉增加，使劳动数量与质量受到很大影响。长期接触氯、二氧化硫等，劳动者就会出现眼病和呼吸系统疾病，并伴有神经衰弱及消化不良等症状，严重影响工作效率。大气中有害物质增加，人所需要的氧气就会减少，一旦进入这个大气劳动环境，劳动者就会出现一种缺氧生理反应：怕冷、头痛、恶心、胸闷，视觉、听觉障碍等，由此产生意识模糊、判断力减弱等心理现象。

来自外空的离子辐射不致产生危害，但实验室内使用的辐射物质以及渐增的核动力机械则会不断威胁人的生存。辐射的生物学作用主要是使组织电离。人50%死亡的辐射量（半致死剂量）是450雷姆，但150~200雷姆就足以产生伤害症状。辐射使味觉下降，体力下降。高剂量辐射可引起脑电波变化及小脑损伤，并导致四肢或半身麻痹及运动失调。过度辐射的生物效应有血球过多症、皮肤病、毛发脱落、血液成分改变、消化道溃疡、癌症等，严重的则会引起死亡。随着科技的发展，很多带有辐射的产品对人们的身体造成威胁，电脑、手机、复印机、打印机等设备成了当今威胁人身体健康的主力军。特别是白领一族，工作离不开电脑，尽管进行了一些防护，但是电脑带来的辐射也是非常大的。手机可以说是每人一部，手机所产生的辐射比电脑所带来的辐射更强烈，有研究发现，脑癌、心脏病的发病与手机辐射有一定的联系。由于辐射量是累积的，因此，人应该尽量避免暴露在辐射环境中。

五、工作环境、其他自然环境因素对劳动者的影响

劳动环境与其他自然环境的好坏，对劳动者的劳动心理产生不可忽视的作用。从气候分析，天气晴朗，劳动者心境就好；阴雨连绵，劳动者就常常厌烦。气温凉爽、舒适宜人，往往使劳动者心平气和，工作的潜能力就强；气候多变，易使人心情烦闷，浮躁易怒，神经冲动引起的攻击行为可能性也会增大。

空气湿度也是影响温度舒适感的重要因素。劳动环境湿度高能减缓汗的散发速度，使劳动者体热散发机能的效力减弱，容易产生疲劳。同时，湿度

过高将引起视觉对环境能见度的减小，使注意力分散，兴趣集中性减退。例如，当气温为21℃，空气相对湿度为40%时，能产生舒适的感觉；当湿度提高到90%时，就会产生不舒适感。当气温为24℃，相对湿度达到20%时，一般不会有不舒适的感觉；但相对湿度达到65%时，就会使人产生稍不舒适的感觉；湿度达到80%时会引起明显的不舒适感，会使重体力劳动者感到呼吸困难。而当气温为30℃，湿度为65%时，重体力劳动者就会感到呼吸困难。相反，湿度太低，人的中枢神经也会特别紧张、心神不安。

其他因素，如气压太低会使劳动者失去控制，动作不协调，并出现"高原缺氧症"，等等。这些都影响到工作操作与工作效率。总之，只有劳动自然环境真正"自然"，才有利于劳动者生理机能的舒展和心理功能的正常运行。

相关链接一

人对颜色的爱好

人对不同色彩有不同的偏爱。在生活与工作环境及各种物品的设计中，若能考虑到人的颜色爱好，设计的产品自然容易受到用户的欢迎。人们的颜色偏好存在明显的个别差异，例如，有的人喜爱红色而不喜爱蓝色，也有人喜爱蓝色而不喜爱红色。一般来说，红、绿、蓝、橙、紫等基本色调比其他颜色受人喜爱。艾克逊（Eysenck，1941）总结了许多人对不同民族人群颜色爱好的调查结果，发现他们爱好的颜色次序为蓝、红、绿、紫、橙、黄。男女只在橙、黄次序上有颠倒，男性喜爱的顺序为橙、黄，女性为黄、橙。据陈立、汪安圣（1965）的研究，我国学前儿童对基本色的爱好较一致，其喜爱顺序为红、蓝、绿、黄。大学生对颜色爱好者的次序就不如儿童那样表现得一致，且男、女表现出一定差异，爱好的颜色次序男性为红、蓝、绿、黄，女性为蓝、红、绿、黄。当然，这只是颜色爱好者的一般倾向。

由于人对颜色的喜好受性别、年龄、民族习俗、文化传统、宗教信仰、家庭环境、生活经历，以及色彩的配合等多种因素的影响，因此不同国家的人们对颜色的爱好存在着较大的差异。例如，非洲很多国家忌用黑色，而伊朗、沙特阿拉伯、科威特及西班牙等国家的人却喜用黑色。红色是很多地区、民族喜用的颜色，而多哥、乍得、尼日利亚、贝宁等国忌用红色，德国人也不喜欢使用红色。个人的颜色爱好还受个性和生活经历的影响，有人喜欢重彩浓抹，有人则喜爱素淡清雅。有人爱好暖色，有人爱好冷色。总之，人对色彩的爱好是一个比较复杂的问题，不可能有放之四海皆一致的喜爱色。为了使产品色彩适应人们的爱好，就要定期地对用户进行调查，既要了解多数人的爱好倾向，同时也要设计不同色彩的产品，以便让具有不同颜色爱好的人对色彩有选择的余地。

资料来源：朱祖祥. 工业心理学. 杭州：浙江教育出版社，2001

色彩爱好的民族差异

一些国家和地区对颜色的嗜好一览表

国家和地区	喜爱颜色	国家和地区	喜爱颜色
比利时	女孩爱蓝色，男孩爱粉红色	奥地利	绿色
爱尔兰	绿色及鲜艳色	法国	粉红色（少女服）、蓝色（男孩服），一般人爱黄色
美国	鲜艳色	马来西亚	绿色（象征宗教，亦用于商业）
荷兰	橙色、蓝色（代表国家），并多用于节日	希腊	白、蓝、黄
瑞士	红、橙、黄、绿、紫、红、白相间及浓淡相同色组	摩洛哥	稍暗的色彩
厄瓜多尔	凉爽高原喜暗色，炎热沿海喜白色、明暗间色	突尼斯	绿、红、白色组，居住该地的犹太人喜爱白色
巴拉圭	明朗色彩	西印度群岛	明朗色彩
埃及	绿色	夏威夷	蓝、黄、绿
伊拉克	深蓝、红色	西班牙	黑色
		新加坡	红、绿、蓝
叙利亚	青、蓝、绿、红色	东南亚	各种鲜艳色彩
秘鲁	红、紫、黄	巴基斯坦	绿、金、银、翡翠色及其他鲜艳色
墨西哥	红、白、绿色组（国旗色）	伊朗	绿色
加拿大	同法国、美国差不多	意大利	食品、玩具喜欢用醒目鲜艳色，服装高级包装用淡雅色、绿色
挪威	红、蓝、绿等鲜艳色彩，与当地冬季长有关		
保加利亚	深绿色及不鲜艳的绿色和茶色	德国	深浅奶黄色、咖啡色，南方喜爱鲜艳色彩
非洲	当地人爱好鲜艳单色，大陆地区受欧洲影响，偏远地区保持民族色彩	中国港、澳地区	红、绿

资料来源：杨治良. 实验心理学. 杭州：浙江教育出版社，2002

闪光融合实验

（一）目的

学习用闪光频率仪测定闪光临界频率（CFF）的方法。

（二）材料

数字式闪光频率仪、单眼罩、头部固定支架。

（三）程序

1. 预备实验

（1）主试按仪器使用要求接通电路进行操作。

（2）在微光中，被试在眼部距离仪器40厘米处端坐，支架固定头部，眼与仪器上的红光点成一水平线。实验前，被试暗适应约10分钟，分别用左眼和右眼进行观察。

（3）主试以小步调整闪光频率，数码管显示的数字为每分钟的闪光次数。按递增法先做两三次练习实验，让被试了解实验要求。指示语："当你感到光不闪时，立即报告。"

2. 正式实验

（1）主试每次都按递增法调整闪光频率，直到被试报告闪光融合为止。主试记录每次成绩。

（2）先测左眼10次，休息1分钟，再测右眼10次。

（四）结果

分别求出个人和全组的左右眼CFF平均值。单位可化作闪次/秒。

（五）讨论

（1）左右眼CFF是否有差异，原因何在？

（2）将被试与另一被试的成绩作比较，如有差异，原因何在？

资料来源：杨治良.实验心理学.杭州：浙江教育出版社，2002

本章思考题

1. 环境照明系统的设计与安置要考虑哪些因素？
2. 色彩对人的心理和生理会产生哪些影响？
3. 噪声对人的生理产生哪些影响？
4. 噪声对工作业绩有哪些影响？
5. 控制噪声的有效措施有哪些？
6. 温度对工作效率有何影响？

第五章
时空与疲劳

本章重点
1. 劳动者对工作时间的安排
2. 轮班工作时间对劳动者的影响
3. 个人空间理论
4. 工作空间设计的一般要求
5. 疲劳的测量
6. 消除疲劳的措施

第一节　劳动者的时间心理

工作时间也就是作业时间、劳动时间。对于劳动者来说，工作时间是相当敏感的话题，反映出的劳动者的心理现象也十分微妙。因为在同样的劳动时间内，不同的劳动者会有不同的心理表现，即便是同一个劳动者，对不同时间也有不同的心理反应，这就有个时间心理问题。时间心理不仅关系到劳动效率，而且影响到劳动者的学习、社交，影响到劳动者的休息，影响到组织管理效能，甚至直接影响到职工的身心健康。

一、工作时间的分类

从劳动心理学来讲，我们一般把劳动者的工作时间分为名义工作时间和实际工作时间。名义工作时间指根据规则（规章），劳动者必须投入的工作时间，也就是劳动者的整个上班时间。名义工作时间从劳动制度来讲是客观的，从自我感觉来讲是刚性的，从劳动操作来讲是实在的。实际工作时间是指劳

第二编　劳动环境

97

动者事实上用于操作的时间，也就是扣除与操作无关的时间。实际工作时间从感觉上讲是自觉的，从要素上讲是联系的，从效率上讲是标准的。

二、劳动者对工作时间的安排

劳动者对工作时间的安排，即劳动者对作业时间的主观控制，反映出劳动者的自我意识，反映出劳动者在一定阶段内的需求、动机与目标，反映出劳动者对某工作的兴趣、能力爱好，也反映出劳动者的理想、信念与追求等。自然，它也表示劳动者生理机能的变化。

（一）周工作时间内的周期性波动

由于客观环境及劳动者心理等因素的变化，劳动者的工作能力会出现一定的周期性波动（反映出生产效率），尽管行业不同，但是表现基本一致。如图 5 - 1 所示：

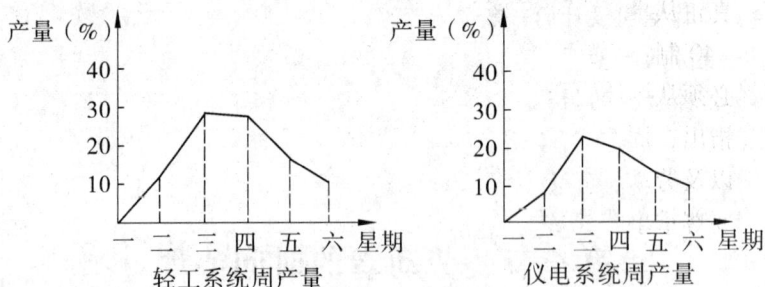

图 5 - 1 周工作时间内的工作效率波动状况

如图所示，周一劳动者工作能力往往处于加温状态，周三则处于最高点，而周六生产效率最低。其中，一方面有生理因素，另一方面也有心理因素。如周一因前一天休息，到今天作业要有一个调适过程；周六因连续生产感到疲劳，或本周产量指标完成以后心理松弛等，从而影响劳动者的工作动机和能力的正常发挥。

对周工作时间中的工作能力作分段研究，我们把周一、周二两天称为"调适时期"，周三、周四两天称为"最佳时期"，周五、周六两天称为"低潮时期"。也有人将周一从休息到工作、私人心境移入工作心境的阶段称为"转入工作期"，把周二、周三、周四这三天的水平最佳发挥阶段称为"完全弥偿期"，把周五、周六两天靠意志努力来维持产量的阶段称为"非完全弥偿期"。

（二）最佳周工作时间安排

周工作时间内的周期性变化告诉我们，周工作时间的科学安排，将使劳动者精力旺盛、兴趣积极、错误和事故减少等，从而极大地提高工作效率。因此，各国学者都加强了最佳周工作时间安排的研究。

据国际劳工组织介绍，目前国际上对周工作时间的安排有多种模式，即 6~48 制（每周工作 48 小时，休息一天）、6~36 制、5~40 制，也有实行 6~54 制与 4~32 制等。我国现在实行的是 5~40 制。

美国心理学家在 20 世纪 40 年代对 6~48 制、5~40 制、4~40 制的研究结果表明，5~40 制的劳动效率最高。研究者说，4~40 制的劳动者工作士气虽然很高，劳动态度积极，生产效率上升快，但仅仅是暂时的表现，一年后就因疲劳等因素落后于 5~40 制。6~48 制则普遍感到不适应。

从我国来看，生产力水平还不高，劳动生产率还很低。据调查，目前一些大中型企业的工时利用率不到 85%，有效工时利用率仅为 50%~70%。也就是说，真正从事作业的工时还不到 30 小时。但有些地方的周劳动时间却远远超过 5~40 制。因此，要全面地、大幅度地减少周工作时间是不现实和不可能的，必须从中国的实际出发，加大对工作时间的科学研究。

研究指出，周工作时间安排的效果会因工作性质、作业形式、劳动环境、工作难易以及劳动者的年龄、性别和劳动者的个性特征不同而发生变化。因此，我们要尊重事实，加强研究，逐步制定出一个符合我国国情的最佳周工作时间。

（三）关于日工作时间安排的研究

工作时间不仅表现为周工作时间内的周期性波动，而且表现为一天内有规则的变化。由此，劳动者的劳动心理在日工作时间内也会有波动，从而影响到生产效率。

日工作时间内的生产曲线如图 5-2 所示：

产量

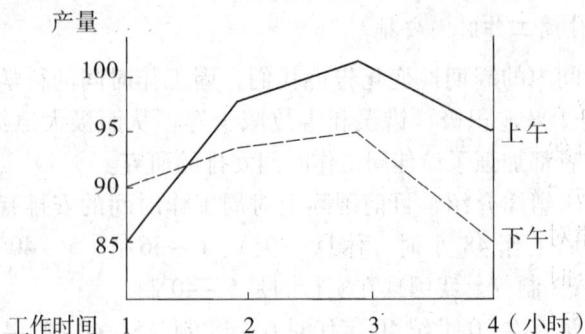

图 5 - 2　日工作时间内的工作效率波动状况

由上图可见，上午上班的第一个小时劳动者产量虽然处于迅速提高状态，但还是一天的低潮期。这主要是一个适应问题，如生理适应、心理适应、作业准备等因素。第二、三小时，就出现产量上升到顶点的现象，这主要是心理调适、技术发挥正常的结果。第四小时则明显反映出劳动者的疲倦心理。下午上班开始，一方面不需要上午的过多准备与适应；另一方面显示疲劳与饥饿等有所恢复，故产量略高于上午的开始工作时，但下午的下降趋势比上午更厉害，很少出现"加温"的现象，这主要是一日工作时间内各种疲劳的极点反应。当然，也有在下班前的突然"回升"现象。这种现象则可以用劳动者在下班前追求达到目标的高动机来进行解释。

由此可见，要很好地调节劳动者的工作积极性，提高劳动效率，避免或减少事故，必须按照工作时间内的个性心理活动规律对劳动者的劳动作合理安排。

（四）轮班工作时间

轮班工作时间即对一些不宜中断的工作采取劳动者分班制作业的形式进行，从而使生产连续进行，如交通运输、电讯、采矿、冶炼、服务业等。随着科技文化进步、社会化大生产的发展，轮班工作时间已越来越被广泛采用。

1. 人的生理节律

研究轮班工作时间，我们首先要对人的生物性变化进行认识。

人在整个生命活动过程中，都有一种周期性的起伏变化。这种受外界影响较少、反映自律的生物性的周期性变化，即为生理节律，如体温、心率、血压、呼吸、体重、睡眠等。周期为 24 小时的生理节律，叫做昼夜节律（与地球自转同步）。

研究认为，一个人生理节律有高峰与低谷两值，如人的睡眠昼夜节律高峰点（亦称"时项"）在下午二时到四时，低谷点则在凌晨二时到五时（亦称"时极"）。

同时研究表明，昼夜节律可适应、调节、变化，但过程较缓慢。一个人长期在一个自然与社会环境中生活，昼夜节律也就随之稳定下来。这种现象，心理学上称为"活动时间的社会化"。

昼夜节律对人的心理功能与行为会产生一定的影响。例如，坐飞机跨越五个时区以上时，就会产生一种不适应反应——"时差效应"。

2. 轮班工作时间对劳动者的影响

轮班工作时间如果与社会活动时间不一致，就会对劳动者产生生理与心理上的影响。主要表现在：一是生产诸系统活动受干扰；二是劳动者的情绪和注意力不稳定；三是社会需求减少；四是劳动效率下降。

也就是说，轮班打乱了人的正常的生活习惯。尤其是夜班，单调的操作、烦恼的噪声、寂静的环境和单一的色彩，使大脑皮层转入抑制状态。但紧张的劳动数量和质量要求劳动者的高级中枢神经必须排除这种抑制状态。因此，长期轮班，往往会使劳动者发生出现头痛、头晕、胸闷、疲惫等症状，相继出现迟钝、乏力、无兴趣以及发泄、攻击心态。

3. 克服轮班工作消极影响的措施

正因为轮班工作会使劳动者产生上述不良影响，所以我们应在采用该工作时间制的同时，可采取一些适当的克服措施。比如，作业班次适当固定，作业时间不宜过长，工作休息必须保证，工作需求尽量满足等。此外，对轮班工作的劳动者要倍加尊重、关心、爱护，并注意在物质利益（如福利、报酬）上对劳动者进行补偿。

劳动者也要注意自身养护。首先要有很好的生理、心理的调适准备；其次注意参加必要的文体活动，以保持平衡和增强体质；另外，要及时补充养料。如在凌晨三至四点，可食用一些高营养易吸收的食品，这样既可补充能量，又可刺激兴奋，消除疲劳。

第二节　劳动者的空间心理

人的生活、工作、学习、休息等一切活动都离不开空间。空间的大小和特点都能对人的活动产生重要影响。因此，空间与人的心理行为关系问题，已成为建筑学、美学、心理学、工效学等多种学科共同研究的内容。自然，不同的学科对空间的研究有各自的侧重点。建筑设计师偏重从造型、审美和功能结合的角度研究空间问题，人类工效学和工业心理学则偏重于研究空间设计与工作效能的关系。工作效能不仅与空间大小有关，而且要看人如何利用空间。同样的空间，由于安排不同，可以对工作产生不同的影响。空间不足，行动受到限制，就会影响工作效能的发挥。因此，必须为各种工作规定空间大小的限度。工作空间不可过小，也不可过大。工作空间过大，不仅增加造价，造成浪费，而且不利于充分发挥人的工作效能。例如，小学生在大学生的课桌上看书写字，其劳累和不舒服的感受不会比大学生坐在小学生的课桌上所感受的轻多少。又如，一个人使用三室一厅的起居室可能不会感到多余，但若占用一幢上千平方米的住房，不仅没有必要，还可能产生孤寂感。一个企业要合理地安排好每个员工的工作空间，同时要合理地规划好企业内的生产车间、仓库、办公、饮食、文娱及其他各种必要设施的空间布局。所以说空间设计是一个范围很广的问题。

一、活动空间

人的活动空间（space for activity）包含物理空间（physical space）和心理空间（psychological space）两种。物理空间是指大小可以用物理方法进行量度的空间，它独立于人而存在，不会发生变化。人的心理空间则不同，它不能离人而独立存在，其大小也因人而异。例如，一个占有一定大小物理空间的房间，不同的人使用它时，对其大小的评价可能很不相同，有人可能嫌它小，有人可能嫌它大。同一个物理空间用于不同场合时，人们也会对它做出不同的评价。所以，人的活动空间要依存于物理空间，但是并不完全由物理空间所决定。设计一个人的活动空间不仅要考虑活动对物理空间的要求，还要考虑人的心理空间的要求。

人的心理空间要比物理空间复杂得多，它具有主观性。影响心理空间的因素是多种多样的。例如，除了受物理空间影响外，照明、颜色、开放性与封闭性等因素都会影响心理空间的大小，空间明亮时要比暗淡时看起来大一些，开放的空间显得比封闭的空间看起来大一些，家具等物较小的空间要比家具堆放拥挤的空间显得大一些，墙壁装饰有大块玻璃的房间要比不用镜子装饰的房间显得大一些。在空间设计中，应尽可能通过增强采光、增大窗户及采用其他方法来增大人的心理空间。

一个空间能否得到使用者的好评，主要取决于两个方面：一是空间的实际大小是否能满足使用者的要求，这是由空间的物理尺寸决定的；二是空间是否能使使用者得到心理上的满足。譬如说，空间上大小相同的两套房子，由于结构或采光的差异，看起来一套似乎比另一套大一些或感到舒适些。这就是说，同样的空间，由于其他不同因素的影响，可以在知觉上甚至情绪上引起不同的反应。

空间设计者要通过变化空间知觉（space perception）的因素，使同样的物理空间产生不同的心理效果。开放性空间（opening space）或封闭性空间（enclosed space）是影响空间知觉的重要因素。空间开放性或封闭性是指一个建筑空间与其周围空间相连接的程度。完全封闭的空间是指完全与外周空间隔离的空间。完全开放的空间是指完全与外周空间连通的空间。例如，公园里的赏花亭、房子顶层上的露天阳台就是完全开放的建筑空间。在一般的建筑中，很少有极端封闭或极端开放的空间。住宅、办公室、厂房以及客厅等一般采用门窗与外部空间相连接。开放性的窗户主要是为了采光、通风和与外界空间连通。在现代建筑中，由于人工照明技术和空调设备的使用，窗户的采光、通风功能逐渐失去作用，而与外部空间连通的功能将会日益受到更多的重视。开放性的空间与封闭性的空间相比，不仅能给人以更多的宽阔感，而且具有可以眺望风景、获取外界视觉信息、减轻视觉疲劳和调节心情的作用。由于开放性空间可使空间具有更丰富的意义，因此现代建筑中连接内外空间的界面有增大的趋势。当然，建筑空间的开放性也有一定的限度。极端的开放或极端的封闭有可能使人产生广场恐怖症（空旷恐惧症）（agoraphobia）或闭锁恐怖症（幽闭恐惧症）（claustrophobia）。建筑空间的开放程度与活动的性质有关，例如，供单人学习用的房间，开放度就不需要太大，而公共活动空间则应有较大的开放度。一般来说，开放度小的空间适合于需要精神专一、苦心思考的工作和具有一定隐私性的活动，开放度大的空间适合作大厅、会议室、讲演厅、展览厅等。

空间大小知觉还受空间的照明状况及墙壁色彩配合等因素的影响。一般来说，明亮的空间比昏暗的空间显得宽敞些。浅色墙壁空间看起来比深色墙壁的空间开阔些。壁墙上饰以镜子的房间由于镜面反射作用，要比等容积的普通壁墙的房子显得宽敞得多。一个优秀的建筑设计师往往能善于运用心理学的有关空间视觉的原理，采用各种技艺措施增强空间的视觉效果。

二、个人空间

（一）个人空间概念

个人空间概念的由来与人际互动距离研究有千丝万缕的联系。1966年，人类学家霍尔出版了《隐藏的向度》（*The Hidden Dimension*）一书。他在书中提出了距离学（Proxemics），认为距离学是人类空间行为的科学研究，人们的情绪情感与使用距离密切相关，并详细探讨了人类空间利用的意义，不同文化中空间规范的形式以及人际互动距离的有关研究。

霍尔通过对中等阶层白人的长期观察，认为美国人的互动通常发生在下列四种距离的情况下，这便是大家所熟知的亲密距离（intimate distance）、个人距离（personal distance）、社交距离（social distance）和公众距离（public distance）（如图 5-3 所示）。

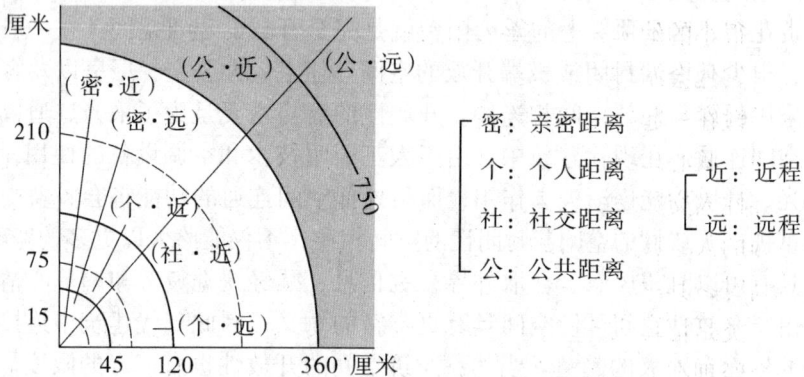

图 5-3　霍尔的四种个人空间距离模型坐标

（1）亲密距离为 0~45.72 厘米。在这种距离下，能清楚地看到另一个人的头和脸，辨认对方面部的细微变化，此时互动的人通常能获得体温和气味等额外的感觉信息。这种距离专门用于非常亲密的互动中，如爱、抚摸、安慰和防御等。父母与子女、夫妻、恋人之间的距离就属此类，通常不适合公开场合中的成年人。

（2）个人距离为 45.72~121.92 厘米。在这种距离下，嗅觉和细微的视觉线索开始消退，个人得以了解他人身体的其他部分。碰触通常是被允许的，而且这也是与朋友交谈的普通距离，这种距离常为朋友间的接触或日常同事间的交往。

（3）社交距离为 1.22~3.66 米，较近的距离是 1.22~2.13 米。这种距离发生于一起工作或进行非正式事务的人之间，如业务洽谈、接待新客等。较长的距离是 2.13~3.66 米，属于一般的社交距离，人必须提高音量，所以是在较正式的会谈和社会互动中使用的，属于个人的或公务性的接触。

（4）公众距离一般在 3.66~7.62 米，属于互动中非常正式的距离。在这种距离下，人们可以轻易地采取逃避或防卫的行动，它也可以用于不想产生互动的陌生人之间，或是接近重要人物时的防卫信号，属于政治家、演员与公众的正规接触，通常为单向沟通时采用。

值得注意的是，上述四种距离都是估计数，个人心理空间大小还受如下三类因素的影响：

第一类是个体因素，如年龄、性别、个性、社会身份等因素。一般来说，个人空间会随着年龄增大而逐步扩大。研究发现，2.5 岁儿童之间个人距离为0.46 米，而到 7 岁时增加到 0.61 米，到 12 岁时，个人空间行为大体上类似于成人。很小的幼儿在个人空间上没有性别差异，但 12 岁的男孩面对 12 岁的女孩时，他会站得更远些。成人显示出同样的性别差异。研究者发现两个或多个异性在一起要比同性别的人在一起需要更大的空间。女性在和同性熟人交往中，其心理空间要比男性在类似情形下的心理空间小一些，而在和不熟悉的异性人交往中，其心理空间要比男性在类似情形下的心理空间大一些。性格内向的人，其个人心理空间要比外向性格的人大些。一个人的社会地位或职务高时，其个人心理空间要求也会有增大的倾向。

第二类是情境因素。个人的心理空间要求往往随情境不同而发生变化。例如一个经理在非正式场合，或在对下属进行谈心时，其心理空间一般要比下属向他作汇报或他对下属布置工作任务时的空间小一些。再如紧身区范围，在正常情形下是不容许一般人侵入的，特别不容许陌生人侵入，但在拥挤的公共汽车上，人们一般会放低要求，会在一定程度上容忍他人靠近自己的身体。

第三类是文化习俗和宗教民族等因素。人们发现，拉丁美洲人、法国人、希腊人、阿拉伯人与美国人、英国人、瑞典人、瑞士人相比，偏爱较小的人际距离。在我国文化背景中，这种差异就更为明显了。

（二）个人空间的理论

关于个人空间的理论研究较为困难，至今只有为数不多的学者从事个人空间理论的研究，且收效不大。目前比较公认的理论是均衡理论（equilibrium theory）、激发状态理论和刺激模式理论。

1. 均衡理论

在对个人空间行为的解释中，最具影响力的是阿盖尔和迪安（M. Argyle & J. Dean, 1965）提出的亲和—冲突理论（affiliative conflict theory）。他们选择亲和—冲突理论的理由，是相信人与人之间的交往都包含有趋近和逃避两种倾向。在人际互动中，最适宜的情形是两股力量相互平衡而达到均衡。

目前，这个理论已演变为著名的均衡理论。这个理论认为在某个特定的情境中，两个个体之间的亲密程度假定是相对不变的，只有保持这种适度的感觉水平，心理上才能产生舒适感。这种舒适、平衡感的保持是通过许多言语的、非言语的行为来实现的，包括谈话、微笑、眼神接触、身体定向、姿势、碰触以及两个个体的空间距离等。这些行为的不同水平的组合使人达到平衡状态。现假设两个个体需要保持的亲密程度已经确定，当相互间距离过远时，个体就会采取提高谈话的声音和增加微笑的次数来满足这种亲密程度；如果相互间距离太近，个体就会减少微笑的次数或减少目光接触来减弱过分亲密，以达到适宜水平。因此，每次互动开始时都有一段不稳定时期，这时每个人都在尝试建立平衡。一旦亲密程度达到均衡，任何一方的改变都会因为对方的非言语行为而反向地被抵消。总之，一定的人际感觉水平决定了一定的行为模式水平，为了保持一种平衡感，任何一种不适宜的行为水平可以通过另一种行为水平的改变而得到补偿。

2. 激发状态理论

虽然多数研究都支持均衡理论，但布里德等人（G. Breed，etal. 1972）研究后发现，某些人回应对方增加亲密程度的表现，并不是与阿盖尔和迪安所预测的那样。于是就导致了对此理论的继续研究和激发状态理论的产生。

激发状态理论（也叫激发模型）的提出者帕特森（M. L. Patterson，1976）试图解释为何有时会发生非言语亲密性的回应。毋庸置疑，人们的激发水准强烈地受到周围他人的非言语行为的影响，尤其是人际距离和凝视的行为。然而，阿盖尔和迪安的理论未能充分考虑激发水准的变化对非言语行为的作用。帕特森认为，个人在互动中所感受到的激发状态变化是决定个人对行为反应的中介者（如图 5 - 4 所示）。

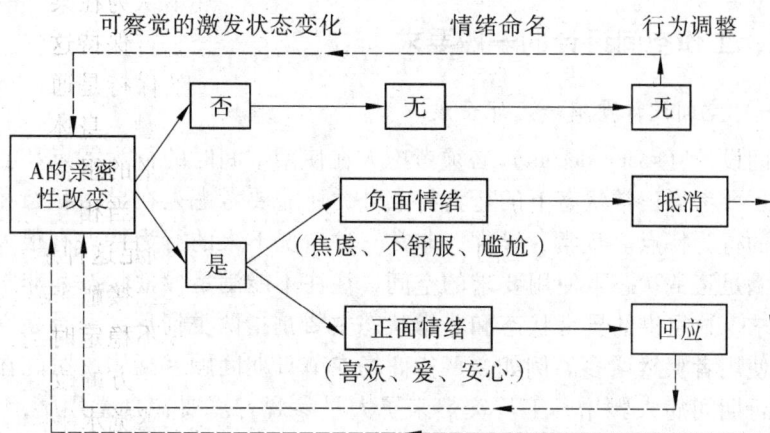

图 5-4　帕特森人际亲密程度的激发状态模型

　　根据帕特森的模型，在 A 与 B 的互动中，A 的行为所反映的亲密性变化会导致 B 的激发水准改变，B 将此激发水准的变化评定为愉快或不愉快的关键。如果激发状态的变化被评定为愉快，则 B 会回应 A 所表达的亲密性，维持或增强愉快的激发水准。反之，B 会反向抵消 A 的行为。例如，改变与 A 的距离，调整亲密水准直到令人满意为止。这个模型从直觉上是可以接受的，而且与人们的生活经验相吻合，遗憾的是尚缺乏实验研究的广泛支持。

　　3. 刺激模式理论

　　刺激模式理论是戴西（D. Daisy）于 1972 年提出来的。该理论认为在城市生活环境中，由于刺激量（物理性刺激和社会性刺激）超过了人们所能承受的水平，迫使人们通过大量控制、调整空间来保证具有舒适的感觉水平。例如，当外界的刺激过量时，人们可通过个人空间的功能调整感觉信息的输入，排除过量刺激。由前述可知，非适宜的刺激强度可能会诱发过分的感情亲密或者阻止所需的亲密感情，因此，为了保持心理的舒适与平衡，必须保证具有适度的刺激强度，而适度的刺激是以调整、控制空间行为来实现的。这样，个人空间对于保持个体心理舒适感就具有重要意义。

　　显然，刺激模式理论阐明了个人空间行为在现代城市生活环境中的重要作用，说明了研究个体空间行为的重要性，从新的角度提出了研究城市生活环境的新观点。但是，该理论尚处于假设阶段，停留在解释现象的水平上，缺乏实验研究的证实，因而仍有待于研究者今后进行更进一步的探讨和研究。

三、工作空间设计的一般要求

(一) 空间设计要有一定冗余度

空间设计 (space design) 必须考虑人在使用空间时的行为特点和心理效应。除了要考虑正常状态下的行为特点外，还需要考虑人在异常状态和非常状态下的行为特点。正常、异常、非常三种情况下人的行为特点有很大的差别。能满足正常状态下使用要求的空间，往往不能满足异常状态和非常状态下的要求。这里讲的异常状态和非常状态主要是指两类情形，一类是空间不变，而使用者骤然增多。例如，百货商场在节日期间顾客猛增，医院在某种疾病流行期间病人骤增，工厂突然来了大量参观者需要在食堂用膳，等等。碰上这类情况，平常能满足要求的商场、病床、食堂这时就会发生供不应求的矛盾。另一类是空间的使用人数并不增加，在正常情况下，人们是分散使用或有秩序地使用，而在发生异常或非常情况时，平时分散使用的人突然都要在同一时间内使用，这时，空间与使用要求可能发生很大矛盾。例如，一座公寓的电梯、楼梯、过道、出入口等公用空间，平时使用不感到拥挤，但在遇到空袭警报、火警、地震等情况时，会突然显得空间过小而发生拥挤。解决此类矛盾现象的理想办法自然是扩大空间，即在设计空间时就按可能出现的最大人群容量进行设计。上述两类情形有很大的差别，解决的办法也应有所不同。商场、食堂等的空间若按非常情形下的人流量进行设计，譬如说，非常状态时的最高人流量与正常时的人流量之比若为6:1，那么，实际设计时则按4:1或者3:1进行设计。也就是说，非常情形下的最大人流量，将采用其他临时办法进行分流，例如，旅馆可以临时增设铺位，商场可延长时间，食堂可以分批吃饭等。但在遇到火警、警报等紧急情况，需要加速疏散人群的通道出口时，则必须按可能在短时间内同时使用这种空间的最大人流量进行设计，即使这种情况很少发生，也不可减少这类空间。这类空间不仅要求足够宽敞，而且要求时刻保持畅通。有的企业决策者，由于安全观念不强，为了节省投资或为了增加工作空间，在用房建设中把应该有两道楼梯的建筑物改为只造一道楼梯，将2.5米宽的通道改为2米或1.5米，或者把现有的公共空间改作别的用处，这都是不安全的做法。1994年，我国广州、新疆、吉林等地的公共娱乐场所或工人宿舍都发生过数百人的伤亡，就是由于对建筑空间的设计和使用不当造成的。

(二) 空间设计要考虑流动性

人与空间的关系可从静态和动态两个方面加以讨论。静态的人与空间关系是指固定的人和固定空间的关系。例如，办事员与办公室、居住者与住宅、工人与工位的关系等。在静态人空关系中，人和空间都是相对稳定的。这种空间的设计与安排要适应固定使用者的活动内容、行为习惯与个性特点。动态的人空关系是指使用空间的人是流动的。公共活动场所的人空关系均属于动态人空关系。在设计动态人空关系的空间时要考虑以下四个方面：第一，要适应使用人群中各类人的要求。这些人中有男人和女人，有健壮的青年和年老的体弱者，有高个子和矮个子，有瘦者和胖者，有正常人和残废人。这类空间场所及其附属设施的设计必须兼顾不同使用者的身体条件及性别、年龄上的差异。譬如说，工作台宜低些，桌椅面宜宽些，门要做得高些宽些，台阶要做得平些。第二，要考虑使用空间的人流密度。人流密度大的应安排大的空间，人流密度小的应安排小的空间。例如，一家医院中，内科的病人流动密度一般比外科的大，因此门诊室和病房的空间设计，内科的应比外科的大。第三，要考虑人群流动的速度。人群流动的速度一般用每米每分钟流经的人数表示。人群的流动速度慢表明在空间中滞留的时间长。人群流动的速度与人群密度有关。人群密度在 1.2 人每平方米以下时，流动速度受人群密度的影响不明显，人群密度超过 1.2 人每平方米时，则随着密度的提高，流动速度明显降低。第四，要考虑人流的方向和路线。许多公共活动场所，人的流动都有一定的方向性和顺序性。有些没有逻辑顺序的活动，也可安排一定的先后顺序。安排活动空间应与这种人或物的流动方向和流经顺序结合起来考虑。把前后连续的活动空间安排在最靠近的地方。这样做可以缩短人或物的流动路线，并可避免人流或物流的交叉和混乱。越是大的场所，这种人流、物流与空间的有秩序安排就越有必要。

四、特定工作场所的环境设计

任何劳动场所的环境设计都有一定要求，下面简要介绍几种特定劳动场所的环境设计。

（一）工厂

森德斯特龙（E. Sundstrom, 1987）将工厂定义为"将原材料转化为市场商品"的设施。对工厂物理环境的研究，大多数集中在温度、噪声等方面。过热或过冷的室温是引起职员不满的原因之一。研究证明，对工作场所温度的满意度与能否控制温度有关。也就是说，如果能够对温度进行控制，人们就会感到满意。由于大多数工作场所达不到这个条件，因此，对温度普遍不满意也就不足为奇了。人们对室温经常抱怨的另一个原因是个体需要的温度不同，因此，对适宜温度也难以达成共识。也就是说，当有些人感到温度正好时，另一些人却感到高了，还有些人感到低了。无论如何，我们应当了解，在大多数工作场所，室温往往容易影响舒适感和满意度。

设计工作场所时，噪声的处理也是不可忽视的一个方面。在我们生活的世界里，每时每刻都可以听到各种不同的声音。有些声音是非常有用的，如轻松欢快的乐曲和歌声，而有些声音却听起来使人不舒服，如风钻的尖叫声、机器的运转声等。有人曾做过统计，由于噪声的影响，可使劳动生产率下降10%～50%，特别是那些要求注意力高度集中的复杂作业，受影响尤为严重。对打字、排字、校对、速记等工作的调查表明，差错率随着噪声的增加而上升。噪声的声源在空气中以弹性波的形式辐射出来，它在环境中不积累，也不远距离扩散，对人的干扰是局限性的。当声源停止发声时，噪声便告消失。只有当噪声源、传声途径和接受者三者同时并存，才能对听者形成干扰。因此，在设计工作环境时，需考虑对噪声的控制。

（二）办公室

办公室环境设计既要便于交往，同时，在一定程度上又需要自我隐匿，有所保留。近几年，在西方一些管理方式的理论研究中，提到了开放式办公室和封闭式办公室不同作用的问题，开始引起一些企业管理者的注意。西方的理论认为，办公人员如果处在开放式的办公室内工作，则有利于互相监督，减少闲谈或隐秘事件发生的可能性，有利于提高工作效率；而封闭式办公室为人们满足私密性要求提供了场所，而且上班时间需要的是公共性特征的体验，因此，封闭式办公室不利于提高工作效率。但是，研究发现，个人在对其办公室是否满意的因素中私密性占据重要的位置。一般来说，随着私密程度的增加，个体对办公室环境的满意度也增加。一项对大学教职员工的调查表明，他们将私密的重要性列在空间、室温、通风、光照及陈设等因素的前面。美国心理学家曾进行了一个实验，他们让169名大学生在不同的环境中从事同样的工作：一组在私人办公室内，另一组在四人共处的办公室内，其工作任务相同，使用的工作空间大小也一样。实验结果表明，大学生更喜欢私人办公室而不喜欢共用办公室，其差异显著。与从事简单工作相比，从事复杂工作的人更偏爱具有私密性的工作环境。

另一项研究则表明，在开放式办公室环境中，对简单任务的操作效果更好，并可增加同事间的交往，特别是在低层次职员中，更是如此。尽管开放式办公室有不少优点，但大多数职员对开放式办公室的反应是消极的。使用私人办公室的职员与处于开放式办公室的人相比，往往对工作场所有较高的满意度。

总而言之，建筑物在工作环境中对人们的行为有着重要的影响。房间的设计和室内的陈设会影响在这些环境中人们的社会交往和情绪反应；工作场所的物理环境会影响工人们的唤起水平，进而影响他们的任务操作；一个差的物理环境设计可导致工人们对工作的不满意且缺乏工作动机。对于大多数职员来说，对应于个体在群体中的地位，其工作环境的私密性是非常重要的。与封闭式办公室相比，开放式办公室中职员的满意度及工作动机都明显低下。

第三节　疲劳与测量

一、疲劳的概念

人与机器相比有一个很大的弱点，就是人在工作中容易产生疲劳。疲劳是人不能持续高效率工作的主要原因。疲劳还容易引起伤亡事故。疲劳（fatigue）是人在工作中由于经受的活动力度较大或时间较长而产生的工作能力减退的状态。从生物学上看，疲劳是一种自然的防护性反应。因为人在工作和活动过程中，需要消耗储备的能量和资源。活动力度大，时间长，消耗的能量就多。若能量消耗得不到及时的补充而继续进行活动，就会对机体产生有害的作用。用力程度减少、活动速度放慢、活动质量降低等都是为了使机体储备的能量资源不至于过度消耗。因此，疲劳是一种防止机体身心负荷过载的反应。同时，疲劳也是向人发出需要补充活动能量资源的信号。人在感到疲劳时，就会意识到需要暂时中断活动来进行休息。通过休息可以使消耗的能量资源得以恢复。

二、疲劳产生的生理机制

全身疲劳时的种种表现，都与中枢神经系统的状态，特别是与大脑活动状态有关。兴奋与抑制是大脑的两种基本神经过程。兴奋与大脑的清醒状态相联系。人在清醒状态时，能清晰反映内外刺激的作用，能迅速有效地对各种事物的作用进行信息加工并做出反应。而人的清醒状态是由位于脑干中央部位的网状结构的活动来维持的。网状结构起着唤醒大脑的作用，因此也称为网状激活系统。网状结构不仅与大脑之间存在联系通路，而且也与躯体的各种感觉传入神经存在着联系通路。因此，来自感觉器官的神经冲动通过直接通路进入大脑皮层，同时也传入网状结构，激起网状结构的活动。网状结构的活动信号传入大脑后使大脑保持觉醒状态。只有处于觉醒状态的大脑才能对来自体内外的感觉信号进行认知加工和做出各种控制活动。大脑若由于工作过久或能量供应不足而处于抑制状态，这种抑制过程也会传入网状结构，使网状结构处于不同程度的抑制状态，这时人就会渐渐失去清醒状态，出现全身性疲劳时所发生的种种行为表现。

疲劳现象除了与大脑皮层及网状结构的活动状态直接有关外，还与中枢神经系统中边缘系统的活动有关。在疲劳时发生的肌肉紧张度下降、力量减弱、动作迟缓等现象，也与边缘系统的扣带回的活动有一定的关系。刺激扣带回可以使肌肉松弛，刺激胼胝体膝部周围的扣带回，则可获得类似睡眠样的状态，引起闭眼和使运动的肌肉紧张度消减等。

三、疲劳测评

疲劳的测量途径有多种，目前普遍采用以下五种方法：

（一）疲劳的自觉症状调查

自觉症状调查是疲劳测量中使用最广也是最有效的方法。人对疲劳很敏感，能根据切身体验判断自己所处的疲劳程度。一般通过制定疲劳症状调查表来测定，即用调查表了解受试者的自我感觉。如下表所示：

自觉症状调查表

姓名　　　　性别　　　　　　　年龄　　　　　作业时间

名称	作业前	作业后	名称	作业前	作业后
头			脚		
肩			动作		
腰			言语		
眼			全身		
嘴			睡眠		

日期

（二）疲劳的工作绩效测定

疲劳会导致工作能力降低，进而引起工作绩效降低。疲劳愈深，工作能力降低愈大，工作绩效下降愈严重。工作绩效变化情况也成为工作中评价疲劳程度的常用指标。但是应用工作绩效这一指标测量疲劳程度要特别慎重，因为导致员工疲劳的因素很多，还应考虑其他因素，工作绩效指标只能与其他测量指标结合起来使用。

（三）闪光融合频率测定法

闪光融合频率也是测量全身性疲劳的常用方法。人疲劳时闪光融合频率会有所降低。闪光融合频率降低的幅度因工作不同而有较大差别。如心算、发送电报、驾驶飞机、视觉作业以及单调重复的作业产生疲劳后，闪光融合频率都会发生明显的降低。工作前后闪光融合频率相差可达 3～5 赫兹。操作活动比较自由，身心中等程度用力的工作，如办公室工作、材料分析工作、中等程度的重复性工作等，工作前后的闪光融合频率差别较小，有时相差不到 1 Hz。一般来说，闪光融合频率方法比较适合测定中枢神经系统的疲劳。

（四）疲劳的脑电图测定

从清醒转入睡眠要经历兴奋—松弛—困倦—入睡—深睡等不同的状态。人处于不同的状态脑电图上记录的脑电波会发生变化。清醒状态时，脑电图上占优势的是频率为 8～12 赫兹，波幅较低的 α 波；身心由兴奋转入松弛状态时，脑电图上由 α 波转为频率为 4～7 赫兹，波幅较高的 θ 波；进入睡眠状态时的脑电波的节律更趋缓慢，这时，脑电图上出现的主要是频率小于 4 赫兹的 δ 波。人在产生全身性疲劳时，脑电图上往往能记录到与疲劳发展深度相当的脑电波。因此，脑电图发生变化被用作评价疲劳程度的一个客观指标。

（五）生理指标测定

脑电图、心率、血压等指标也能判断人的疲劳程度。这可参考医检的测定数据。用生理指标这种方法不仅可测定疲劳程度，还可反映劳动强度。

除以上五种方法以外，还有一些测试方法，如运用一些心理运动能力测验或认知测验进行测定、基础代谢测定、触觉敏感举例测定等。对劳动者做疲劳测量，除不同劳动者用同一方法外，还可不同劳动者用不同的方法，同一劳动者用不同的方法进行测量，以达到测试准确或便于掌握规律的目的。

四、消除疲劳的方法

不论生理疲劳还是心理疲劳，都会降低工作效率，不利于安全生产。工作中只有将劳动者疲劳的生理研究和心理研究相结合，才能显示其真正的、更大的应用价值。因此，对劳动者疲劳防治的方法是一致的。

（一）及时休息

休息是消除疲劳最有效的方法。人在工作中出现疲劳后若不休息，疲劳就会积累起来，由轻度疲劳变成重度疲劳。若经常发生重度疲劳而得不到必要的休息，就会造成慢性疲劳，积劳成疾。有的管理者以为休息时间不工作，会影响工作效率，因此，他们舍不得给职工休息的时间。其实不然，休息虽然占用了时间，但只要安排得合理，工作绩效不仅不会降低，还能有所提高。合理的休息之所以能提高工作绩效，是因为工人在休息中使消耗的能量得到恢复，及时消除了疲劳，因而在有效的工作时间内提高了工作效率。

（二）控制工作强度和难度

工作强度和工作难度对人的身心能量消耗有很大的影响。一般来说，强度大、难度高的工作消耗的能量多，容易引起疲劳，但不能从这里做出相反的推论，认为工作越轻、越容易，就越不容易疲劳。许多研究表明，工作负荷过重或过轻都不能取得最大的工作效率，只有中等强度的工作负荷，才能进行最有效的工作。需要注意的一点是工作强度、难度是否适中，必须结合工作者的个体承受能力加以考虑。人的体力和能力大小有差异，对甲是强度或难度适中的工作，对乙可能显得强度过大或难度过高。只有根据个体差异调整工作强度或难度，才能避免能量资源浪费，最有效地利用人力资源。

（三）合理的工作条件设计

合理的工作环境、工作程序和方法以及合理的劳动保护和福利等，均能延缓疲劳产生、控制疲劳过度、及时消除产生的疲劳。

（四）保证健康和营养

雇员厂外的生活条件对他们的工作能力起着重要作用。一位法国研究者认为，工人从家到工作单位的交通时间是引起疲劳的明显因素。公司领导应考虑选定它的工厂靠近居住区。

因为食物的摄入可降低疲劳，工厂的食堂应卖物美价廉的食品，以使工人形成有利于健康的饮食习惯，这是工厂的正确投资。

（五）科学地安排活动节律

通过调查研究，科学地安排劳动强度、控制作业速度、扩大工作种类、制定工时定额、消除多余动作及很好地安排工间休息次数和时间。这样，在科学的活动节律下，一方面能使劳动者以最合理的节律分配活动的能量；另一方面还能使整个作业时间都保持较高的工作效率。

此外，工作中也要关注员工个体差异，疲劳和恢复的速率对同样强壮的人也是不同的。由于在疲劳中的个体差异，因此在工作中为一个人设立的频率未必适合另一个人，最好使他们对疲劳的感受性与他们的工作能力相匹配。

相关链接

帕金森定律

英国学者 C. 诺·帕金森通过大量的研究，对工作时间安排得出一个警告："一件工作会占满所有可用的时间。"这就是著名的"帕金森定律"。

事实证明也是如此。对设定时间的同一件工作增加工作时间，往往不能增加投入的工作量，而散耗在名义工作时间之中，因此不会提高工作效率。同样，对设定时间的同一件工作减少一定的工作时间，也不会因此而减少实际的工作量，有时反而会促进劳动效率的提高。这就是说，对劳动制度中的劳动投入研究分析，劳动者对作业时间的心理反应是"这件工作可用多少工作时间"，而不是"这件工作需要多少工作时间"。值得注意的是，这一定律对具有高度工作动机的劳动者也同样适合。

于是，从劳动心理学的角度来讲，如果一个企业经常加班加点延长工作时间，就会使劳动效率降低、经济效益减少，并使劳动者的劳动心理产生"偏差"，个性不健全的劳动者普遍增多。

资料来源：沈志义. 劳动心理学原理. 南昌：江西人民出版社，2006

本章思考题

1. 劳动者对工作时间的安排规律是怎么样的？
2. 轮班工作时间对劳动者有何不良影响，如何克服？
3. 简述霍尔对个人空间的研究。
4. 个人空间的理论有哪些？各有什么观点？
5. 工作空间设计要考虑哪些要求？
6. 如何理解疲劳的生理机制？
7. 影响疲劳的因素有哪些？如何有效防止疲劳？

第六章
安全与事故

本章重点

1. 事故原因分析
2. 人的差错类型
3. 人的差错产生的原因
4. 安全分析的内容与步骤
5. 如何进行事故分析和事故预防

求安全、保生存乃人类之天性。人类的大量活动都是为了保护自己，免受侵害。侵害人类安全的大敌有三：一为自然灾祸，如地震、洪水及野兽侵害；二为人类相互间的争斗，如国家间、民族间和宗教间的战争或个人间的格斗；三为生活和工作中发生的各种事故。三者中以事故对人类的危害更为常见、广泛。全世界每年受各种事故之害者在百万人以上，其中尤以生产事故危害最广，受害人数最多。人是最宝贵的资源，在事故造成的损失中，人员伤亡是最大的损失。因此，保障生产安全是企业工作中的首要工作，防止生产者的人身伤害更是工作中的重中之重。

防止事故，关键在于控制事故原因。事故发生往往是多方面的因素促成的，其中有人的因素、物的因素和环境的因素。人的因素是大多数事故发生的主要原因。人的操作错误、设计错误、管理错误等都可能成为引发事故的重要或主要原因。因此，在事故研究和事故预防中，对于事故原因，特别是对人的原因要给以特别的注意。

第一节 人的差错与事故

如前所说，事故的发生有人、物、环境等诸方面的原因。在各种事故原因中，人的因素占有很大的比重。据我国秦皇岛港务局安检处的统计，1980年以来，该港务局系统的各类工伤事故中，约有95%是由人为差错造成的。据英国《国际飞行》周刊报道，1994年全球飞机失事47起，死亡1 385人，其中有31起事故是由于飞行员的失误所致，只有16起是由恶劣气候造成的。总的来说，大多数事故的根源在于人的差错。

一、人的差错

人的差错（human error）一般表现在行为中。差错行为是指不符合要求的行为。例如，按操作规程，工人上班时应先打开总的电源开关，再启动单机开关，若先开单机开关，再去打开总的开关，就违反了操作规程，就是错误的操作行为。错误行为有的不产生有害的后果，但有的却会酿成事故。然而，人的差错行为的特点并不因是否酿成事故而有所不同。人的差错行为可分成两类：一类是该做而不做的行为；另一类是不该做而做的行为。例如，汽车司机在不容许停车的地方停了车或在要求慢速通过的地方高速行车；一个工人在断电检修机器时打开了电源开关；一个人在禁止入内的地方闯门入内；学生作文在不应该使用标点符号的地方点上了标点等，都是不该做而做的行为。

人的行为包括输入、中枢加工和反应输出等环节。每一个环节都可能产生差错。输入差错多表现为感知的错误。中枢加工的差错主要表现为记忆错误、判断错误和决策错误。错误的决策，自然会产生错误的反应，但执行正确的决策也有可能做出错误的反应。例如，汽车在行驶中，突然从左边窜出一个人，司机正确地做出急刹车的决策，但在做刹车动作时却把脚踩到加速器踏板上，就是反应输出环节发生的差错。人的每个行为环节发生的差错都可能引发人机系统事故。

二、人的差错分类

人的差错可以从不同的角度进行分类。下面是常见的两种分类：

（一）按差错行为意识状态分类

按人对差错行为的意识状态，可把差错分为无意差错和有意差错。无意差错（unintentional error）是指人产生差错行为时并未意识到自己的行为是错误的，只是在差错行为发生后才发觉自己出了差错。例如，一个人写作文或写信时写错了字，炒菜时把醋错作酒用，车床加工中把顺转按钮误作倒转按钮等，这些动作当事人往往在收到反馈信息时才意识到自己的错误。有意差错（intentional error）与此相反，它是当事人在行为发生时甚至在行为发生前就意识到自己的行为是不应该做的，但他还是做了，即"明知故犯"。明知故犯引起的事故，其事故责任自然要比由无意差错行为所引起的事故重些。但是有意差错行为仍有各种不同的情形。犯罪行为是最严重的明知故犯行为，因此要承担刑事责任。违背操作规程，如司机开车前喝酒，工人维修车床时不切断动力开关，实验员使用精密仪器时不按规定程序进行操作等，都属明知故犯的有意差错行为，但与犯罪行为有质的不同。还有一类有意差错行为，就是当事人虽然知道自己的行为不符合规定要求，但他认为自己的做法是正确的或正当的，例如，司机为了救护病人而超速开车，工人上班途中仗义救人而耽误了上班时间等就属这类行为。这类有意差错行为包含着正确的因素。对此类差错要分析具体情形，有的可以以功抵过，有的功大于过，还应加以奖赏。

（二）按差错行为内容分类

人的差错可以按作业内容分为设计差错、制作差错、检测差错、维护差错、管理差错和输送差错。

设计差错（design-induced error）多为设计人员在设计过程中发生的差错。设计差错有多种不同的表现，其中有设计思想的差错和设计内容与设计技术的差错。从人机系统的角度看，主要关心的是有关人机匹配的设计差错。有些差错表面看来是由人的操作失误引起的，实际上是由于机器设计时没有考虑到人的特点才发生的。设计人员若缺乏人的思想因素，就很容易把机器设计成超人的工作能力限度，例如，把显示器颜色编码设计得超过人能正确辨认颜色数目的范围，把装配线的速度设计成难以适应，把控制器的操纵力设计成超出一般人的用力限度，或把它设置在人的手脚不易伸及的地方，诸如此类设计都容易使操作者产生差错。因此，在分析差错引起事故时，务必分析造成人的操作差错与设计的关系。设计者应承担由于设计不适于人的操作特点而发生事故的相应责任。

制作产品一般要求按设计的蓝图进行。在制作过程中，除了可能保持原设计的差错外，还会增加一些由制作操作所造成的差错，例如，接错了接线，漏焊了接点，装错了零件，使用了与设计要求不符的劣质材料或元件等。制作差错（manufacture-induced error）是造成废品、次品的主要原因。

产品制作后，一般需要进行测试和检查。工厂中都设有专职的产品检验人员。检验的目的是要把制作得不符合要求的产品挑出来。完全依靠人的感官来检验产品，检验师的主观判断标准对产品质量分级起着关键的作用。人的主观判断标准会受多种因素影响而发生变化。企业应创造条件使检验师保有灵敏的、稳定的质量判断标准。

产品检验后，需要进库保管或直接输向销售市场或用户。一个完好的产品可能会由于保管工作中的差错而遭受损失。例如，仓库温湿控制不当，通风不好，就会引起产品变质。运输中产品包装不当，装卸野蛮，或防风雨、防暴晒等措施不当都会引起产品破损、变质。我国的产品有相当大的部分损耗在仓库和运输途中，其中有许多是由人的差错造成的。

维护的重要性尽人皆知。许多机器失效是由于维护上的差错造成的。例如，电子仪器长期不通电，机器零件松动不及时紧固，精密仪器不注意防尘防潮，传动的机床不及时添加润滑油，机器不按说明书定期清洗验收，维修后没有按位装配，维修中没有把老化的元件及时更换，使用不符合要求的工具来进行维修等，都属维护差错（maintenance-induced error）行为。维护中的差错会缩短机器的使用寿命，甚至造成重大事故。

人的差错中有许多可归为管理的差错。例如，各种决策差错，人员调整工作中的差错，制定制度或制定操作规程中的差错，发展规划上的差错等，都属管理差错（management-induced error）。管理上的差错影响面较大，牵涉的人和事较多，造成的损失也比较严重。越是上层管理人员，一旦产生差错，造成的损失也就越大。因此，管理工作应该挑选水平高、能力强和具有良好心理品质的人承担。

三、人的差错产生的原因

人的差错产生的原因可分为外部因素和内部因素两类。

（一）外部因素

这是指在作业者以外的设施、环境等存在着能引起错误的因素。一般指以下四种因素。

1. 人际关系

这是指单位中的工作伙伴、上司和部下等的人际关系的状态。人际关系良好，命令、指示等思想沟通就能顺利进行。在联合作业和协同作业中，合作的好坏及配合默契是非常重要的。对于技术不熟练的人和对联合作业不习惯的人，特别要求做到这一点。如在网球双人比赛中，球被打到两人中间时，若互相以为对方打，而自己不打，则会漏球。这样，即使对角色分配事先已作了规定，但确认不好、过分信任以及依赖外力都会诱发错误。

2. 不适当的环境因素

当自然环境中的气温、湿度、气压、光照、空气污染、噪声、风雨等因素发生急剧变化时，都会使人难以很快适应，容易产生差错。例如，光线过强会引起眩目效应，使视觉灵敏度下降；光照过低容易引起视觉疲劳；夜间很容易观察的灯光信号，在白天阳光照射环境下容易产生信号失误；噪声过强，言语通讯容易受到干扰。高温、低温环境都会使人的操作能力降低，使事故率（accident rate）上升。因此，对异常的物理环境，必须采取防护措施。

3. 人机不匹配

人机不匹配是造成操作失误的又一外在原因。做衣服要量体裁衣，设计工具、用具也需要考虑使用者的身体尺寸、力量大小。不按使用者特点设计的产品所造成的事故几乎每日每时都会发生。飞行中常有因飞行员读错仪器表而发生机毁人亡的事故，火车司机也有因看错信号而发生撞车事故的。此类事故责任应该由谁负？有人认为这是驾驶员的责任事故，应该由驾驶员承担责任。但从事故的诱因说，很可能是由于设计时缺乏人的因素思考而引起使用者产生差错行为，设计者对事故应负有一定的甚至主要的责任。现在，工程技术工作者和管理工作者有这种认识的人并不多，许多事故分析往往只停留在事故当事人的行为和环境条件的分析上。

4. 管理因素

作业制度、操作规程、安全教育、作息安排、检察监督、人事分配、奖惩措施等都属管理因素。此类因素都会对人的操作差错产生这样或那样的影响。

（二）内部因素

所谓内部因素是指人的素质和精神状态所存在的问题。

1. 疲劳和注意的缩小

人不同于机器或机器人，随着作业的进行，就会出现肩胛疼痛、眼睛疲劳等身体疲劳和对作业厌烦等心理疲劳。一旦陷入这样的疲劳状态，注意的范围就会缩小。另外，如果有担心和苦恼的事，工作时就会想起这些事而走神，在情绪高涨时也会出现这样的情况。所以说，人处于过兴奋激动状态或疲劳瞌睡时，都会使意识水平降低，自我控制能力减弱，因而容易产生差错。人处于中等觉醒水平时，产生差错的可能性最小，能取得最好的工作成绩。

2. 能力与知识经验的多寡

人的许多错误都与能力知识有关，能力低、知识经验少的人要比能力强、知识经验多的人更有可能产生差错。泽尔斯特（R. H. Van Zelst）在一个新投产的钢厂对 1 237 名工人的每月事故率和他们的经验进行比较，发现头 5 个月期间，事故从每 1 000 小时 6 次降到大约 3.5 次。在这以后的 5 年时间，事故率没有得到进一步的改善。他的研究表明，只在早期阶段，经验在事故中是一个重要因素。有经验的工人可以消除潜在的事故，经验降低了事故，这些表明对新雇员进行适当训练指导的重要性，训练可以防止事故发生。

3. 认知机能

古德洛夫（Goodenough, D. R., 1976）对有关汽车司机的行为因素中认知形态对安全性所起的重要作用的诸研究进行了回顾。他发现，场独立性（field dependence）特点司机，比场依存性（field independence）特点司机的事故少。当有场依存性倾向的驾驶员跟随在别的车后面驾车时，大多数人把注意力集中在他前面的一辆车上，而很少注意从更前面的车辆状况中去获取行车情况的信息，因而容易发生撞车事故。果费尔（Gopher, D., 1982）和埃沃力欧（Avolio, B. J., 1985）使用选择性注意力测验的最近研究结果也支持这一观点。另外，做事细心、处事慎重的人比脾气急躁、行动鲁莽的人产生差错的可能性要低些。这是因为细心、谨慎的人，按规章办事的多，违反操作规程的少，而脾气急躁、鲁莽的人，容易违章越轨，做出不该做的行为。

4. 性格、态度

下面我们看一下事故与性格、态度的关系。詹金斯（Jenkins, T. N., 1956）通过对多种工厂中的事故及受伤多发者群与对照群的比较，列举了七种事故倾向性性格类型：①容易精神涣散，心不在焉；②警惕性不高，不看前方，抑制力欠缺；③对他人采取否定态度，具有独立性、非协调性和攻击性；④缺乏怜悯心，没有罪恶感和羞耻心；⑤对刺激、惩罚所造成的痛苦毫不在意；⑥优越感很强，在情绪上是不成熟的；⑦爱自我显示，权力欲强，想引起他人注意。

对于事故的精神分析的研究也不少。弗洛伊德（Freud, S., 1924）举出不少病例，说明在看起来是偶然的死伤事故的背后，都存在着无意识的意图。它们是作为"自我破坏的欲望冲动和与此相对抗的种种心理性的力之间的妥协产物"而引起的自我伤害。洛奇（Roche, M., 1974）认为，在精神分析资料的解释中，汽车事故可以考虑为一种想要惩罚他人及自己的冲动。

可将事故者的主要人格特征归纳为以下三点：

（1）情绪不稳定——神经质、紧张过度、心情易变性、抑郁性、感情高扬性。

（2）自我中心性——非协调性的、主观的、缺乏共感性、攻击性的、无规则的。

（3）冲动性——自我控制力缺乏、轻率、冒险性。

越长城等人对内外向性格与事故关系进行了初步研究。应用日本淡路性向测验问卷量表对被试进行性格类型划分，然后，根据过去的事故记录编制出不安全行为细则表，对内外向性格与引发事故的不安全行为进行现场调查。结果表明，外向性格者较容易肇事，随着被试外向性格程度的升高，出现事故的次数越多。事故多发者具有典型的外向性格。

5. 年龄

泽尔斯特比较了约有 3 年经验的 639 名年轻工人（平均年龄为 28.7 岁）和一组 552 名有相同经验的老工人（平均年龄为 41.1 岁）。在 18 个月期间，老工人组的事故率每 1 000 小时大约是 3.4 次，而年轻工人是 4.0 次。在整个研究期间，年轻工人的记录都没有老工人好。这个研究明确表明，事故是年龄因素，而不是经验的关系。

关于年龄和事故间关系的研究表明，在 17～28 岁范围内事故最频繁，在此之后比率下降，65 岁的工人事故率最低。

第二节　安全分析与危险性评价

为了保障生产安全，就必须对与生产和工作有关的各方面的情况进行安全分析和危险性评价，以便在事故发生前能发现不安全的征兆，做到防患于未然。

一、什么是安全分析

安全分析（safety analysis）指从安全的角度对生产中的有关情况进行全面而系统的分析。这种分析包括物质设施、工作环境、管理措施、操作过程、行为与思想等各个方面的情形。安全分析的目的是为了发现存在于上述各方面的不安全因素和危险状态，便于及时采取消除危险和防止事故的措施，以达到安全生产的目的。

安全分析与危险性评估（danger assessment）是密切相关的。在对一个对象或一个系统作安全分析时，必须对所发现的不安全因素作危险性评价。因为不安全因素有各种不同的情形，其对安全造成的威胁程度可以有很大的差别。例如，一个高于地面的平台或脚手架若无防跌装置，则不论其高度如何，都属不安全因素，但不同的高度其危险度不一样，高度低的危险性小，高度高的危险性大。因此在安全分析过程中，不仅要检查出不安全因素的所在，还应评定其危险度。

二、安全分析的内容

安全分析的内容因分析对象的性质不同而异。安全分析的对象可以是单一的物质产品，也可以是复杂的系统，还可以是某种生产过程或某种工作情境。不同的对象包含着不同的内容，安全分析的重点和要求也应有所不同。对一个物质产品的安全分析，主要分析其功用、制作原材料、体积、重量、外形特征、牢固度、易碎易损易燃性、毒性、使用方便性等。对于一个系统的安全分析，除了先按分析产品的要求分析其每个组成部件外，还要着手分析各部分的关系和分析系统的可靠性。一个系统的各组成部分，从单个部件来看，可能不存在不安全因素，但把这些部分组合成一个系统后，各组成部分间可能存在有碍安全的不协调关系。因此，在对一个系统作安全分析时，必须重视对系统不同部分相互关系的分析。

对操作过程或作业过程的安全分析，不仅要从安全的观点对作业对象和工作系统进行分析，而且要对操作方法、操作者的选择和培训、工作人员的知识、经验、能力、体质、个性特点和教育等情形作安全分析。

对工作环境作安全分析时，不仅要分析工作场地的大小，场地上的物件放置、排列，工作中的照明、噪声、震动、空气成分、温度等物理环境因素的情形，还要分析组织气氛、上下级关系、社会风气等社会环境因素的影响。

生产安全与否与管理也有密切关系。上述各方面是否存在不安全因素，以及种种不安全因素是否能及时消除，最后都可以直接或间接地从管理上找到原因。许多事故之所以发生主要是由于管理上对安全不够重视。因此，要搞好生产安全和做好安全分析，必须从管理入手。

三、安全分析的步骤

一般来说，安全分析应该有计划地按照以下六个步骤进行：

1. 确定分析对象

这是安全分析首先要做的一步。一个企业若需要对多个对象作安全分析而又不可能同时进行，就要按这些对象对生产安全的重要性及事故频度安排先后，即把事故频度高且对企业生产安全影响大的对象先进行安全分析。

2. 了解对象的一般情况

例如，企业的生产任务、劳动组织、安全管理制度、职工教育培训、以往事故情况等，都应在进行安全分析以前或在安全分析前期作一般的了解。

3. 确定分析的内容

如前面所说，安全分析的内容要根据分析对象的性质加以确定。

4. 对确定的内容逐项进行安全分析

对已确定的分析内容，要逐项地作安全分析，找出其中的不安全因素，并对不安全因素所构成的危险性进行评定，而后从不安全因素引发事故的可能性大小和事故后果的严重性评定危险度等级。危险度登记评估如下表所示：

危险度登记评估表

危 险 度 / 事故后果严重性 / 存在事故危险概率	惨重	严重	轻	轻微
连续发生	1	3	7	13
经常发生	2	5	9	16
有时发生	4	6	11	18
可能发生	8	10	14	19
几乎不会发生	12	15	17	20

资料来源：转引自朱祖祥. 工业心理学. 杭州：浙江教育出版社，2001

5. 分析存在不安全因素的原因

分析原因十分重要，因为只有找到导致存在不安全因素及其造成危险度的原因，才能在采取防止事故对策时做到有的放矢。一个机器的动力传动系统不安装防护罩是一种不安全因素，它使任何靠近它的人都有可能发生被传动皮带卷入机器的危险。但一个缺乏安全知识的人要比一个受过安全训练的人发生这种事故的可能性大得多。动力传动装置不安装防护罩和操作人员缺乏安全知识，都可从管理上找到共同的原因，即对安全不够重视，但二者显然还有不同的原因。

6. 提出消除不安全因素或减轻危险度的对策

制定对策应做到：一要有的放矢，即要针对不同问题和不同原因采取不同的对策；二要切实可行；三要严格执行。不做到这三点，就不能消除危险。

第三节　事故分析与预防

事故是一种不希望发生的意外变故或灾祸，劳动者在劳动环境中的

"人—机"作用的过程中，只要某一环节（人、机、人—机）出现偏差，就可能产生失误，甚至引起事故。事故万一发生，就要严肃对待，对事故进行认真的分析，从中吸取教训。事故分析就是对事故特别是对伤害事故的事实、过程及原因进行分析。

一、事故分类

事故的类型，按不同的标准有不同的划分方法。

（1）按照有无人员伤害分为人员伤害事故和非人员伤害事故。

（2）按事故性质分类，常见的事故类别有物体打击事故、高处坠落事故、灼烫事故、触电事故、淹溺事故、坍塌事故、焚烧事故、爆炸事故、交通事故、跌撞事故、中毒事故、窒息事故、卷入事故和挤压事故等。

（3）按伤害轻重和伤亡人数，可把事故伤害程度分为四等，分别为轻伤事故，即只引起工作人员轻度伤害的事故；重伤事故，即引起工作人员重伤而未发生人员死亡的事故；重大伤亡事故，即引起1~2人死亡的事故；特大伤亡事故，即引起3人以上死亡的事故。①

（4）按事故是否产生恶果为标准分为事故和准事故。凡在劳动过程中发生了意外事件，并实际导致了一定损失的就是事故；虽然已形成意外事故的发生，但经抢险或急救而未导致实际损失的，则称为准事故。

（5）按事故发生的直接后果可分为设备事故、质量事故和人身事故。

二、事故发生后的原因分析

事故发生后必须及时分析原因，以确定事故性质，分清事故责任，做到原因清，才能责任明。只有认清事故原因，才能真正从事故中吸取教训。事故发生往往有多方面的原因，它们与事故之间的关系，有的是直接的，有的是间接的；有的是主要的，有的是次要的。

（一）事故发生的直接原因

直接导致事故发生的因素为直接原因。设备的不安全和人的不安全行为都可能成为事故的直接原因。例如，有缺陷的设备，杂乱的施工场地，缺损的防护装置等引发的事故，都可归为直接由不安全的物的因素引发的事故；而工作者操作失误，违反操作规程，使用不安全设备等引发的事故，则属于

---

① 朱祖祥. 工业心理学. 杭州：浙江教育出版社，2001. 589

直接由于人的不安全行为引发的事故。

（二）事故发生的间接原因

事故发生的间接原因一般指使事故直接原因得以产生和存在的因素。例如，一个有缺陷的设备或装置可能是引发事故的直接原因，但是设备之所以有缺陷，又要归因于设计上的考虑不合理，因而设计不合理就成了发生事故的间接原因。其他如缺少安全教育与培训，劳动组织不合理，操作规程不完善，安全检查执行不严格，劳动纪律松弛等都可能构成发生某一事故的间接原因。事故的间接原因往往与管理工作有关。因而要防止事故，除了消除导致事故的直接原因外，还必须从管理上下工夫。

（三）事故发生的主要原因

事故的各种原因在引发事故的作用上可能很不相同，但是总有一种或几种起主导作用。分析事故原因时必须着力找出事故的主要原因。事故的主要原因在不同的事故中可能不相同。不论是直接原因还是间接原因，也不管是人的不安全行为，或是事物的不安全状态，抑或是管理上的原因都可能成为事故的主要原因。譬如说，工人违章操作发生了伤人事故，违章操作自然是事故的直接原因，但工人为什么会发生违章操作呢？进一步的分析表明，这个工人之所以发生违章操作，是因为他刚进厂，还没有对他进行上岗前的技能培训和安全教育，由于管理人员把关不严，让他上岗操作，因而事故的主要原因无疑是由于管理不严。反之，若工人经过培训，规章制度健全，管理人员严格按规章办事，但这个工人由于贪图省力而违章操作引发事故，那么事故的主要原因自然是由于工人不遵守操作规程。

三、事故预防

保障安全必须采取以防为主。加强事故预防，可使事故率（accident rate）减至最低限度。前面讨论事故分析的主要目的正是为了事故预防（accident prevention）。了解事故原因，就可使预防工作有的放矢、事半功倍。如前所述，事故原因是多方面的，有人的原因、物的原因、环境的原因和管理上的原因。人和物相比，人的原因是主要的。大多数事故又都可直接或间接地从管理上找到根源。因此，事故预防应以加强安全管理为重点。

（一）实行安全目标管理

安全目标管理（management by objective for safety）是企业目标管理的重要组成部分。企业实行安全目标管理主要应做好以下两方面的工作：

1. 制定安全管理目标

首先要制定企业安全管理总目标。总目标要全面地反映安全管理工作应该达到的要求。这种要求还应具体化为各种目标。例如，对职工安全教育和安全培训的人数和次数，各类伤亡程度人次率限度，事故引起的工作日和财产损失，以及其他方面的最高或最低限额指标。

2. 检查和考核

在实现安全目标过程中要不断进行检查。对检查中发现的矛盾与问题，要分析原因，采取有力措施，及时予以解决。还应对每个部门、每个班组和职工个人执行安全管理的情形定期进行考核和评价。对安全管理中的优秀典型和先进经验要认真总结和推广。只有通过对安全目标管理执行情形的检查、考核、评价和奖惩，才能使安全目标管理的作用真正发挥出来。

（二）人员选配与教育

1. 人员选配

在企业发生的事故中有很多是由于人的不安全行为造成的。人做出不安全行为，有的是由于缺乏知识，有的则与人的个性特点有关。知识可通过学习获得，个性特点则是在长期的生活中形成的，不易改变。人员选配（personnel selection and job assignment）主要是两方面的工作：一是为各种工作确定从职人员的身心素质要求或职业适应性要求；二是根据工作的适应性要求对未参加或已参加工作的人进行职业适应性测定，选择具有不同职业适应性素质的人去从事不同的工作。

2. 实施安全教育与安全培训

在事故发生的原因中，许多是由于事故当事人缺乏安全知识，或思想麻痹对生产安全不够重视引起的。克服这类事故隐患的主要办法是加强安全教育和安全培训。企业不仅要对刚进企业的新进人员进行安全教育（safety education）与安全培训（safety training），也要对已经在岗的人员不断进行教育与培训。安全教育与培训的对象，不能只着眼于企业中的全体工人，也应包括一切管理人员。

（三）合理设计机具设施

为了生产安全，企业中使用的种种机具、器材和场地设施都要从保障安全和防护事故的观点进行设计。在人的操作失误中，有不少是由于所操作的机具设计没有考虑到使用者的身心特点而引起的。一个设计人员若懂得一点安全工效学知识，那么设计器物时就会少发生一些错误，多增加几分安全。

（四）健全安全规章制度

为了保障生产安全，国家制定了许多有关生产安全的法律、规程和标准。每个企业也都制定了这样或那样的安全规章制度。一个企业若能严格执行国家有关的安全法规和企业自己制定的规章制度，发生事故的可能性就会减少。安全规章制度能否严格执行，关键在于领导。在生产安全的态度方面，企业领导人一般有两种情形：一种领导是真正认识到生产与安全的关系，他们在思想上和工作中既重视生产又重视安全，既抓生产又抓安全管理和事故预防；另一种领导是重视生产、忽视安全。领导不重视安全，安全规章制度就不能严格执行。教人者要先教己，管人者须先管己。一个企业要保障生产安全，必须首先有一个重视生产安全的领导。

本章思考题

1. 简要分析事故与不安全行为的关系。
2. 简要分析事故原因的复杂性。
3. 试对人的差错进行分类。
4. 人的差错产生的原因有哪些？
5. 什么是安全分析？简要论述安全分析的内容和步骤。
6. 结合实际，谈谈如何预防事故的发生。

第七章
劳动者个体的
心理健康与压力管理

本章重点

1. 心理健康的含义与标准
2. 影响心理健康的因素
3. 心理健康的起源与发展
4. 身心疾病的含义及治疗方法

　　近年来，随着全球化竞争时代的到来，经济、科技飞速发展，知识经济勃兴，高技术企业迅猛发展，人们的工作、生活节奏越来越快。数字时代海量信息的冲击、人口爆炸带来的严峻就业形势、生态环境的恶化、林林总总的诱惑和选择、对职业发展和企业前景的疑惑及未来社会政治经济发展预期的不确定性，都使劳动者的心理健康问题越来越突出，心理亚健康、不健康等现象越来越普遍。

第一节　心理健康

一、健康与心理健康

　　古今中外，人们一直在用不同的语言表达着对健康共同的向往：健康是人生第一财富；健康与智慧是人生的两大幸福；健康就是美，等等。拥有健康是人们最大的愿望。但什么是健康呢？在这个问题上，长期以来，人们一直存在着许多认识上的误区。关于什么是健康，很多人也许脱口而出："没伤没病，能吃能睡，就是健康。"健康就是没有疾病或仅限于躯体疾病是人们普遍的看法。

（一）健康的含义

1948 年，联合国世界卫生组织（WHO）成立时，在其宪章中开宗明义地指出健康不仅仅是没有疾病，而且是身体上、心理上和社会上的完好状态或完全安宁。1989 年又把健康定义为"生理、心理、社会适应和道德品质的良好状态"。在此，我们可以看出，健康不仅仅是"没有疾病和虚弱感"，而应该是"身体、心智和人际关系三者都处于最佳状态"。

（二）心理健康的含义

心理健康（mental health）与心理卫生（mental hygiene）两者并无明确的界限，两词可以通用，是一门促进心理健康与防治心理疾病之原理与技术的科学。心理健康的概念是由心理卫生的概念延伸过来的，就词义来讲，卫生一词（英文为"hygiene"）是从古希腊神话中健康女神"hygeia"的名字衍化而来的，其原意就含有"健康"之意。现在，心理健康和心理卫生在英文里都是"mental health"。在含义上，心理健康通常指一种积极健康的心理状态，而心理卫生则指一切维护心理健康的活动及研究心理健康的学问。

台湾的朱敬先先生所著的《健康心理学》里综合台湾学者们的意见（赖保祯、简仁育，1985；廖荣利，1986；林彦好，1991），把心理健康按狭义和广义进行区分：狭义和消极的意义，是指没有精神病症状或心理不健康的预防及保健；广义和积极的意义，是指心理健康的保持与增进。其含义有三方面：

（1）心理健康或心理卫生是一门学科或理论体系。

（2）心理健康或心理卫生泛指身心健康状态。以往说起心理卫生，会立刻联想到心理不健康甚至心理疾病，这是不正确的观念，心理卫生工作也不是以已经有病或已有不良适应行为的人为对象，而是以一般人、每一个健康的人为对象的。

（3）心理健康或心理卫生是一种服务工作，心理卫生的理论知识必须从日常生活中去实践，才能达到心理疾病之预防与增进健康的效果。心理健康的服务体系，就广义而言，是指社会大众心理保健及精神治疗的服务体系；狭义而言，是指未达医疗程度的预防性质的服务工作。以上三方面互为一体、相辅相成。

（三）心理健康的标准

1946 年第三届国际心理卫生大会曾为心理健康下过这样的定义："所谓心

理健康是指在身体、智能以及在感情上与他人心理健康不相矛盾的范围内，将个人心境发展成最佳状态。"大会还具体指明心理健康的标准是："身体、智力、情绪十分调和；适应环境，在人际关系中能彼此谦让；有幸福感；在工作和职业中，能充分发挥自己的能力，过有效的生活。"

二、心理健康的起源与发展

最早采用"心理卫生"这一名词的是英国克劳斯顿博士（Dr. T. S. Clouston），他于1906年出版了《心理卫生》（*Mental Hygiene*）一书。

1908年5月6日，在社会各界的支持下，由比尔斯发起，成立了世界上第一个心理卫生组织"美国康涅狄格州心理卫生协会"（Connecticut Society for Mental Hygiene）。次年即1909年，"美国全国心理卫生委员会"（National Committee for Mental Hygiene）在纽约成立，该协会提出五项工作目标：①保持心理健康；②防治心理疾病；③提高精神病患者的待遇；④普及关于心理疾病的正确知识；⑤与心理卫生有关的结构合作。心理卫生运动由此开始了它的历史。

此运动获梅耶（A. Meyer）、詹姆斯（W. James）、霍尔（S. Hall）等心理学家的支持，尤其是梅耶的"心理生物学"（Psychobiology）奠定了心理健康的理论基础。1917年，全美心理卫生委员会创办了《心理卫生》杂志，采用多种形式宣传、普及心理卫生知识，使心理卫生运动逐步在美国形成了一股热潮。

1936年4月19日，"中国心理卫生协会"在南京正式成立。1949年，世界卫生组织总部设立了心理卫生部。从此，心理卫生运动在世界各地蓬勃展开。

三、劳动者心理问题产生的原因

概括起来，劳动者心理问题主要缘于以下五方面：

（一）职业压力

职业压力（stress）是劳动者在职业生涯中受到令个体紧张、感受到威胁性的刺激情境或事件，由此而产生持续性紧张的情绪、状态。现代企业为取得和保持竞争优势，对员工的要求越来越高，员工常常面临着巨大的工作负荷、同事间的激烈竞争、紧张的工作气氛、不进则退的不敢懈怠乃至非人性化的工作环境、高危险性的工作岗位，以及对时间分配的失控、对知识飞速更新的惶恐、对信息爆炸的应接不暇、对社会快速变迁的不适应。移动通讯、个人计算机、互联网的出现正使人们的工作方式发生着巨变，手机、笔记本电脑、电子邮件、无线上网等现代 IT 技术和设备使专业人士的心理承受着全天候工作的摧残。

（二）人际关系焦虑

在组织内，有些劳动者往往由于无法处理好与客户、上下级和同事的人际关系，或者由于遭到性骚扰、打击报复等，或者不善于在工作和生活中建立起良好的人际关系网络而产生心理焦虑。这表现为恐惧、无助；对人冷漠麻木，冷嘲热讽，缺乏同情心；不信任他人，动辄责备迁怒，反应过度；与他人刻意保持距离等。

（三）工作倦怠

工作倦怠（job burnout）又称职业枯竭，表现为心理疲劳、情绪冷漠、玩世不恭、丧失成就感和工作动力。原因主要在于劳动者个人感到职业生涯前景暗淡，工作单调重复，缺乏创造性；或对组织文化、发展理念、工作环境、管理机制及个人待遇不认同。出差太多、工作枯燥例行化、工作量过大、工作责任不明确、工作缺乏自主性、不能参与决策、分配机制不合理、奖惩失当、升迁机会少、管理者方法偏颇等因素都容易导致劳动者工作倦怠。

（四）突发事件的心理冲击

企业裁员、丑闻、兼并、重组、濒临破产、自然灾害、恐怖事件、流行疾病、社会变动、安全事故等，都会给劳动者带来心理冲击，特别是同事在突发事件中的伤亡会造成其他员工极大的心理震动。例如，美国"9·11"事件、中国的 SARS 流行、东南亚海啸，使许多劳动者的情绪陷入低潮，感到恐慌、迷茫。

（五）个人生活的心理危机

个人生活中的一些困难，如身体健康欠佳，恋爱失败，法律纠纷，家庭暴力，夫妻关系紧张，分居或离婚，家属疾病或伤亡，子女成长挫折，经济负担过重，家庭财务窘迫，对失业和收入下降的恐惧，对多样化选择的不知所措，来自家庭的过高期望，自我评价的标准及与人比较的方式有欠客观，由于工作占用精力、时间过多而对家庭和朋友产生的愧疚，等等，都会影响劳动者的心境。

心理健康测试：90 项症状清单（SCL－90）

90 项症状清单（Symptom Check List－90，SCL－90），又名症状自评量表（Self-reporting Inventory）。它是对求助者进行心理健康状况鉴别及团体心理卫生普查时实用、简便而有价值的量表，广泛地应用于心理辅导中。SCL－90 共计 90 题，从感觉、思维、情绪、意识、行为直至生活习惯、人际关系、饮食睡眠等方面均有所涉及。

一、问卷

SCL－90 症状自评量表：

下表列出了有些人可能会有的问题，请仔细阅读每一条，然后根据最近一周来自己的实际感觉，选择最符合你的一种情况，填在后面的测验答卷纸中相应题号的评分栏中。其中"没有"是指自觉并无该项症状（问题），记 1 分；"较轻"是指自觉有该项症状，但对你并无实际影响或影响轻微，记 2 分；"中度"是指自觉有该项症状，对你有一定的影响，记 3 分；"相当重"是指自觉常有该项症状，对你有相当程度的影响，记 4 分；"严重"是指自觉该症状的频度和强度都十分严重，对你的影响严重，记 5 分。

1. 头痛
2. 神经过敏，心中不踏实
3. 头脑中有不必要的想法或字句盘旋
4. 头昏或昏倒
5. 对异性的兴趣减退
6. 对旁人责备求全
7. 感到别人能控制你的思想
8. 责怪别人制造麻烦
9. 忘记性大
10. 担心自己的衣饰整齐及仪态的端正
11. 容易烦恼和激动
12. 胸痛
13. 害怕空旷的场所或街道
14. 感到自己的精力下降，活动减慢
15. 想结束自己的生命
16. 听到旁人听不到的声音
17. 发抖
18. 感到大多数人都不可信任
19. 胃口不好

20. 容易哭泣

21. 同异性相处时感到害羞、不自在

22. 感到受骗、中了圈套或有人想抓住你

23. 无缘无故地突然感到害怕

24. 自己不能控制地大发脾气

25. 怕单独出门

26. 经常责怪自己

27. 腰痛

28. 感到难以完成任务

29. 感到孤独

30. 感到苦闷

31. 过分担忧

32. 对事物不感兴趣

33. 感到害怕

34. 你的感情容易受到伤害

35. 旁人能知道你的私下想法

36. 感到别人不理解你、不同情你

37. 感到人们对你不友好、不喜欢你

38. 做事必须做得很慢，以保证做得正确

39. 心跳得很厉害

40. 恶心或胃部不舒服

41. 感到比不上他人

42. 肌肉酸痛

43. 感到有人在监视你、谈论你

44. 难以入睡

45. 做事必须反复检查

46. 难以做出决定

47. 怕乘电车、公共汽车、地铁或火车

48. 呼吸有困难

49. 一阵阵发冷或发热

50. 因为感到害怕而避开某些东西、场合或活动

51. 脑子变空了

52. 身体发麻或刺痛

53. 喉咙有梗塞感

54. 感到没有前途、没有希望

55. 不能集中注意力

56. 感到身体的某一部分软弱无力

57. 感到紧张或容易紧张

58. 感到手或脚发重

59. 想到死亡的事

60. 吃得太多

61. 当别人看着你或谈论你时感到不自在

62. 有一些不属于你自己的想法

63. 有想打人或伤害他人的冲动

64. 醒得太早

65. 必须反复洗手、点数目或触摸某些东西

66. 睡得不稳不深

67. 有想摔坏或破坏东西的冲动

68. 有一些别人没有的想法或念头

69. 感到对别人神经过敏

70. 在商店或电影院等人多的地方感到不自在

71. 感到任何事情都很困难

72. 一阵阵恐惧或惊恐

73. 感到在公共场合吃东西很不舒服

74. 常与人争论

75. 独自一人时神经很紧张

76. 别人对您的成绩没有做出恰当的评价

77. 即使和别人在一起也感到孤单

78. 感到坐立不安、心神不定

79. 感到自己没有什么价值

80. 感到熟悉的东西变成陌生的或不像是真的

81. 大叫或摔东西

82. 害怕自己会在公共场合昏倒

83. 感到别人想占你的便宜

84. 为一些有关"性"的想法而很苦恼

85. 你认为应该因为自己的过错而受到惩罚

86. 感到要赶快把事情做完

87. 感到自己的身体有严重问题

88. 从未感到和其他人很亲近

89. 感到自己有罪

90. 感到自己的脑子有毛病

注意，这里所指的"影响"，既包括症状所致的痛苦和烦恼，也包括症状所造成的心理社会功能的损害。

二、答卷纸

SCL－90测验答卷纸（略）。

三、统计指标

SCL－90的统计指标主要有以下各项，最常用的是总分与因子分。

1. 单项分：90个项目的个别评分值。

2. 总 分：90个单项分相加之和。

3. 总均分：总分/90。

4. 阳性项目数：单项分≥2的项目数。表示病人在多少项目中呈现"有症状"。

5. 阴性项目数：单项分＝1的项目数，即90－阳性项目数。表示病人"无症状"的项目有多少。

6. 阳性症状均分：阳性项目总分/阳性项目数；另一计算方法为（总分－阴性项目数总分）/阳性项目数。表示病人在所谓阳性项目，即"有症状"项目中的平均得分，反映该病人自我感觉不佳的项目，其严重程度究竟介于哪个范围。

7. 因子分：共包括9个因子，其因子名称及所包含项目为：

（1）躯体化：包括1、4、12、27、40、42、48、49、52、53、56和58，共12项。该因子主要反映主观的身体不适感。

（2）强迫症状：包括3、9、10、28、38、45、46、51、55和65，共10项。主要反映临床上的强迫症状群。

（3）人际关系敏感：包括6、21、34、36、37、41、61、69和73，共9项。主要指某些个人的不自在感和自卑感，尤其是在与其他人相比时更突出。

（4）抑郁：包括5、14、15、20、22、26、29、30、31、32、54、71和79，共13项。反映与临床上抑郁症状群相联系的广泛的概念。

（5）焦虑：包括2、17、23、33、39、57、72、78、80和86，共10项。这是指在临床上明显与焦虑症状群相联系的精神症状及体验。

（6）敌对：包括11、24、63、67、74和81，共6项。主要从思维、情感及行为三方面来反映病人的敌对表现。

（7）恐怖：包括13、25、47、50、70、75和82，共7项。它与传统的恐怖状态或广场恐怖所反映的内容基本一致。

（8）偏执：包括8、18、43、68、76和83，共6项。主要是指猜疑和关系妄想等。

（9）精神病性：包括7、16、35、62、77、84、85、87、88和90，共10项。其中幻听、思维播散、被洞悉感等反映精神分裂样症状项目。

19、44、59、60、64、66及89共7个项目，未能归入上述因子，它们主要反映睡眠及饮食情况。我们在有些资料分析中，将之归为因子10"其他"。

资料来源：黄雪薇. 大学心理健康教程. 广州：广东科技出版社，2007

第二节　劳动者个体的身心疾病与治疗方法

在我国，身心疲劳者近年已呈明显上升之势，但尚未引起人们的足够重视。据医学界报道，身心疲劳是促发多种疾病的诱因，也是癌症的重要诱因之一。曾有位西南交大外语学院 22 岁的学子，因同时做 3 份兼职，过度劳累导致免疫力急剧下降而突然死亡。这则新闻足以引起都市"拼命三郎"的警惕。对此，上海市社科院亚健康研究中心的专家介绍，根据最新调查，有近75%的都市人被"黄牌警告"，处于亚健康状态，其中白领占六成。如果仍然长时期超负荷作业，休息不好，就会得到"红牌"，疾病缠身，甚至危及生命。

一、身心疾病的含义

由心理因素引起的躯体疾病和躯体功能障碍称为身心疾病，其发生与发展以及防治都与心理因素有着密切的关系。不良心理因素包括不良情绪、不良行为和不良个性，是导致身心疾病的三大要素。心理因素广泛地影响人的各个器官和系统，所以身心疾病见于临床各科，尤其是内科，如冠心病、某些心律失常、消化性溃疡、支气管哮喘、脑血管病、原发性高血压、更年期综合征、癌症等。近年来大量调查资料证实身心疾病已成为危害人们健康的主要疾病。知识分子思维比较活跃，长期从事脑力工作，更容易受身心疾病的影响。身心疾病对人类的危害巨大，许多专家与学者近 50 年来的临床观察与研究发现，身心疾病已成为严重危害人类健康和导致人类死亡的重要原因。据卫生部统计，我国慢性病（身心疾病）死亡占全部死亡的 70%以上，全国每天死于身心疾病的约 1.3 万人。

二、情绪人格与身心疾病的关系

临床上把久治不愈、长期影响人们身心健康的疾病都归于身心疾病的范畴，诸如高血压、冠心病、心肌梗死、糖尿病、甲亢、哮喘、癌症为身心疾病。

情绪与人的健康和疾病关系密切，现就几种常见的身心疾病介绍如下：

（1）癌症：目前认为心理紧张产生的不良情绪对机体免疫机能具有抑制作用，从而影响免疫系统识别，消灭癌细胞的"免疫监视"作用，导致癌细胞的增生扩散。通过动物实验证明，心理紧张也可促使肿瘤的发展。

美国一家医院调查发现，在 500 名胃肠道病患者中，由心理因素、情绪状态引起的竟高达 74%。一位英国医生曾调查过 250 名癌症患者，发现 156 人在患癌症之前遭受过重大精神打击。于是他得出一个结论：压抑情绪容易致癌。中国在进行食道癌普查工作中也发现心理因素与食道癌的密切关系。

据山西省卫生部门统计，食道癌患者中，56.5% 的人有忧虑、急躁的消极情绪；河北则报道说，性情急躁者占 69%；山东省的调查统计结果是，性情暴躁者占 64.7%。

（2）原发性高血压：由于社会生活事件等对心理造成的不良刺激，引起长时间强烈和反复的精神紧张、焦虑，使大脑皮层兴奋和抑制过程发生紊乱，不能对皮层下中枢进行正常的控制。当皮层下缩血管中枢形成优势灶时，就会引起全身小动脉痉挛。

心理情绪因素与高血压病的关系则更为密切。一位心理学家曾做过一个有趣的实验，他让被试坐在一把特制的椅子上，在他的手臂上安上测量血压的装置，并量出血压，然后突然使椅子向后倾翻。结果，这一突如其来的惊吓使被试血压每分钟升高 20 毫米汞柱。患者病前的不良个性情绪，在高血压的病因中高达 74%。

（3）溃疡病：溃疡病的病因较为复杂，一般认为它是多种因素相互作用的结果。而情绪与该病的发生、发展有密切的关系。当人有愤怒、仇恨等激动情绪时，胃黏膜充血，胃酸分泌量增多，若胃酸持续增高，则会发生消化性溃疡。

与心理因素有密切关系的疾病远不止以上三种，其实，所有疾病都与心理因素有关，只是密切程度不同而已。风湿性关节炎患者，每当悲痛、忧愁、恐惧时，都会感到关节剧痛，而待情绪平和稳定后，疼痛则随之缓解。有人调查过初次看牙痛的患者，心因性牙痛约占三分之一，他们都有不同程度的精神创伤史。就是外伤，也与心理因素有着密切的关系。据调查，情绪低落、精神委靡的患者与积极乐观、精神饱满的患者相比，其伤口的愈合要慢得多。正因为心理因素与疾病的密切关系，西方发达国家已建立了颇为先进的心理医学，而且正发挥着越来越大的作用。

这是一项国外研究表明的与心身疾病患者相应的人格特征模式：

哮喘：过分依赖，幼稚，渴望被人照顾，对别人、对自己在感情上都是模棱两可的。

结肠炎：听话，强迫性，抑郁。

心脏病：忙忙碌碌，争强好胜，急躁，耐心差，精明，善于把握环境。

荨麻疹：渴望得到情感，自罪感，自我惩罚。

高血压：好高骛远，急躁，愤怒，被压抑，听话。

偏头痛：追求尽善尽美，死板，好争，妒忌。

溃疡病：依赖，敌意，被压抑，情感受挫折，雄心勃勃，有干劲。

目前，关于人格特征与各种疾病的关系问题，在国外已受到人们的普遍重视，在国内也已有越来越多的人关心这个问题。据报道，用以测查人格问题的量表有上千种之多。当然，影响最大的是大家熟悉的 MMPI、CPI、十六因素分析和艾森克人格问卷等。MMPI 已有近百种文字的翻译本。

情绪对人类的健康影响重大，为了减轻身心疾病对人类的危害，我们可做如下预防工作：一是加强对不良情绪危害性的认识，学会自我调控，减少不良情绪出现的几率；二是加强心理卫生知识的教育和宣传，提高心理素质。

劳动者由于心理问题导致的心理疾病现象有：

（1）心理疾病：抑郁症、焦虑症、心理疲劳、心力衰竭等认知和情绪病态，主要表现为失眠、心悸、易怒、健忘、沮丧、烦躁、自卑、悲观、逆反、自闭、神经质、怨天尤人、注意力分散、高挫折感和不安全感、人际障碍、与社会隔绝等。

（2）身体疾病：疲惫、偏头痛、食欲下降、消化不良、背部痉挛、恶心呕吐、月经失调、性功能丧失、内脏器官病变、免疫系统紊乱等。

（3）行为扭曲：吸毒、酗酒、滥交、暴食、开快车、婚外情、不修边幅、沉溺网络和电子游戏、攻击行为、自杀倾向。

三、心理治疗的方法介绍

（一）精神分析疗法

"精神分析"理论由弗洛伊德所创立。它内容庞杂，包括潜意识理论、人格理论、性欲理论及精神防御理论等方面。精神分析疗法由此而来。

（二）来访者中心疗法

来访者中心疗法由罗杰斯（Rogers C.，1902—1988）创立于 20 世纪 50 年代。这一疗法特别强调建立具有治疗作用的咨询关系，以真诚、尊重和理解为其基本条件。罗杰斯认为，当这种关系存在时，个人对自我的治疗就会发生作用，而其在行为和人格上的积极变化也会随之出现。所以，心理咨询人员应该与来访者建立相互平等、相互尊重的关系。这样即可使来访者处于主动地位，学会独立决策。

（三）理性情绪疗法

理性情绪疗法由美国心理咨询专家埃利斯（Albert Ellis，1913）创立于

20 世纪 50 年代。理性情绪疗法的目的在于帮助来访者认清其思想中的不合理信念，建立合乎逻辑、理性的信念，以减少个人的自我失败感，对个人和他人都不再苛求，学会容忍他人。

（四）行为疗法

行为疗法源于"行为主义"理论，它强调通过对环境的控制来改变人的行为表现。其理论基础包括俄罗斯著名生理学家巴甫洛夫（L. P. Pavlov, 1849—1936）的"条件反射"理论及美国著名心理学家桑代克（B. I. Thorndike, 1874—1949）和美国著名心理学家斯金纳（B. F. Skinner, 1904—1990）等人的"操作性条件反射学习"理论等。"行为疗法"的常用疗法包括系统脱敏疗法、松弛疗法、模仿学习、自勇训练、厌恶疗法、泛滥疗法、强化疗法、放松疗法等疗法。其核心均在于控制环境和实施强化，使来访者习得良好行为，矫正不良行为，重塑个人形象。

（五）现实疗法

现实疗法由格拉泽（William Glasser）创立于 20 世纪 60 年代。现实疗法重视现在超过重视过去。它强调过去的事实无可改变，因而应将眼光放在现在与将来的发展之上。它主张咨询者在协助来访者面对个人的痛苦、失败经历时，要帮助他看到个人的潜能及以往的成功经历，从而认识到生活中还有许多美好的东西存在，可供自己选择和享用。

（六）格式塔疗法

格式塔疗法由佩尔斯（Frederick S. Pens, 1893—1970）创立于 20 世纪 60 年代。在咨询手法上，"格式塔疗法"特别强调帮助来访者由"环境支持"转向"自我支持"，以使来访者从一开始就不依赖他人，尽量挖掘个人的潜能。

（七）认知领悟疗法

认知领悟疗法源于霍姆（Homme）关于人的内隐行为是人心理学的操作者之观点。"认知领悟疗法"很强调来访者对自己问题症结中的非理性、非逻辑观念的深刻领悟，并以此来帮助来访者重新认识、评价自我，建立合乎情理的认知模式，摆脱非理性观念对自我的干扰。

（八）交互分析疗法

交互分析疗法由伯尔尼（Eric Berne, 1910—1970）创立于 20 世纪 50 年代。心理咨询的目的在于使来访者成为一个统合之人（integrated person），使个人从"父母式自我"与"儿童式自我"的交互模式中解脱出来，增强"成人式自我"的效能，而不再受他人的支配。由此，学会与人建立亲密的人际关系，并在交往中学会自我反省，是"交互分析疗法"的核心任务之一。

ABC 理论

ABC 理论是心理学家埃利斯（Albert Ellis）提出的关于情绪障碍的理论，这一理论特别强调认知的重要性。主要观点为：情绪不是由某一诱发事件本身所引起的，而是由经历了这一事件的主体对这一事件的解释与评价所引起的。这一理论被称为情绪困扰 ABC 理论。其中，A 指诱发事件（activating event）；B 指个体在遇到诱发事件后产生的信念（belief）；C 指在特定的条件下，个体的情绪及行为的结果（consequence）。通常人们认为情绪及行为反应是直接由诱发事件引起的，即 A 引起 C。但 ABC 理论指出，诱发事件（A）只是引起情绪及行为反应（C）的间接原因，人们对诱发事件所持的信念、看法、解释（B）才是引起人的情绪及行为反应的更直接的原因。如一个人因为失恋（A）而感到愤怒、自卑、伤心（C）。这是因为她抱有这样的信念（B）：我是最好的，是他主动追求我的，我不可能被抛弃，否则就太丢人了。所以，要改变人的情绪及行为，必须从改变人的认知入手，而不是消除诱发事件。为此，帮助人们消除不良的情绪反应，最迅速、最牢固、最持久、最高雅的技术是让他们清楚地发现自己不合理的观念与行为及情绪的关系，并教导他们如何主动地有活力地攻击、驳斥（D）自己的非理性信念（B）的方法，一旦攻击成功，便能产生有效的治疗结果（E）。

资料来源：岑国桢，李正云. 学校心理干预的技术与应用. 南宁：广西教育出版社，1999

（九）生物反馈疗法

应用现代设备，有间隔地不断提供给人特殊生理过程的信息（如肌电活动、皮电活动、皮肤温度、心率、血压、脑电等）。这些过程受神经系统的控制，这种生物加工的信息，被称为生物反馈。在临床上多用于治疗身心疾病，如用于心血管系统的生物反馈训练，对高血压病人可用血压生物反馈来训练病人自我调节血压的下降；对心律不齐的病人可用脉搏的生物反馈来改变心律不齐的症状。生物反馈还可用来消除疼痛，调节肌肉松弛。生物反馈治疗即通过电子仪器将肌肉、脑电、心律等电活动放大并译成，以视觉或听觉形式显示出来，多次训练达到松弛、调节的作用。

（十）森田疗法

森田疗法（Morita therapy）由日本慈惠医科大学森田正马教授于 1920 年创立，是一种顺其自然、为所当为的心理治疗方法。森田疗法主要适用于治疗神经症、植物神经失调等身心疾病。几十年来，经森田的后继者的不断发展和完善，森田疗法已成为一种带有明显的东方色彩，并被国际公认的、有效实用的心理疗法。

催眠疗法

催眠是施术者通过暗示把被催眠者诱导到似睡非睡、精神恍惚、顺从、附会、六神无主的特殊意识状态的过程。进入催眠状态的人，意识域缩小，暗示感受性升高，与外界失去联系，唯与催眠者可以交往，也就是说，催眠者成了他反映客观事物的信息传递人。这时，催眠者的语言信息可以在被催眠者心理上、生理上产生至今为止还说不清楚的奇妙作用，如可以感觉过敏，可以增强记忆，可以形成"人工记忆"，可以"僵直成桥"。催眠因为有如此巨大的心理、生理作用，所以被用来进行疾病的治疗。

催眠术的应用由来已久，早在两千多年前就有人用来占卜吉凶或治疗疾病，只不过那时被认为是"神"的奇功而已。奥地利医生麦斯麦的戏剧性表演，实际上就是催眠术。19世纪，英国布雷德将其命名为催眠术。巴甫洛夫曾指出"催眠是清醒与睡眠之间的移行相"。在催眠状态下，由于大脑皮质高度抑制，过去的被封锁，对新刺激的鉴别力大大降低，从而使"当作刺激物而被应用的暗示，具有几乎不可克服的巨大力量"。后经不断发展完善，逐步形成一种广泛应用的心理治疗方法。

催眠疗法，按属性可分为自我催眠法和他人催眠法两种。临床上常用他人催眠法，一般采用言语催眠、药物暗示催眠和麻醉药物催眠。

在实施催眠术时要按以下步骤进行：

第一，要做好治疗前的准备。要测定病人暗示性的高低，暗示性高者，催眠效果好。因为人群中大约有25%的人能进入深催眠，40%的人可以进入中度催眠，有的人只能进入浅催眠，还有20%～25%的人不能催眠。所以，施术前要先做暗示性检查，在取得病人信任的同时，应激起病人对治疗的期待心情。治疗要在安静、舒适、光线暗淡的场所进行。

测试可暗示性的方法很多，如让患者直立，双脚并拢，背向医生，头部后仰。医生用手托其枕部，然后告诉患者："手拿开后，你就会向后跌。"如果患者真的向后倾倒，即表示具有一定的暗示性；让患者直立或平坐，两臂伸平，然后告诉他："你左臂沉重，会不自主下垂。"如果患者真的左手臂下垂，说明具有一定的可暗示性；用两根试管，装满等量的水，然后告诉患者："其中一个是水，另一个是酒精，你仔细地闻一闻，辨别一下哪一根试管是酒精？"如果患者真的在一个试管中闻到了酒精气味，就表示具有一定的暗示性。

第二是导入催眠状态。让病人放松、安静、消除杂念。传统的他人催眠法，是在语言暗示下配合不同的感官刺激。让病人躺着或坐在靠背椅子上，调整呼吸，全身放松，让他注视某物，或施术者抚摸患者的某个部位，或让病人注意听某一单调而有节奏的声音，施术者以重复单调的语言诱导其进入睡眠而又不同于睡眠的状态。

例如，"你的手臂放松了……你的腿也放松了……你要睡了……睡了"。此时，病人渐渐感到困倦、思睡，最后进入催眠状态。如果一次不成，可以再重复进行暗示。进入催眠状态的病人，可以按照施术者的暗示对周围的感觉减低，但对施术者的言语暗示却非常敏感，而且遵照执行。导入睡眠的时间因人而异，最快数分钟，最慢也不应超过半小时，否则应停止催眠。

第三是进行治疗。催眠状态下进行心理治疗大致有三种形式。当病人已进入催眠状态时，就可将为治疗疾病而编好的暗示性语句，以坚定的口吻告诉病人，或是治病，或是减轻疼痛，或是进行手术。

直接暗示法。施术者通过语句直接暗示病人的某些症状即刻消失。如对胃痛的病人可以这样暗示：现在你已经感觉不到胃痛了，你已经恢复健康了，是这样吗？如果病人接受暗示，醒后胃痛即可消失。

催眠后暗示法。指用语句暗示病人，如醒来后你的某某症状一定可以消失。这种方法适用于非持续性病症的治疗。

催眠按深度可分为三级，即浅眠：患者进入催眠状态时，表现呼吸深慢，全身肌肉松软无力状，头偏向一侧，上肢无力举起；中度催眠：上肢浮起，僵硬难曲；深度催眠：患者梦行，痛觉减退，这时可行外科手术。治疗完毕，可点数引导患者解除催眠。告诉患者，你会随我数的数越大，你的头脑越清醒，如数到9会完全醒来，解除催眠。

催眠术的适应证主要有：神经官能症，尤其是癔病；以失眠为主的神经衰弱；身心疾病，如高血压、胃溃疡等；器质性疾病，如肝炎、肺结核等。当有严重的功能色彩影响药物治疗时，也可以采用辅助催眠疗法，但对治疗三次无效的病人应停止治疗。

催眠分析。在催眠的状态下病人的意识监控作用大大减弱，所以容易谈出被压抑的心理矛盾和精神创伤，有时甚至可以谈出早年的痛苦体验。让病人倾吐内心深处的心理冲突，可使这些心理问题相关的症状消失。通过心理暴露可以发现在非催眠状态下难以了解的心理问题，从而为心理分析与治疗提供条件。

催眠疗法的作用是有限的、被动的，且疗效不十分巩固，但由于见效快、疗程短，不少心理治疗专家仍十分喜欢应用。其疗效的高低一般与病人的求治心情、接受暗示的程度及施术者的技术水平有密切关系。据资料报告，催眠的成功率约为75%，其中能进入深眠者约为30%。此疗法的禁忌证主要有精神病、脑器质性损伤半意识障碍、严重心血管疾病和对催眠严重恐惧者。

资料来源：全国十二所重点师范大学联合编写. 心理学基础. 北京：教育科学出版社，2002

第三节 劳动者个体的压力管理

随着现代社会的迅速发展，各种新生事物不断出现，人们的价值观念、生活和工作方式也随之不断发生变化。生活节奏加快，职场竞争日益激烈，都使人们经历着前所未有的压力。很多人由于缺乏科学有效的压力调控方式而产生了一些恶性循环反应。从年轻的大学教授，到知名艺术家、演员，多少正值盛年的精英才俊的逝去为各行各业的人们又一次敲响了关注健康、有效管理压力的警钟。

据美国职业压力协会估计，压力及其导致的疾病——体力衰竭、精神疾病等问题，每年耗费美国企业界 3 000 多亿美元——超过 500 家大公司税后利润的 5 倍。2004 年，欧盟也正式将职业压力列为欧洲大陆面临的第二大职业健康问题。在中国，虽然还没有专业机构对因职业压力为企业带来的损失进行统计，但也有专业公司调查发现，有超过 20% 的员工声称"职业压力很多或极大"。业内人士初步估计，中国每年因职业压力给企业带来的损失，至少有上亿元人民币。

一、压力和压力管理的含义

（一）压力

不同的研究者们对于劳动者个体压力含义的定义有所区别，但基本的含义是一致的。下面列出三种对劳动者压力的理解：

第一种观点认为压力是一种刺激。刺激的来源可能来自个人内在（例如疲劳、饥饿），也可能来自外在环境（例如噪声、上司的要求）。

第二种观点认为压力是一种反应。也就是对于刺激所产生的反应，包括生理反应以及认知、情绪、行为等心理反应。这种观点强调的是压力状态。当人们说自己压力很大时，常常是因为觉察到自己的身心反应。压力所造成的生理反应包括肌肉张力增加、心跳加速、血压升高、唾液分泌量减少、出汗增加、呼吸急促、血糖升高、胃肠蠕动减慢、胃分泌增加、尿量增加等。这是人体的交感与副交感神经相互作用的结果。处在压力状态下，人们可能出现选择性的知觉或注意、各种正面与负面的评价等认知方面的反应。此外，还会出现以下的情绪反应：焦虑、亢奋、不安、浮躁、生气、忧郁、无助、悲伤、害怕、厌恶、麻木等。行为上的反应则包括躁动、退缩、攻击、批评、合作、依赖、失眠、食欲改变、哭泣、逃避、静止不动等。

第三种观点认为压力是一种历程。压力是一种动态的过程。压力源与压力反应之间具有互为因果的关系，有时候人们对于原始压力源所产生的反应（例如失眠）会演变成另一种压力源，引发下一波的压力反应。

1. 压力的具体含义

压力（stress）最初是物理学的概念，是指由于外力作用而导致的物体变形。直到 20 世纪初，医学界才有了压力的概念，被译为应激，指个体面对刺激时，为求重新回复正常状况所做的反应。心理学领域除译为压力、应激外，也译为紧张。坎农（Cannon）将压力定义为使人感到紧张的事件或环境。20世纪 80 年代中期拉扎勒斯（Lazarus）和弗克曼（Folkman）认为压力不单指外部刺激事件，也不单指机体对其的反应，还指个体对环境认知评估的动态过程。目前，多数心理学的压力研究都是在这一意义上使用"压力"概念的。在美国"国家健康学会"举行的压力研讨会上，研究者们把压力定义为"一种不和谐的状态或被威胁的动态平衡"。

我们把压力定义为一种个体感到需求与自己满足那种需求的能力之间出现不平衡时所产生的感受。如图 7 - 1 所示，压力与工作绩效的关系曲线呈倒 U 形，在压力曲线上有个最佳点，即处于一定压力下，工作绩效最佳。如果个体的压力达不到这个最佳点，就难以取得较高的工作绩效。

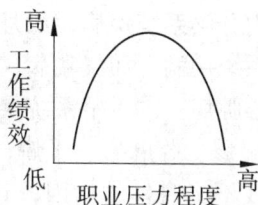

图 7 - 1　压力与工作绩效的关系

压力包括压力事件（压力源），个体对压力事件的认知、评估，由压力事件引起的个体生理和心理反应。那些来自内部和外部的引起压力的各种事件被称为压力源。压力源通常分为急性压力源和慢性压力源，按性质又可分为生物性压力源、心理性压力源和社会性压力源。

生活中任何会让我们担心、难过、紧张的事件都可能成为压力。这些事件可以是身体方面的或情绪方面的，正面的或负面的，突然发生的或长期存在的，能控制的或无法控制的任何变动、琐事或要求。

2. 压力的来源

身体：身体生病或身体衰老，功能退化等。

家庭：不同的需求或动机相互冲突（独立与依赖、亲密与疏离的对立。例如，争吵、批评、拒绝、过度保护）；重大生活事件（例如，生病、死亡、出生、失业、结婚）、经济困难等。

工作：任务方面（资源条件不佳、任务过重、任务多样化）、角色方面（角色负担过重、角色混淆）、人际关系（与主管及同事的关系相处不好）、组织结构（呆板、晋升管道不通）、对工作不满意、失业等。

社会环境：经济不景气、社会变迁、噪声、空气污染、交通阻塞、拥挤、治安差、政治经济不稳定等。

个人能力与期待：解决问题能力、人际关系技巧、理想、需求、期待、爱竞争、急性子、完美主义、思想缺乏弹性、孤僻等。

生活方式：生活形态不平衡，如作息混乱、饮食不均衡、睡眠不够、抽烟、喝酒、不运动等。

3. 压力引起的身心反应

如果压力未适当回应或者身心反应未适当调节，久而久之将伤害神经、内分泌、消化、呼吸、心脏血管、免疫、生殖系统，导致患病。一般与压力有关的疾病包括：①神经系统疾病，如偏头痛、风湿性关节炎、紧张性头痛、背痛、焦虑症、忧郁症；②内分泌系统疾病，如月经不调；③消化系统疾病，如溃疡、肠道发炎；④呼吸系统疾病，如气喘病、花粉热；⑤心脑血管疾病，如高血压、中风、冠状动脉心脏病；⑥生殖系统疾病，如性无能、性交疼痛；⑦免疫系统疾病，如癌症、湿疹、荨麻疹、干癣、过敏症。有些人因为患有上述疾病四处求医，如果仍找不出身体的病因，其病因则可能出现在心理或精神方面。即使出现身体方面的损害，也与心理压力有着密切的关系。所谓"心病需要心药医"，要在治病的同时进行心理上的调适。

（二）压力管理

压力管理就是将人的压力程度调到最佳点，以达到最佳绩效，同时避免受到与过度压力有关的心理与身体伤害的过程。这一过程包括：评估员工在压力—绩效曲线上的位置，经常地、积极地对员工和环境进行评估，以寻找潜在的压力源；选择并应用能恰当地改变压力程度和影响的策略，并评估这一策略的有效性。关于压力管理研究，特别要提到的新趋势是，研究者们不再只集中研究创伤后压力症 [Post-Traumatic Stress Disorder（PTSD）]，而是探索创伤后的成长 [Post-Traumatic Growth（PTG）]，以克服灾难或不幸。研究显示，抗逆力（resilience）和茁壮成长（thriving）与PTG有关联。良好的心理品质、身体及行为上对压力症状的调控，工作满意及职业安全等心理因素都会形成工作健康，包括身体及行为上的压力症状、工作满足感及职业安全等都会产生好的影响。实质上，压力管理是在寻找一种平衡，在这种平衡状态下，员工可以健康、快乐、高效地工作。

1. 识别压力的类型

压力本身并没有绝对的好与坏，人们对压力的正负面评价会因为需求、价值观、性格而有所不同。有些人喜欢刺激，而些人则安于现状。喜欢刺激的人追求变动，如果生活当中压力指数太低，就会感到无聊；安于现状的人追求稳固，对于生活压力指数的变动比较敏感。心理压力的强度，受到下列因素的影响：事件的可预测性、事件的可控制性、事件的重要性、事件受欢迎或厌恶的程度、应对技巧好坏、外在资源与可利用度。如果事件不太重要，可预测性高，容易控制与处理，一般人都会喜欢，个人的应对技巧好，外在可运用的资源足够，则压力会比较小。

压力有积极的一面，适当的压力往往是一种动力，可提高机体的反应、挖掘个体潜能、提高活动效率和工作满意度等。但研究表明压力的消极作用大于积极作用，对个体施加过大的压力或长期处于压力下，就会导致工作绩效的迅速降低，出现倦怠和缺乏责任心以及引发各类身心疾病等。

（1）消极方面的作用。

第一，生理方面：过度压力可导致下腰部肥胖、新陈代谢紊乱等；压力可引发忧郁症、心脏疾病、癌症、头痛、肌肉疼痛、疲倦、失眠、肠胃失调等；工作压力对工作者的健康造成很大的损害，大约50%～80%的疾病都与心理疾病或压力有关（Salvo，V. D.，1995）。

第二，心理方面：过度压力可引发焦虑症。焦虑是个体对当前或预计到对自尊心有潜在威胁的任何情景所具有的一种类似于担忧的反应倾向。紧张也是压力所导致的消极后果之一，往往因对压力无效应付而产生，它会引发自我评价降低、挫折感、肌肉紧张、心不在焉等。更为严重的是，紧张状态还会导致工作倦怠（job burnout）等。

第三，行为方面：过度压力可导致行为上的改变，主要表现为注意力低下、生产力下降、工作安全出现问题等。最终会导致员工旷工、滥用病假、离职、士气低落等。工作场所压力导致美国每年花费3 000亿美元投到健康保护、失业人员救护、降低压力等项目上。跳槽现象导致香港商界损失高达39亿港元，直接削弱了企业与其他地区企业的竞争力。员工的工作表现不仅直接影响公司的生产力及利润，而且间接影响国民生产总值。

（2）积极方面的作用。

压力产生动力。当人或组织感觉到压力时，会有意识地调整自己，以适应这种变化，无形中这种压力变成了发展的动力。压力能激发创新，在美国的一项调查中，74%的人认为，在压力下他们会有更好的绩效。

第一，压力可以促使组织成员寻求得到最佳绩效的调试方法。如：①能快速地评估情境，提出相应策略；②专注于亟待解决的任务，稍后再做不太急的任务；③坚持规章制度，把精力放在可以影响结果的情境中；④结盟，从同事处得到资源支持；⑤会把任务交付给组织中更胜任于此的成员。

第二，压力可以催化成熟。有了压力，人就会思考如何应对变化，这是一个过程。在这个过程中，人要比较、学习、反思，从而得出结论，这就使得人对问题的看法由不成熟到成熟。组织也是如此。一个组织要面对各种变化，在应付这些变化的过程中，组织要不断总结经验，不断解决难题，从而不断走向成熟。

第三，压力是完善的管理制度的催化剂。由于管理制度的不完善，会造成管理疏漏、懈怠，从而影响组织的运行效率。若高层管理人员目光敏锐，洞察到这些不足，就会感到压力。因此，他会积极地做出调整，以改善现状。

第四，适度的压力水平可以使人集中注意力，提高忍受力，增强机体活力，减少错误的发生。

2. 压力模型

关于压力的机制，国外学者提出了一些具有预测意义的、与组织管理相关的模型。这些模型为压力管理与人力资源管理的结合提供了理论依据。

（1）Robbins 的三元模型。

罗宾斯（Robbins）在 1997 年提出"压力源—压力体验—压力结果"压力模型。他将压力源分为环境因素、组织因素和个人因素。压力源以及个体差异共同作用于个体并产生压力体验，进而产生生理症状、心理症状和行为症状等压力结果。他指出，潜在压力变成现实压力必须具备两个条件：一是活动结果的不确定性；二是结果对个体的重要性。该模型在组织的压力管理中得到了广泛的应用，相当多的压力管理研究者也都倾向于在该模型框架下开展自己的研究。罗宾斯的压力模型如图 7 - 2 所示。

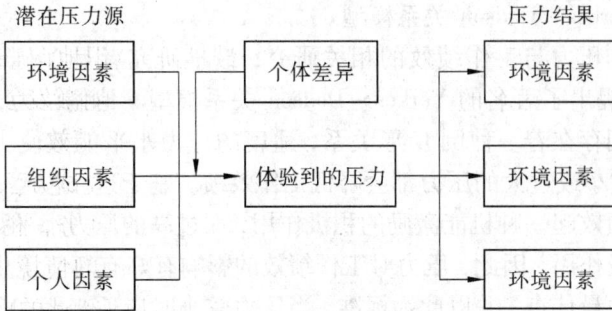

图 7-2　罗宾斯的压力模型

资料来源：［美］罗宾斯. 组织行为学（第 7 版）. 孙健敏译. 北京：中国人民大学出版社，1997

（2）Williams 和 Cooper 的四元模型。

Williams 和 Cooper 在 2002 年提出了工作压力的动态过程模型——四元模型（Four-way Model）。所谓四元模型就是包含压力源、个性特征、应对机制和压力结果四个方面内容的一个模型。该模型指出，相同的压力源条件在不同的个性特征和应对机制下会产生积极或消极的不同结果，也就是说，压力结果对个体来说既可能是一种成长促进作用，也可能是一种消极的心理压迫。该模型特别强调压力源、个性特征和应对机制的动态交互作用导致了压力结果，任何一元的改变都可能对最终结果产生影响。四元模型如图 7-3 所示。

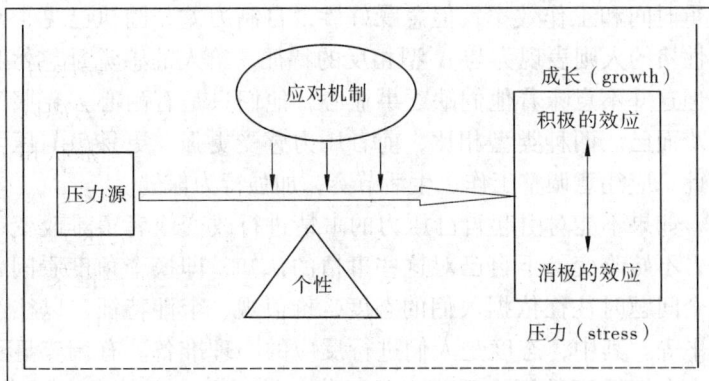

图 7-3　Williams 和 Cooper 的四元模型

资料来源：Williams S. , Cooper L. , *Managing Workplace Stress*：
A Best Practice Blueprint. John Wohn & Sons，LTD，West Sussex

（3）Yerkes - Dodson 关系模型。

对于工作压力与工作绩效的相关研究，最早研究者是 Yerkes 和 Dodson，1908 年他们提出了著名的 Yerkes - Dodson 关系模型。他们认为，工作压力与工作绩效之间存在着一种倒 U 形关系，适度的压力水平能够使工作绩效达到最高状态，过小或过大的压力都会降低工作效绩。基于这一模型，温和的压力对人的工作绩效起一种机能激励的积极作用，而过高的压力水平则起着一种心理压抑的消极作用，因此，压力对工作绩效的影响有好有坏。压力管理就是要找到一个压力最佳点，并以此为标准，当压力较小时应适当增加压力，当压力较大时应缓解压力。

3. 压力管理的方法与策略

压力是一个多维度的概念，它包含了那些使人感到紧张的事件或环境刺激，是个体的一种主观的心理状态，是个体对压力事件的一种生理反应。压力管理训练，主要是指采取一些方法来增强个体应对压力情景、事件和由此引起的负性情绪能力。

如何有效地管理和释放工作压力，甚至变压力为动力呢？这里提供四种方法和策略。

第一，了解自己的性格特点，有针对性地进行调整。压力和紧张产生的起点是个人与环境的交互作用。个体对环境中压力源的感知是有很大差异的，对某些人影响很大的事情，有可能对另一些人影响很小，甚至根本就不起作用。所以，管理压力首先要了解自己的特点。比如压力和性格也有一定的关系。A 型性格的人就需要对自己进行适度的调整。A 型性格的人表现为有事业心，注重时间和工作效率，但急躁好胜，自制力差，固执己见，常产生压力；B 型性格的人则表现为与 A 型相反的特征，给人的感觉是悠然自得、随遇而安，但这并不意味着他们缺乏事业心，他们只是有耐心去克服工作中所遇到的困难而已。两种类型相比，前者压力感受更强，更易患与压力有关的疾病，因此，应注意调整工作、生活节奏，加强行为保健。

第二，如果不能对引起自己压力的事情进行改变或者很难改变，那么有专家建议，不妨改变一下自己对这些事情的认知，即换个角度看问题。人们在看待一个问题时往往依据人们的态度、价值观、个性特征、以往经历和文化教育水平等。其中，态度是人们进行反应的心理准备。有调查显示，持积极态度的人会把适度的压力看成自己工作、学习和发展的必不可少的动力，即使压力过大，也会从积极的方面考虑，并尽可能降低或消除压力的不利影响，在这种情况下，压力甚至会使人体会到人生的意义。相反，持消极态度的人则可能在压力面前一蹶不振，甚至身心健康受到严重影响。改变思维方式的另一方面是要改变一些不良认知方式。根据美国心理学家艾利斯的理论，个体的不合理思维常常是导致个体产生压力的深层原因。不合理信念的特点是：①绝对化。个人内心常出现"必须"、"应该"、"绝对"等词汇。连在一起，如"这件事关系到我的前途，我必须成功"等。②以偏概全。以偏概全的不合理思维方式常导致个体自责、焦虑、抑郁等消极情绪。如"他当着这么多人的面挑我的错，一定是对我有意见"等。③灾难性想象。即个体想象某事件的结果非常可怕，具有灾难性影响，进而导致焦虑、自责、抑郁而不能自拔。如"我要是不能完成销售额，就肯定会被开除"等。因此，我们要通过改变认知方式来消除这些不合理信念造成的压力。

第三，良好的人际关系是一种有力的社会支持，能有效地缓解人们的工作压力。不良的人际关系容易形成人人自危的气氛，彼此很难站在他人的立场上考虑问题。人际关系冷漠也是导致工作压力的重要原因之一。

第四，培养健康、科学的生活方式也很重要。大量研究表明，不合理的饮食、缺乏睡眠和体育锻炼不仅损害身体健康，而且会加剧抑郁、暴躁等消极情绪，这类不良情绪又可能影响人际关系，继而给人们造成更多压力。因此，我们建议职业人士一方面要安排好工作节奏，充分利用短暂的间隙放松，如听听音乐，做做舒展肢体和关节的运动；另一方面，要培养健康的生活习惯，合理地进行体育运动，提高自身的耐压性。健康的生活方式是缓解压力的有效途径，因此具有非常重要的作用。

我们应该认识到，压力的作用并不都是消极的、有害的。根据心理学家的研究，适度的压力可以使人集中注意力，提高忍受力，增强机体活力，减少错误的发生。因为适度的压力能促使人体内产生一系列积极的生理变化，有利于机体用较多的能量来应付当前的问题。因此，压力也可以看作是机体对外界的一种调节的需要，而调节则往往意味着成长。笔者相信，如果人们能够正确地认识压力，采用有效的措施积极地管理压力，不断地提高自己的应付能力，那么一定可以在拥有事业成功的同时，也拥有健康的体魄和愉悦的心情！

4. 企业压力管理与 EAP 服务

从 20 世纪二三十年代开始，国际上开始对职业压力管理开展学术上的研究。研究表明，形成压力的原因是多方面的，通常情况下是在工作中产生或形成的各种职业压力，包括工作任务过重、人际沟通障碍、角色冲突、工作环境恶劣等等。如果这种压力得不到释放或缓解，就会影响员工的情绪和身心健康，甚至造成严重的心理疾病，最终将影响工作，影响组织的生存和发展。

20 世纪 80 年代以后，压力管理有了更为系统和科学的方法，并得到了很多大企业的认可。职业压力管理不仅是针对企业员工的身心健康和绩效进行预防和干预的系列措施，而且是企业职业压力的管理体系和方法。通常这种管理体系以企业为核心，同时十分注重企业员工的个体性。一个完整的职业压力管理办法包括压力评估、组织改变、宣传推广、教育培训和压力咨询等几项内容，是一个完整的科学系统。

（1）EAP 服务。

EAP 是英文"Employee Assistance Program"的缩写，直译为"员工帮助计划"，是由组织为其成员设置的一项系统的、长期的援助和福利计划。通过专业人员对组织的诊断、建议和对组织成员及其家属的专业指导、培训和咨询，帮助组织成员及其家属解决心理和行为问题，以维护组织成员的心理健康，提高其工作绩效，并改善组织管理。

日本政府每隔五年的压力普查表明，20 世纪 80 年代以来，日本国民的压力持续上升。由于日本经济滑坡，企业大量裁员，对员工心理造成很大的压力和影响，由此出现了自杀和抑郁症等严重问题。这使得 EAP 在日本成为非常重要的服务。在日本一些企业中出现的爱抚管理模式就是其中之一。一些企业设有放松室、发泄室、茶室等，以缓解员工的紧张情绪。另外，积极制订员工健康研修计划，也是日本企业帮助员工克服身心方面疾病的举措。

现在，EAP 已经发展成为一种综合性的服务，其内容包括压力管理、职业心理健康、裁员心理危机、灾难性事件、职业生涯发展、健康生活方式、法律纠纷、理财问题、饮食习惯、减肥等多个方面，全面帮助员工解决个人问题。解决这些问题的目的在于使员工纷繁复杂的个人问题得到解决，减轻压力，维护其心理健康。研究表明，EAP 的实施可以大幅度降低员工的医疗费用，减少由健康原因造成的一系列影响工作的问题，从而降低组织的人力资源成本，实现组织效益的最大化。

第一，事先的调查和诊断。

目前，中国科学院心理研究所已经有了专门的压力管理咨询服务。该项服务多采用"工作生活平衡及压力管理"咨询方法，包括深度访谈、团体焦点访谈和问卷调查，以及与工作主题专家（SMES）进行访谈和团体焦点访谈等，以了解个体的职业压力状态和工作、生活平衡状态。

第二，咨询服务工作的推动。

主要通过维持生活平衡来管理压力。首先，要找出员工的心理需要，然后制定出相应的政策，通过宣传使大家了解管理措施，扩大计划的实施范围，提醒人们了解压力管理方法的重要性，并应用于工作和生活的实践中。在这里，组织管理层的态度至关重要，他们应不断地支持和鼓励员工去主动适应环境，通过不断评估自己的工作生活现状，找出应对、调试的方法。此外，还应向管理层提供相应的培训，使他们掌握正确的工具、技巧和方法，推动组织压力管理的有效措施。

第三，设计出量身定做的咨询服务。

具体的内容包括工作压力现状诊断、工作压力管理训练，并根据学员情况提出改进措施，这些措施主要在组织内部进行。目前，中国科学院心理研究所时勘博士课题组与香港岭南大学萧爱玲教授已经在压力管理咨询方面开展了全面合作，在香港、北京、上海、沈阳等地成功展开了企业高层管理者和员工、科研管理单位的压力管理与合作性学习模式的咨询，取得了很好的效果。

（2）企业压力管理。

企业压力管理，主要是从三个方面减少消极因素的影响。

第一，针对造成问题的外部压力源本身去处理，即减少或消除不适当的管理和环境因素。一方面可以通过改善组织的工作环境和条件，如减低噪声、更换陈旧办公、提供休息场所等给员工提供一个舒适、整洁的工作空间，提高员工的舒适度和满意度，减轻和消除因工作条件恶劣给员工带来的压力；另一方面，领导者可以通过提供完善的员工保障制度和职业生涯规划等来增强员工的归属感、安全感和较为稳定的就业心理，从而减轻其压力。

第二，处理压力所造成的反应，即情绪、行为及生理等方面症状的缓解和疏导。员工压力大，在很大程度上来源于不能适应工作需要，如果能开展有计划的学习和培训，使员工不断学到新的知识和技能，从而胜任自己的本职工作，就会有效缓解员工的压力。增加沟通也是缓解、消除压力的一个有效方法。管理者应及时向员工提供组织信息，及时反馈绩效评估的结果，使员工参与与自身工作有关的决策等，都会使员工的工作可控感增加，减少由不可控、不确定性带来的消极影响。

第三，改变个体自身的弱点，即改变不合理的信念、行为模式和生活方式等。可以通过向员工提供或推荐保健或健康项目，鼓励员工养成良好、健康的生活方式，因为生理健康是心理健康的基础，而且通过锻炼身体可以在一定程度上使心理压力得到宣泄和缓解；可以开设有关身心健康和心理压力的课程和讲座，使员工对压力产生的原因、相信信号和可能导致的严重后果有一定的认识和了解，学会应对压力的自我调适方法，提高员工的心理"免疫"能力；也可以聘请专业人士为员工进行心理咨询，为压力较大的员工提供心理辅导和精神支持，缓解心理压力，保持员工心理健康。

二、劳动者心理健康需要投资

人力资本投资虽然是针对个体的投资，但投资主体却分为三类：政府和社会投资、企业投资、个人和家庭投资。心理健康投资也不例外，政府和社会组织对公众的心理健康投资，目的是为了一个国家或一个地区劳动者心理素质的提高以及公共福利的维护，其收益是总体的经济增长、社会财富的增加和社会公平的实现；个人和家庭投资主要是劳动者参加心理培训、心理保健和心理治疗，以此提高就业和收入能力。

企业进行人力资本心理健康投资，主要应当包括以下四个方面的内容：

1. 加强在人力资源管理方面的投入

（1）加强人力资源培训。提高员工的工作技能，使之工作起来更为得心应手，从而减少员工完成工作的能力压力；进行更为有效的时间管理培训；加强员工的沟通技巧培训等。

（2）保障员工的生活质量。完善薪酬体系，向员工提供富有竞争力的薪酬，建立有效的绩效薪酬方案，减少员工对报酬的不确定性；完善员工保障制度，向其提供社会保险及多种形式的商业保险，增强员工的安全感和较为稳定的就业心理；在员工结婚、离婚、生产、配偶或近亲去世、搬家等特殊情况时给予额外的带薪假期；关心员工的家庭生活，帮助他们减少后顾之忧。

（3）鼓励员工形成良好、健康的生活方式。提供保健或健康项目，可以建立专门的保健室和内部健身中心，提供各种锻炼、放松设备，让员工免费使用，配备专职的健康指导员监督锻炼计划和活动。健身、运动不仅保持了员工的生理健康（这是心理健康的基础），还可使员工的压力在很大程度上得到释放和宣泄。另外，组织柔道、跆拳道、瑜伽、禅修等修身养性的活动也是不错的选择。

2. 优化企业工作环境，完善员工福利制度

（1）创造良好的工作环境，减轻或消除恶劣工作条件给员工带来的不适。从人体舒适度的需要出发，如关注空气、噪声、光线、温度、整洁、绿化、装饰、拥挤度等方面，给员工提供一个悦目、爽心、舒适的工作空间，从而使员工与工作环境相适应，提高员工的安全感和舒适感。在工作场所设置音响系统，工作时播放一些轻松、舒缓、优美的背景音乐，可以达到减压的目的。

（2）确保员工拥有良好的办公设备。如及时更新陈旧的电脑、复印机、传真机等。

（3）建立完善的带薪休假制。发放专门的度假津贴，制订旅游计划，组织员工定期度假旅游，既可以愉悦身心，又可以增加沟通和团队凝聚力。这种活动还可以定期邀请员工家属参加。

（4）完善员工休闲设施。设立阅览室、吸烟室、视听室、按摩室、咖啡室、玩具室、上网室等，让员工在休息时间能够获得放松心理的免费服务。还可在工作场所设置一间隔音室，可以让员工在里面大喊大叫，或安装拳击袋让员工击打，使员工可以借此宣泄。

（5）建立心理医生常驻的心理保健室（或称心理咨询室）。在企业内部聘请外部专家或内部专业人员为员工缓解、解除心理问题，防止较小的心理问题向恶性发展。

（6）鼓励员工的兴趣爱好。举办集体活动，如唱歌、绘画、体育比赛等，在公司内部成立员工兴趣爱好团体。

3. 帮助员工提高心理保健能力

（1）订购有关心理健康与卫生的期刊、杂志、书籍、光盘，让员工免费阅读或向员工发放。利用内部网、内部报刊，向员工普及心理健康知识。

（2）实施心理培训，提高员工心理素质，增强员工对心理健康问题的抵抗力。

（3）开设有关心理卫生的课程或定期邀请专家作讲座、报告，树立员工对心理健康的正确认识，让员工学会缓解压力、应对挫折、保持积极情绪、进行自我调节，同时鼓励他们遇到心理困扰问题时积极寻求帮助。

（4）通过团体辅导（讲座）传授健康生活方式、知识，包括能够减缓心理问题的营养与饮食知识、锻炼与放松知识、保健与药物知识、理财与法律知识、工作与生活协调知识、解决家庭矛盾知识、摆脱酗酒、吸毒和滥用药物知识、健身美容知识等，帮助员工改变不合理的信念、行为模式和生活方式。

（5）开展以户外游戏为主的心理训练，在培训过程中，加深团队成员相互间的理解和信任。

4. 聘用专业机构，解决员工心理问题

企业与专门提供心理咨询与心理治疗服务的公司签订合同，当企业有此方面需求时，心理咨询公司派人对问题进行评估、咨询。对超出自身服务范围的严重心理问题，介绍其到相应的专业医疗机构或治疗师那里接受治疗；当突发灾难引发大范围心理问题时提供及时全面的服务。心理服务公司可以组织多种形式的员工心理咨询：电话咨询、网上咨询、信件咨询、一对一咨询、团体（小组）咨询等。员工可以通过电话或电子邮件与咨询公司预约，咨询内容（甚至员工姓名）对企业完全保密。咨询公司定期将培训、咨询中发现的与组织管理相关的问题反馈给企业，以便其改进管理。

　　企业将对员工的人力资本投资从知识技能和身体健康扩展到心理健康上，这不仅是从组织的物质利益角度出发，更是从关怀员工的人本精神及塑造良好的组织文化和组织形象出发。为此，应该在企业经营管理中宣传、提倡和推广心理健康投资。另外，既然提高心理素质是一种新兴的人力资本投资，能够对经济增长有所贡献，社会就应该创造有利的投资供给条件，大力发展心理服务行业，提高从业人员素质，加强行业兼管和自律，保护投资者的利益和安全。

相关链接

生活中调节压力的方法与技巧

　　1. 识别你的压力源。

　　(1) 注意到你的忧伤，不要忽视它，不要掩饰你的问题。

　　(2) 找到是什么事情使你忧伤，并问自己这些事的意义是什么。

　　(3) 弄清你的身体对这些压力的反应是什么，你变得神经紧张和生理紊乱了吗？如果是这样的话，是怎么紊乱的？

　　2. 看看你能改变什么。

　　(1) 你能完全避免或消除你的压力源吗？

　　(2) 你能减少压力的频率吗（比如过段时间再去理会它们，而不是一天或一周理会一次）？

　　(3) 你能减少面对压力的时间吗（休假等）？

　　(4) 你能拿出必要的时间来做一下改变吗（设定目标，时间管理技术、延迟满足策略在这里也许有用）？

　　3. 减少你对压力的情绪反应强度。

　　(1) 对压力的反应是由你对潜在危机的预计所引发的，如身体的危机或情绪的危机。你是否把你的压力源可能带来的负面影响夸大了？如，你是否处于一个困难的处境中并把它看成灾难？

　　(2) 你是否希望取悦每一个人？

　　(3) 你是否会反应过度或把事情看得绝对重要或紧急？你是否觉得你在任何情况下都必须成功？

　　(4) 试着用一种缓和的视角看问题，试着将压力看成是你能处理好的东西，而不是控制你的东西。

　　(5) 试着调和你多余的情绪，用长远的眼光来看待你目前的处境。不要聚焦于事情不好的一面或一直后悔，心想："如果……就好了。"

　　4. 学会调节面对压力时的身体反应。

　　(1) 缓慢而深深地呼吸能使你的心率和呼吸回到正常水平。

（2）放松技术可以减少肌肉的紧张度。电子生物反馈可以帮助你获得对肌肉紧张度、心率和血压等的自主控制。

（3）单靠药物调节你的身体反应是不够的，学会自己调节才是最好的解决方法。

5. 构筑你的身体储备。

（1）为了你心血管的健康，每周锻炼3~4次（适度的、长时间而有节奏的练习是最好的，例如，步行、游泳、骑自行车或慢跑）。

（2）均衡的、有营养的饮食习惯。

（3）保持你的理想体重。

（4）避免尼古丁、过量咖啡因或其他刺激物。

（5）休闲和工作并重，适时休假或离开。

（6）保持睡眠充足，尽量和你的睡眠规律保持一致。

6. 构筑你的情感储备。

（1）发展一些可以相互支持的朋友关系。

（2）追寻一些对你有意义的现实的目标，而不是那些别人为你设置而你并不喜欢的目标。

（3）像一个绅士一样对自己好一点——成为自己的朋友。

其中，每个人内在的自我强度与外在的支持资源和抗压度相比较，个人应对技巧越好、自我强度越高、可运用的外在资源越多，则抗压性越高。适中的压力会激发人们的最佳潜能。适中的压力指的是压力指数比抗压力稍微高一点，也就是胜任的任务要求比自己现有的能力稍微高或者困难一点。因此，要预防并减轻压力对身心所造成的影响，就有必要对压力进行适当的管理。进行压力管理有两个原则：一是防患于未然；二是及早发现，及早处理。

资料来源：全国十二所重点师范大学联合编写. 心理学基础. 北京：教育科学出版社，2002

本章思考题

1. 如何全面理解身心健康的意义？
2. 试提出你对心理健康的看法及其衡量标准与检测方法，并检讨自己的状况。
3. 对"心理异常"应持怎样的看法与态度？
4. 试就生活经验列举"心身一体"的实例。
5. 情绪与身心疾病的关系是怎样的？
6. 心理治疗的主要方法有哪些？你最喜欢哪个？为什么？

7. 你生命中重要的他人有哪些？包括父母在内，谁对你影响最大？有何影响？他们之间有无共同处？

8. 自我最大的敌人为何？如何克服？

9. 什么是压力？如何识别压力的来源以及压力的类型？

10. 简述压力的积极与消极两方面的含义。结合实际谈谈区分它们有什么现实意义？

11. 试分析并论述压力模型。

12. 什么是EAP？它的应用前景如何？

13. 如何理解企业压力管理的方法与策略及意义？

14. 有效进行压力管理的方法与策略有哪些？

15. 如何看待升学压力及其后遗影响与大学生读书风气的关系？

16. 作一篇调查研究报告，研究你所在学校老师的压力有多大，分别来自哪些方面，压力原因和对策如何。

17. 讨论生活中有关压力的预防与缓解的方法及经验。

18. 如何处理考试压力、学习压力？

19. 如何化压力为动力？试分析并讨论。

第三编

人际关系与劳动保障

第八章

劳动者人际关系

本章重点
1. 劳动者人际交往的意义
2. 劳动者建立良好人际关系的方法
3. 劳动者特殊人物交往艺术

　　良好的人际关系，可使工作成功率达85%以上。一个人获得成功的因素中，85%决定于人际关系，而知识、技术、经验等因素仅占15%。例如，某地被解雇的4 000人中，人际关系不好者占90%，不称职者占10%；大学毕业生中人际关系处理得好的人平均年薪比优等生高15%，比普通生高出33%。几乎所有的人都懂得处理好人际关系的重要，尽管如此，大多数人都不知道怎样才能处理好人际关系，甚至相当多的人错误地认为拍马屁、讲奉承话、请客送礼就能处理好人际关系。

第一节　劳动者人际交往心理

　　劳动者人际交往的意义在于顺利完成工作、增强团队凝聚力和获得生存安全。

一、劳动者人际交往的意义

　　人际交往是劳动者和谐相处的一部分，是人际关系的具体表现形式，指的是人与人之间的互动与影响。随着现代企业的管理信息化和经营市场化，劳动者在生产经营活动过程中的协调配合、信息沟通、知识学习等都需要彼此之间的交往，因此，劳动者人际交往的能力是现代管理重要的组成部分。其意义表现在以下三个方面：

（一）顺利完成各项工作

人际交往是为了获得必要的生活资料而形成的生活协作手段，是个人社会化的起点和必经之路。如果没有其他个体的合作，在实践过程中与他人形成各种关系，个人就无法完成社会化过程。人只要活着，不管你愿意与否，都必须与人进行交往。人一生的成长、发展和成功，无不与他人的交往相联系。从人际关系中得到信息、机遇、帮扶就可能走上成功之路。随着科学技术的发展，我们越来越依靠群体的力量以及人与人之间的情感沟通和智力交往，致使某些工作出现质的飞跃，这种"群体效应"已越来越成为各项工作的推动力。

（二）增强团队凝聚力

劳动者之间愉快、广泛和深刻的人际交往有助于个性健康发展。心理学家从各个不同角度做过大量的研究并发现，健康的个性总是与健康的人际交往相伴随的。心理健康水平越高，与别人交往越积极，就越符合社会的期望，与别人的关系也越深刻。心理学家专门研究了身体、智力和心理健康水平都很优秀的宇航员、研究生和大中学生，得出了一个共同的结论，即心理健康水平高的人，同别人的交往以及人际关系都很好。他们有着一系列有利于积极交往和建立良好人际关系的个性特点，如友好、可靠、替别人着想、温厚、诚挚、信任别人等，从而使劳动群体发展成为一个团结友爱的集体，增强团队凝聚力。

（三）获得生存安全感

社会心理学家所做的大量研究表明，与人交往是获得安全感的最有效途径。当人们面临危险情境而感到恐惧时，与别人在一起，可以直接而有效地减少人们的恐惧感，使人们感到安宁与舒适。有人研究过战场上与部队失散的士兵的心理，发现最令散兵恐惧的不是战场的炮火硝烟，而是失去同战友联系的孤独。一旦一个散兵遇到自己的战友，哪怕其完全失去了战斗力，也会感到莫大的安慰，其独自一人时的高度恐惧感也会大大减轻甚至消失。

总之，劳动者之间的正常人际交往，对提高组织绩效、达成组织与个人的一致目标，促进企业、员工家庭及社会的和谐发展意义重大。

二、劳动者人际交往类型划分

劳动者在和形形色色的人打交道时，不免觉得有些人不好相处，有时，又会感到自己与人难相处，在这种情况下，人的困惑就会加深。以下是从大量不同类型人际交往中提取的四种典型模式。通过对这些模式的研究，能使我们加深对人际交往的理解。

（一）自我中心型

自我中心型的交往模式最突出的特点在于"我"字优先。有的人没有集体主义观念，觉得周围的人让着他是应该的；他想干什么就干什么，不管是否影响他人的生活习惯；总听不进别人的建议和想法，总希望别人依照自己的"吩咐"去做；也有的集以上两种或三种毛病于一身。可以想见，这样的人越多，这个生活圈子的人际关系就会越不和谐。

（二）自我封闭型

自我封闭型的交往方式主要有以下三种情况：①性格原因所造成。这些人愿意与他人交往，但性格内向孤僻，比较害羞，不知如何主动与人相处，只是较为被动地应答他人的行为，内心世界不为他人所了解——虽然他也愿意甚至渴望得到理解。②独立意识过强造成。他们觉得自己的个人力量足以处理好一切事务，而不需他人的友谊和援助。③否定友谊所造成。这类人认为"人心难测，朋友难交"，对朋友之间是否有真正的友情持怀疑态度。

（三）利用型

持这一交往方式的人往往把友情看作交易，认为"友谊"是无所谓真情实意的情感交流，只是人与人之间的彼此利用，是对双方都有好处的代名词。这类人往往没有目的，不做事情，即所谓的"不吃亏"。因此，其"友谊"好时，可以"天长地久"、"称兄道弟"；而当利益转移时，便可能"移情别恋"，与他人续前缘，常常表面恭恭敬敬，背地里另有打算。

（四）合作型

合作型劳动者彼此拥有共同目标，价值观一致，相互体谅，站在对方角度思考问题，有合作的需求和愿望，行动配合密切，双方共同处理问题，通力合作，努力寻求双赢的结果。

三、劳动者人际交往形成的一般过程

人际关系的建立有多种多样的形式，发展速度有快有慢，除了血缘关系以外，良好的人际关系的形成，总有一个从素不相识到交往密切的逐步深入过程。我们可以把各种人际关系形成的过程概括成三个阶段：感知阶段、接触阶段和深入交往阶段。

（一）感知阶段

良好的人际关系是从相遇感知开始的，人与人相遇在一起，是形成人际关系的前提条件。但是，并非所有相遇的人都能相交。相遇的人要通过感知，才能发生联系。劳动者人际交往的感知阶段，彼此不仅要观察对方外表特征（高矮、胖瘦、黑白、美丑），更重要的是对其内心特征（性格、情绪、思想、能力、态度、意愿）的感知。我们从对方的行为和表情中推断他的性格和态度，从他的态度中归结出他的思想动机。通过观察了解到，如果交往双方能够相互吸引，只要有一方有交往的表示，就可以从初相识感知阶段过渡到表面接触阶段。

（二）接触阶段

在人际关系形成的初期，彼此之间仅限于表层的了解，缺乏内心的沟通，所以称之为表面接触。表面接触是人际之间比较普遍的一种关系。在我们的日常生活中，每天要和许多人打交道，而大部分都是表面接触。例如，同事经常见面和闲聊，仅此而已，并没有较深的感情沟通和共同活动。表面接触维系着我们与大多数人的关系，这是十分正常的现象。一个人不可能也没有必要与所有接触的人都进行深入交往，彼此维持良好的表面接触，以礼相待，互不干扰即可。但是，由于工作、学习和生活的需要，我们又需要和一些人进行深入交往。当彼此能够为对方的品质所吸引，彼此能够相互满足生活、学习和事业的需要时，就有了把关系推向深入交往的基础。我们要抓住有利时机，把人际关系从表面接触阶段过渡到深入交往阶段。

（三）深入交往阶段

劳动者人际关系从接触阶段发展到深入交往阶段，彼此的了解逐步加深，心理上渐渐接近，感情上渐渐融洽。在这个阶段，一方主动热情地关心和真诚地帮助另一方；另一方则以相应的互补形式进行回报。这是把人际关系交往推向深入的动力。在人际关系学中，按照人际之间共同活动的相关程度、感情的依赖程度和思想的共识程度，把人际关系交往的深入划分为以下三种水平。

1. 合作水平

由于工作关系经常要共同活动，彼此互相配合，互相帮助，友好协作。这种交往关系以共同活动为纽带，双方在共同活动中互惠互利，各得其所，但感情依赖性不强，外部接触成分大于内心沟通成分。例如，相同部门、业务相关部门、兴趣相投，以及各种形式的团体成员之间的相互关系。在工作中，大多数劳动者之间由于工作之间的联系形成这种合作关系。

2. 互动水平

这种交往水平的特点是，双方不仅积极参与共同活动，而且在感情上有更多的依赖性。彼此在交往时心情愉悦，有充实感；在离别时，难分难舍，有失落感；在不能相见时，互相思念，有孤独感。彼此双方都能在交往中获得自己感情上的满足，有机会就相聚在一起，共抒情怀。但是，双方在思想上不一定有多少共识，没有明确的共同信念，主要靠感情因素支配着双方的交往。

3. 密切水平

这种交往水平是人际关系的最高层次，不仅有共同的事业，有感情的依赖，而且在思想上有共同的认识和共同的信念。在这种水平的交往中，彼此都在对方心目中占有很重要的位置，相互引为知己，为了共同事业心甘情愿地进行无私的奉献。这是一种十分可贵的关系，然而真正达到这种交往水平是很不容易的，大多数人际关系难以达到这种水平。

上述人际关系发展的三个阶段和深入交往的三种水平，只是在理论上进行的一般性概括。在现实生活中，人际关系错综复杂，千变万化，各种因素相互渗透，而且不一定完全按此模式循序渐进地发展。

第二节　劳动者良好人际交往的建立

与领导、同事、下级员工和客户保持良好的人际关系，是每一位成功者必备的条件。调查显示，有90%的员工被解雇不是因为工作能力低下，而是因为工作态度不端正、行为不当，以及难以和他人建立良好的人际关系。当劳动者想要加薪、晋升或调到更好部门的时候，都需要得到顶头上司的首肯。同时，如果和同事、客户关系良好，那么在开展工作时就能够得到他人的帮助，顺利完成工作，因为如今在晋升的决策过程中，同事的意见也起到越来越重要的作用，客户更是工作绩效完成的关键。与领导、同事、顾客建立良好的人际关系就是指与他们建立令人满意的合作伙伴关系。合作伙伴关系是指与他人为了追求相同或者类似的目标而建立的合作关系，比如完成工作、创造利润等共同目标。

一、劳动者与领导建立良好的人际关系

与领导建立良好的人际关系是每一位劳动者成功的基础。尊重领导权威，

明确领导期望，建设性地表达歧义，审慎发展与领导的关系，善于与领导良性互动，将有助于形成领导支持工作的局面。

（一）尊重领导权威，形成信任关系

与领导建立良好人际关系的第一步就是尊重领导权威。当今员工对于领导权威的尊重程度已经大不如前，但恰恰可以利用这点来赢得领导的信任。通过表达对领导权威的尊重，可以换取领导信任，日后领导自然会关注和支持工作。下面所举的例子是用来表达尊重，而且这种表达方式也不会让别人觉得是在趋炎附势。"是的，这个主意听起来很不错。""作为团队领导，您认为我们应该做些什么呢？"这样的语言，不但尊重领导权威，而且可以赢得领导的信任。信任是通过一系列长期的行为累积起来的，比如按时完成工作，信守诺言，准时上班，不无故缺勤，不向他人散布机密信息等。信任的建立必须具备以下三个条件：

1. 坚决执行方案

在决策之前可以充分讨论各个实施方案，一旦做出决定，就要坚决执行，并将领导的想法准确无误地传达给相关人员。一个不尊重领导的人在希望实现自己想法的时候，也不会得到应有的帮助。

2. 情感支持领导

一个值得信任的员工往往在领导面临压力的时候，可以及时给予领导帮助以及情感上的支持，让领导放心，克服一切困难，按时保质地完成工作。

3. 坦诚面对困难

当工作出现问题的时候，一定要坦诚地告知你的领导，不要报喜不报忧。如果你的领导已经有一大堆困扰缠身，你就应该在说明问题的同时提供符合客观事实的合理解释或解决方案，而不是说谎。例如，一个销售代表对销售经理说："我们最大的一个客户改投他家了，但这也不完全是坏消息。该客户告诉我们，如果其他公司的服务比我们还要糟糕的话，那么他会再次选择我们。"

（二）明确领导对自己的期望

与领导建立良好人际关系的第二步就是尝试着从他的角度来看待工作中的问题。

弄清领导对自己的期望。有些人没有把工作做好，仅仅是因为他们没有完全理解清楚领导要他们干什么。有时候，员工必须主动与领导沟通，弄清主管对于自己工作的期望是什么，因为领导有时也会忘记说清楚。一位备受

尊重的管理人员是这样描述他如何弄清领导对自己的预期的：每当我开始为一个新老板工作时，我就要求能够与他一起坐下来，把他对我的预期说清楚。我们试着不只是列出工作的具体内容，还要列出工作的目的。为了做到这点，每次在描述具体工作内容之前，我都要加上一句"为了……"，省略号的部分由我们共同商讨确定后填写。这样，我就对工作目标以及领导对我的预期结果有了全局性的清晰认识，这是非常重要的。一位办公室助理在运用这一技巧之后发现，原来领导希望她首先完成他安排的工作，然后再解决部门中其他领导交代的任务，而不是她原先以为的所有任务具有同等重要性。

（三） 建设性地表达歧义

一个管理有方的领导，应该会对员工的良好表现和行为进行表扬，而如果把这个过程颠倒一下，也能够帮助你与领导建立合理的关系，特别是在领导得不到其老板认可的时候，效果会更好。

千万不要当众大声与你的领导对峙，这会让他处于十分尴尬的境地。如果你不同意领导的想法，那么应该小心措辞，尽量不要采用冒犯的语气。这样就可以把产生敌对状态的可能降到最低限度。沃尔特·圣约翰（Walter St. John）建议可以这样来表达："我同意您大部分的想法。但对于这个方面的问题，您能否重新考虑一下，原因如下……"这样做可以帮助你和领导建立良好关系的原因是，领导会尊重你的专业知识和正直秉性。但是，如果你和一个缺乏安全感的领导一起工作，他也许会因为遇到分歧而觉得受挫，那么你在表达不同意见的时候就需要更加小心。

（四） 审慎发展与领导的私人关系

如何审慎地发展与领导的私人关系，应该与领导发展何种类型的私人关系，以及发展到什么程度才合适，一直是困扰员工的问题。倡导发展亲密关系的人认为，这样做，员工与领导在工作中的关系才会更为融洽，而反对者则认为这样做会导致角色混淆（role confusion），即不知道该担任什么角色。比如，如果你的领导在周日晚上与你共进晚餐话，那么他又怎么能够在周一早上决定加薪的时候做到客观公正？为了避免被别人说闲话，你的领导给你加薪的幅度很可能是低于平均水平的。解决这个问题的一个指导方针是在大多数员工都可以参与的活动中，与领导发展友善的私人关系。能够发展这样关系的社交活动包括公司举办的舞会、全体团队成员对于领导的拜访以及工作聚餐等。

总之，没有一种绝对正确的原则可以用来指导如何与领导发展私人关系是恰当的。基本的建议是，只要是与领导进行任何工作范畴之外的社交活动，都要认真权衡之后再为之。工作社交活动是指诸如公司舞会或聚餐这一类的活动。否则，会给你自己造成许多不必要的麻烦。

（五）善于与领导良性互动

在向领导推销自己的想法时，注意千万不要惹领导心烦。不要一想到什么就急急忙忙地找领导诉说，这样做会浪费他的时间。你一定要等到想法基本完善的时候，再与领导交流，而且要列出你的想法中可能存在的缺陷。在面谈之前，先把你的想法用书面或者电子邮件的方式告知领导，而在给出具体建议之前列出实施建议的好处，一定要具体。比如，你可以说：“如果我们产品的包装尺寸能够略微减小 1 英寸的话，来年就可以节省 15 万美元的包装成本。”同时问问你的领导，是否能够对自己的建议做一些有益的修改，这样他就自然地涉足其中。在打探自己的建议是否被接纳的时候，措辞一定不要冒犯，而应该富有建设性。

有些人可能觉得使用这类技巧会让别人觉得自己在拍马屁。避免这一问题的一个办法就是，不要专心地使用这些技巧，而是只使用自己能够真心做到的技巧。比如，在觉得自己受到的表扬名副其实的时候，对领导表达真诚的感谢。职业发展顾问玛里琳·莫茨·肯尼迪（Marilyn Moat Kennedy）为有效实施这些技巧提供了另外一个建议。她指出，在热忱和拍马屁之间，如何找到平衡点，这是需要在工作中不断练习才能学会的。以下“与领导互动的行为清单”可以帮助我们与领导建立良好的人际关系。

相关链接一

与领导互动的行为清单

请用这张行为清单来检查你与领导的互动是否良好。表中列出的行为在你的行为中出现的频率越高，你就越可能受到领导的青睐。

1. 虽然不太同意领导的观点，但表面上表示同意。
2. 对领导的个人生活很感兴趣。
3. 对于领导取得的成就表示欣赏。
4. 为领导帮一些私人的小忙。

5. 为领导个人帮一点忙，即使领导没有要求你这么做。

6. 主动提出帮助领导完成某项工作。

7. 夸赞领导的穿着或容貌。

8. 对领导表示友善。

9. 同意领导的主要观点。

10. 对领导有礼貌。

资料来源：[美] 安德鲁·杜布林. 心理学与工作. 王佳艺译. 北京：中国人民大学出版社，2007

二、劳动者与同事建立良好的人际关系

无论你的职位高低，你总需要他人帮助，因此，必须与同事建立良好的人际关系。而这些人往往不是你的下属，如果你能和他们保持良好的人际关系，你就能做到一呼百应，开展工作自然也会顺利许多。互相合作对于一个工作群体提高生产力是非常重要的。

（一）遵守群体规范

与同事友好相处的第一条原则就是遵守群体规范（group norms）。这些规范往往是不成文的规定，包括了群体成员哪些行为该做，哪些行为不该做的标准。群体成员可以直接观察或者由其他成员告知学习群体规范。如果你没有偏离这些规范，那么你的许多行为都能被其他成员所接受；相反如果你偏离得太远，就可能被群体所抛弃。下面我们就举个例子来说明群体规范是如何给工作造成影响的。

嘉欣是区政府的一位接待员，和她共事的还有其他五位女性，她们都从事相同的工作。她们之间有一条不成文的规定，如果有人工作负担太重，就可以请求她人帮助，而受到帮助的人在其他人有困难而自己比较空闲时也应该帮助他人。嘉欣经常请求别人帮助，但从不帮助他人。有一次，有两位接待员郑重地对嘉欣说，如果她再这样只顾自己，那么谁也不会再帮助她，这样她的工作即使完不成，领导怪罪下来，也只好自认倒霉。除此之外，其他人也不会再和她一起喝咖啡、吃饭。几天后，嘉欣马上就变得愿意帮助他人了。

（二）让同事觉得他们很重要

马斯洛需要层次理论指出，尊重的需要是人际交往中的重要因素，人们都希望被关注。因此，你需要让同事觉得他们很重要，这样做也有助于和同

事建立良好的关系。想象一下，办公室里每个人的脖子上都挂着一个小牌子，上面写着"请让我觉得自己很重要吧"。虽然管理人员负有主要责任来满足大家这种希望得到认可的需要，但是同事在这一过程中也会扮演相当重要的角色。而达到这一目标的一个有效方法就是将某人值得称道的成就告知群体的其他成员。投入一点点时间认可他人，往往能够获到很大的收获，因为你会因此而赢得盟友。

（三）倾听他人胜于命令

与同事建立良好关系的最简单方法就是成为一个良好的倾听者，而成为一个有效的倾听者需要进行一定的练习。在工作中你可以倾听同事向你倾诉遇到的各种问题，或者向你倾诉各种抱怨。在午餐、休息的时间以及下班路上可以倾听同事谈论他们的私人生活、时事、体育新闻等。

需要他人帮助的时候不要用命令的口吻，而要用请求的口吻。比如，你需要同事帮你解释一下表格的具体内容，你应该这么说："我碰到一个问题，不知道你是否能够帮我看看？"如果你换成命令的口吻，结果很可能就会遭到同事的冷遇，比如你说："你必须帮我搞定这个问题，不然我的工作无法开展。"运用请求的口吻能够收到比较好的效果，因为没有人喜欢被冷冰冰地命令做这做那。

（四）支持、帮助同事

许多工作都需要团队合作。如果你表现得乐于助人，而且愿意与他人合作，就非常容易被视为很好的团队成员。公司的组建本来就是基于合作，没有合作整个系统就会崩溃。当然，并不是所有员工都关心组织的正常运作，但是他们确实需要你的合作。在对工作绩效进行评估的时候，很多公司都包括了关于合作态度的打分。你的领导和同事会对你的合作态度进行评价。

储蓄人情。不要总惦记着让别人帮你，对于维持良好的人际关系而言，多去帮助别人更为重要。公关公司总裁罗伯特·狄伦施耐德（Robert Dilen-schneider）认为："必须先储蓄人情，然后才能索取丰厚的利息。"在"人情银行"进行储蓄的方法是做一些力所能及的事情帮助他人，而且帮人要帮到位，不要好事做一半，给别人造成许多麻烦。比如，有顾客投诉你的同事，你帮他处理了顾客的投诉，你可以让他知道并提醒他注意，但是别让领导知道。

与同事人际关系的测试

根据你的实际工作经历回答下面的问题。如果你的工作经历有限，那么就想象一下，如果工作的话会怎么样。其中，0 表示从来没有或几乎没有；1 表示偶尔或者有时有；2 表示经常有；3 表示总是这样。

1. 我总是愿意并且准备好与他人分享信息、工作设备或其他工作资源。　0 1 2 3
2. 我在给别人提建议的时候并不会表现出支配或控制别人。　0 1 2 3
3. 我对于同事的工作以及获得的成绩表示赞赏。　0 1 2 3
4. 如果我必须批评某人的话，往往也是私下里进行。　0 1 2 3
5. 即使在我沮丧的时候，也不会脾气暴躁。　0 1 2 3
6. 人们信任我。　0 1 2 3
7. 我诚实、公正，而且言行一致。　0 1 2 3
8. 我对事不对人。　0 1 2 3
9. 我总是想办法让办公室的气氛比较融洽。　0 1 2 3
10. 我总是接纳新员工，并让他们觉得和在家里一样温暖。　0 1 2 3
11. 虽然我总是很忙，但是当别人和我说话的时候，我总是先把手中的事情放下。　0 1 2 3
12. 只要一有机会，我总是会帮助我的同事。　0 1 2 3
13. 我对同事的需要很感兴趣，但是不会干涉他们的私人生活。　0 1 2 3
14. 即便我不喜欢某个人，我也能够对他以礼相待。　0 1 2 3
15. 我愿意帮助同事把工作做得更好，而且不需要他们回报。　0 1 2 3
16. 当别人需要我的时候，我是一个很好的倾听者。　0 1 2 3
17. 当有人想要表达意见的时候，我总是表示感谢。　0 1 2 3
18. 我很理解并且遵守公司的政策或规定。　0 1 2 3
19. 当发现同事的工作负担过重时，我会主动提出帮助。　0 1 2 3
20. 与我共事的人说我是一个好的团队成员。　0 1 2 3

计分和解释：

50～60 分，你与同事相处的技巧非常好。

40～49 分，你与同事的人际关系一般，你需要学习相关技巧，以加强与他们的人际关系。

0～39 分，你与同事的人际关系比较糟糕，别人不会把你当成友善合作的团队成员。你需要努力学习相关技巧，大幅度提高与同事的人际关系水平。

资料来源：[美] 安德鲁·杜布林. 心理学与工作. 王佳艺译. 北京：中国人民大学出版社，2007

三、劳动者与客户建立良好的人际关系

良好的客户服务对于公司很重要，因为这样做可以留住顾客，促使其重复购买公司的产品或者服务。忠诚的顾客是利润的重要来源。柏安咨询公司（Bain Consulting Group）提供的数据显示，如果多留住5%的顾客，利润就能增长25%～100%，具体增长率视行业具体情况而定。比如，在保险行业顾客保留率提高5%，意味着单位顾客的利润增长60美元。

下面我们就详细介绍五种与外部顾客建立和保持良好关系的方法。

（一）了解顾客的需求，建立顾客满意度目标

营销的最基本原理就是发现并满足顾客的需要。许多顾客没有办法清晰地表达他们的需要，而且，他们有时候也不确定到底是否有需要。为了帮助顾客明确他们的需要，你必须收集信息。比如，照相机店的销售人员会问顾客："你心里期望的照相机是什么样子的呢？"这样他就可以判断哪种型号、品牌和价位的相机能够符合顾客的需要。

（二）将顾客的需要放在首要位置

在与顾客接触的时候，一定要真正从顾客的利益出发，至少让顾客感觉到你的真诚。你可以这么问："您的相机用得顺手吗？今天过得好吗？"当顾客回答了你的问题以后，一定要表现出真诚的关切，而不要虚情假意。如果已经清楚界定顾客的需要，那么下一步就是在可能的范围内尽力去满足顾客的需要，而不是自己贪图方便省心，顺便满足一下顾客。比如，顾客说："我需要购买10罐橡胶胶水。"销售人员就不应该说："对不起，橡胶胶水是12罐一盒的，所以您买10罐很不方便。"销售人员应该在公司政策允许的范围内提供给顾客一点数量折扣，让顾客觉得一下购买12罐可以省下一些钱。

（三）积极主动帮助顾客解决问题

用很多方式都可以表现出积极的态度，比如得体的着装、友善的姿势、热情的语调以及良好的电话沟通技巧。如果一位顾客因为提出了过多的要求而觉得有点不好意思，那么你应该回答："您不用客气。我们的工作就是为了让您满意，没有您的支持我们的事业也就无法兴旺。"另一个重要的方法就是对每一位顾客都展现热情的微笑。微笑往往能够让人们关系融洽。即便你的顾客对服务非常愤怒，也请保持微笑的姿态。

（四）建设性地解决冲突

如果你和顾客发生了冲突，那么应该采取双赢的方式来解决冲突。另外，

还请记住两个方法：第一，允许顾客把胸中的怒气发泄出来；第二，把顾客当成合作伙伴。顾客如果不把怒气发泄出来，往往没有办法冷静下来理性地思考问题。如果他被中途打断的话，往往还是要从头再来，直至发泄完毕。一般来讲，这个发泄过程会持续两分钟，当你听到一声叹息的时候，说明他的怒气已经发泄出来。接下来你就可以切入正题，试图解决冲突了。把顾客当成合作伙伴是指与顾客一起来解决问题。比如，一位顾客的一个订单无法按时交付，就应该这么说："让我们一起来看看这个问题应该怎么解决。您看我们是否能够一起商讨出一个对我们双方都有利的解决方案。"

（五）后续跟踪

跟踪自己的服务是否令顾客满意是与顾客建立良好关系的有效办法。有时，一个回访电话就足够了。这一方法之所以有效，是因为这样完成了沟通的一个循环过程。

第三节　劳动者与特殊人物交往

如果你在工作中碰到各种难以相处的人，那你的工作可就碰到大麻烦了，这些人会让你的工作效率大幅下降。他们之所以会拖你工作的后腿，并不仅仅是因为智力和能力的原因。从管理人员的角度来看，工作中的问题人物［counterproductive（or difficult）person］是那些有能力可以做得更好，却由于主观意愿而没有达到工作绩效标准的人。从员工个人的角度而言，如果一个同事难以合作，脾气非常暴躁，心理防备很强，并且充满敌意，那么这个同事就是一个问题人物。从下属的角度而言，如果一个领导难以合作、麻木不仁、易怒、心胸狭隘、富于攻击性、充满敌意，那么这个领导也是一个问题人物。

我们应该用有效的心理技巧来应对那些并非因为能力达不到工作要求，但会在工作中制造麻烦的人。我们所介绍的这些方法主要适用的范围是同事之间关系的处理。当然，如果你有正式的权力可以管理这些人（你是主管），这些技巧就能帮助你更好地解决问题。如果这些人是你的主管，你也可以使用其中的某些技巧，但是需要更好地把握火候。

一、专业地应对难以合作的人

在应对难以相处的人的时候，一个重要的原则就是要专业地去处理问题，而不要让个人情感牵涉其中。这些人也许并不是存心要为难你，只是你恰好成为他们实现自己目标的障碍。比如，一位顾客可能因为你出价过高而对你进行言语攻击，他其实并不是想对你个人进行攻击，他只是想讨价还价。人际关系培训师德鲁·斯科特（Dru Scott）举了一个例子来说明如何专业地去应对这些难缠的人，避免感情用事。

一位机智的客户投诉受理代表告诉我们，他是如何教会自己专业地解决问题的。在关键的时候他总是提醒自己："我从事这项工作是有偿的，这说明我是专业人士。那些和我打交道的人并不一定喜欢我，我也不必喜欢他们，但是我可以通过专业地处理这些让人为难的情况来体现自己的价值，而且可以从中学到很多东西。"

（一）劳动中问题人物的特征

无所不知的人：他们在各个领域都自诩为专家。他们总是傲慢自大，对任何事情都想说几句。但是当自己犯错的时候，却不接受任何批评。

孱弱的人：他们满脸愁容，目光呆滞，与他人握手的时候也总是颤颤巍巍。他们不遗余力地避免任何冲突，从不发表评论，也不让别人知道自己在想什么。

独裁者：他们威逼利诱他人，粗鲁地羞辱他人。他们总是非常苛刻，而且粗暴地指责他人。这些人会让他人得病。

满口答应的人：他们总是答应别人的要求，但是很少说到做到，虽然他们看起来总是挺可怜的，有时看起来也挺可信的，但是千万不要相信他们能够信守自己的承诺。

消极悲观的人：他们总是消极悲观，总是很快就说某事为何会办不成。他们保守僵化，拒绝改变。他们会对组织里的所有人都泼冷水。

喋喋不休抱怨的人：他们好像从来就没有对任何事情满意过。但是，他们只是一味抱怨，却不愿意付诸行动改变现状。虽然他们说的也许有道理，但是他们这种消极、吹毛求疵的态度却会让人情绪低落。

（二）评估自我

如果你能专业地应对他人对你的污辱、冷漠和暗算，那么你在工作中感受到的压力就会减轻，而且不容易受到这些事情的干扰。试想一下，如果一位棒球裁判每一次都感情用事地处理来自教练、运动员和观众的言语攻击，那么这份工作他肯定干不长。在我们介绍具体方法之前，请首先做一下自我评估，它会让你迅速了解自己在处理这方面情况时的能力水平。

相关链接一

如何应对制造麻烦的人

对于下列每一种情况，选择一个你认为能够有效解决问题的最佳方法。

1. 你身边的同事正在大声打电话，他正在和电话那头的人神侃如何与朋友一起度过了一个美妙的周末，而你正要解决一个非常具有挑战性的问题。你应该如何应对？

A. 到他的面前，大声说道："闭上你的嘴，我还有很重要的工作要做！"

B. 给他递个小纸条，或者在电脑上发个即时信息，说："我很高兴你周末过得很开心。但是当你大声说话的时候，我无法集中考虑一些重要的问题。谢谢你的帮助。"

C. 给老板打电话，请求他做点什么来解决问题。

D. 等到午休的时候和同事说："我很高兴你周末过得很开心。但是当你大声说话的时候，我无法集中精力考虑一些重要的问题。谢谢你的帮助。"

2. 你的一个同事总是偷懒，他总是有理由把该自己做的事情推到别人身上。今天早晨，他想请你帮他安装一些电脑软件。你应该如何应对？

A. 小心地解释你可以帮这个忙，但是他也要为你做一些事情。

B. 告诉他你绝对不会帮助一个像他这么懒惰的人。

C. 劝告他要做到公平，学会互惠互利。

D. 列出他曾经托同事帮忙的五件事情，然后问问他这样对待同事对不对。

3. 作为一个管理人员，你发现自己的一个下属总是不停地开玩笑取乐。你安排了一次与他的会面，当会面开始的时候，你应该如何应对？

A. 和他开玩笑来建立友好关系。

B. 直接告诉他这次会面就是为了讨论一下如何解决他过分开玩笑的问题。

C. 首先列举一下他对部门所作的贡献，然后切入正题。

D. 告诉他如果他再这样不成熟，那么就要被炒鱿鱼。

4. 作为一个团队领导，你越来越无法忍受一个下属总是开带有种族、性别歧视的玩笑。一天，在团队会议上，他又开了一个你觉得非常冒犯他人的玩笑。你应该如何应对？

A. 和领导汇报下属的不良行为。

B. 稍后单独告诉他，他的笑话让人觉得非常不舒服。

C. 当场就对他说："请别再继续冒犯别人了！"

D. 在会上讲一个更加冒犯的笑话，以此来说明他的行为如果继续发展下去可能会失控。

5. 你加入了一个设法为公司节省开支的团队，你可以建议哪些多余的工作应该被取消，你与一个部门经理进行面谈，想了解一下部门运作的效率，他突然变得非常粗鲁，对你非常防备。你应该如何应对？

A. 礼貌地指出他的反应过度了。

B. 报复他的粗鲁，向上级建议在他的部门取消三个岗位。

C. 告诉他今天已经占用他太多时间，约他改日再谈。

D. 告诉他除非他变得更加合作，否则谈话无法进行。

计分和解释：

1. a1 b4 c2 d3   2. a4 b1 c3 d2   3. a1 b4 c3 d2

4. a2 b4 c3 d1   5. a4 b1 c2 d3

18～20分：你非常善于应对那些制造麻烦的人。

10～17分：你在这方面的能力一般。

5～9分：你需要加强这方面技能的培训。

资料来源：［美］安德鲁·杜布林. 心理学与工作. 王佳艺译. 北京：中国人民大学出版社，2007

二、直接面对问题

处理问题的第一步就是直面问题。在某些情况下，只需直面问题就能解决问题。一位员工只需对另一位烦人的同事说："请不要再提出每天中午花两个小时进餐的建议了，否则我将考虑不再和你共进午餐。"也许你这样说了以后，那位同事就不会再提出过分的要求。

人们不愿意正视问题的另一个原因是害怕与当事人争吵，或者遭到其报复。由于被指责的人到底会采用什么方式进行报复往往不得而知，这种对于潜在威胁难以把握的感觉往往会让人选择回避问题，而不是直面问题。例如，一个人觉得自己的同事总是偷懒，于是准备找他当面谈谈。但这样做会加重双方的心理负担，前者会因为害怕后者向自己的领导打小报告而最终放弃最初的想法。

（一）立即切入正题

在面谈敏感一类的问题时，人们总是浪费太多的时间讨论一些不相关的话题。那些有关假期、运动的话题在其他类型的谈话中可以作为热身，但在与那些工作中的问题人物一起谈论他们无法为他人接受的行为时，就一定要迅速切入主题，不要因为面谈而觉得抱歉。你有权要求在工作中与他人建立富有建设性的关系。比如，没有必要说："也许我所说的与事实还有一定差距，但是你不应该在每次我无法立刻答应你的请求时，狠狠地把门关上。"即便你的观察有误，也应该让对方来纠正你。有一个办法可以有效改变那些制造麻烦的不良行为，那就是告诉当事人他这样做在工作上会有什么严重后果，

这样做第一表明你是为了解决工作中的问题；第二可以让对方意识到一意孤行的严重后果。千万不要把自己的感情、态度、价值观牵涉其中。

（二）界定行为界限

清晰地界定可以被接纳的行为与不能被接纳的行为之间的界限。当你能够清晰界定这两种行为之间界限的时候，往往能更加顺利地与当事人探讨相关问题。比如，到底什么才是粗鲁的行为？由于粗鲁的行为很多，也许你需要用灵活的标准来界定什么是非常粗鲁的行为。比如，你可以认为那些在闲聊个人生活的时候阻塞通道的行为是粗鲁的行为。或者你也可以在心里想清楚在办公室里什么样的玩笑可以被接受。在对具体行为进行界定的时候，也可以参考一下公司的相关政策规定。

（三）轻松探讨问题

试图在正面探讨问题的时候让气氛变得轻松。如果你表现得过分紧张，就可能让那些工作中的问题人物觉得你对自己的立场不是非常自信。你可以在与当事人正式面谈之前，找自己的朋友好好演练一下，这样有助于你缓解紧张情绪。

三、批评的艺术

在直面问题的时候免不了要对那些制造麻烦的行为提出批评，其最终目的是要改变那些难以被人接受的行为。在工作中，接受批评对于任何人来讲都不是一件容易的事情，就更不用提让那些工作中的问题人物自愿接受批评并改正行为了。人们总是把许多感情因素夹杂在自己的工作中，因此，非常容易把他人善意的批评理解为对自己的攻击。

下面我们将对那些工作中的问题人物提出一些建设性的批评建议。而且，这些建议同样适用于工作中的其他情况。

（一）私下批评，强度适中

建设性批评的一个基本原则就是私下进行批评。如果在大庭广众下批评他人，那么被批评者只会变得对你更加防备，而且不在工作区域进行批评对于被批评者来讲，也不太容易把批评理解为威胁。公司的餐厅、停车场或者有自动售货机的休息区域，都是进行私下批评的好地点。即便出于善意，一下子进行非常严厉的批评也会极大地伤害被批评者的自尊心，而且会引发对你的防备行为。因此，最好从强度适中的批评开始，如果有必要，再渐渐加大批评的强度。

（二）客观事实的支持

无论对谁进行批评，最好把批评建立在客观事实上，而不是主观认知上。人们之所以不接受许多批评，是因为他们认为那些批评无效。如果有客观事实作为批评的依据，那么批评被接纳的可能性就会大幅度提高。假如一个非常和蔼的同事让你完成工作，那么，建立在主观认知基础上的批评可以是这样的："由于你的不合作，我的工作被搞得一团糟。"而建立在客观事实上的、更为有效的批评是这样的："因为你没能够为我提供足够的信息，所以我没有办法完成提交给我们老板的任务。"就共同的目标来表述你的批评，如果你的批评能够帮助双方达成共同的目标，那么批评奏效的可能性会成倍增加。我们在得出批评时最好能运用加强合作而不是竞争或者责备的词语。比如，"如果你能在我撰写报告的同时再核实一下统计数据是否准确，那么我们很快就能完成这份报告。"如果你换一种说法，可能就会碰到麻烦："如果你不快点核实完统计数据，我就没有办法准时完成报告。"

（三）关心工作绩效

当批评领导的时候，需要格外小心，特别是当你的领导不太容易相处的时候。一个非常重要的原则就是，在批评的过程中一定要指出领导的行为无论出于多么好的意愿，都正在降低自己的工作绩效，并且说明其产生负面影响的具体过程。让我们来举一个发生在连锁零售商店的例子：

一家连锁零售商店负责预防损失的经理直接向地区经理负责，而这位地区经理很难相处。他的一个特别让人难以接受的行为是，当一家连锁商店的损失超过平均水平的时候，他就会咒骂那家商店的预防损失经理。这位预防损失经理决定不再忍受领导的粗鲁行径。当再一次受到咒骂的时候，她平静地对领导说："你这样咒骂我，已经影响了我的正常工作。我的记录显示，在你咒骂我以后，特别是因为并不是我的过错而咒骂我以后，我盘点货品的错误节节攀升。"她的领导自此真的开始注意控制自己的坏脾气。

四、同情性格怪僻的同事

如果你的同事性格怪僻，那么与他们相处的最好办法就是给予他们同情，但是不要每次都满足他们的要求。即便你认为他们的行为难以接受，也请努力理解他们的行为。当感觉到你的善意以后，那些性格怪僻的人往往不会让自己的行为太出格。下面，我们就介绍几种经常见到的性格怪僻的人。

（一）永不认错的人

这些人往往会给反对自己建议的人设置困难，让对方看起来非常幼稚可笑。比如，他们会说："任何一个和我一样受过良好教育的聪明人，都会同意我的建议，继续实施这个计划。如果有谁不同意，请现在就说出来。"这些人也可能是完美主义者，所以这种特质是根深蒂固、很难改变的。可以这样对他们表示同情："我知道你在做出任何评论之前都会进行大量的研究，而且你的意见通常是正确的，但是我想指出关于这个问题的另一种看法。"

（二）强烈需要被关注的人

这些人往往会大声喧哗，他们要么扮演小丑的角色，要么总是喋喋不休地向同事诉苦。他们希望能够吸引他人的注意，无论是积极的还是消极的。为此，他们会经常吹嘘在他人看来根本就不值得一提的小成就。可以这样对他们表示同情："我们都知道你喜欢占据中央舞台，你的确值得我们注意，但是请你先让别人把话说完。"

（三）采用消极攻击态度的人

当你要求这些人做他们不愿意做的事情时，他们就非常容易变得愤怒、暴躁，并且健忘。他们通过拒绝完成任务来表达自己的愤怒和敌意。这些人讨厌权威，并渴望受到良好的对待。他们非常不喜欢直接冲突。这种行为是一种人格紊乱的真实表现，因此很难改变。对于这些人你可以向他们说明虽然布置给他的工作确实不是他所喜欢的，但是项目的完成需要大家的共同努力。

（四）长期抱怨的人

几乎在任何工作场所都能找到总是喋喋不休地抱怨的人。与对管理层吹毛求疵的人不同，这些人对其他人、公司的政策、工作环境等也都不放过。他们往往是那些对任何事情都很难感到满意的完美主义者。你可以告诉他们你认为任何事情都不是完美的，你也可以问问他们："如果你是当事人又会怎么做呢？"这也许就会迫使其寻找建设性的解决方案，而不是一味抱怨。这些人往往对于任何管理实践都给予消极评价，而且对于任何希望能够探求真相的尝试也报以怀疑的态度。他们对于其他看起来相似的同事也会疑神疑鬼，因此会导致士气低落。为了让他们能更好地了解自己的行为，你可以这样对他们表示同情："我非常欣赏你凡事总要认真分析的态度，但是你不觉得管理者也有仁慈大方的时候吗？难道他们总是恶棍吗？"就像对待叛逆者一样，对付愤世嫉俗的人的最有效办法就是要求他们不要只是一味抱怨，而要拿出相应的解决方案。

五、专业地应对麻烦顾客

在客户满意度受到广泛重视的今天，顾客会时不时地提出各种各样的要求，因为他们知道自己手握大权。而对于那些与客户接触的员工个人而言，必须掌握相应的技巧，否则一直伪装自己的情绪会导致精神混乱，并感觉压力重重。在面对愤怒而难缠的顾客时，采用以下方法：

（一）承认顾客的观点

可以运用一些这样的语言："我理解您的想法"、"我同意"或者"对不起"。比如，如果顾客说道："你们银行在记账的时候少算了我1 000美元，我要求你们即刻更正。"你可以这样回答："我知道我们的错误给您带来了许多的不便。我们会立即查实您所反映的问题，并及时解决。"

（二）不要怪罪顾客

如果你一味强调顾客对问题负有责任，那么只能更加激化矛盾。对于银行账户透支的顾客，不要说"如果您自己保持良好记录的话，就不会发生透支的问题了"之类的话。

（三）说一些有用的话语来消除顾客的愤怒

比如，"我知道您碰到了问题"、"我同意问题必须得到解决"、"很抱歉，您碰到了这样的问题"等。

相关链接二

四种能够有效应对各种制造麻烦的人的方法

在应对各种制造麻烦的人时，不要指望使用一种方法就能奏效，而应该使用一系列的方法，如果第一招没用的话，那就实施备选方案。下面要介绍的四种方法无论是在你与难缠的人交往，还是与正常人交往的过程中，都能够帮助你改善人际关系。这些方法包括：

1. 运用必要的手段

通常惹恼你的同事并不是故意想这么做。如果你运用恰当的手段，那么有时往往不需要直接和他们挑明问题就能解决问题。比如，如果吵闹的员工聚集在你的门外，那么你可以通过关门给予他们一定的暗示。如果这些微妙的暗示不能奏效，那么你必须使用我们介绍过的技巧，以恰当的方式直接跟他们把问题讲清楚。在这一过程中提及对方的优点有利于消除他们的防备心理。比如，你可以说："我知道你很有创造力，总会想出好点子。但是，我希望你能给我机会表达自己的观点。"

2. 使用幽默

不带有敌意的幽默往往能够让那些制造麻烦的人意识到，他们的行为如何影响了他人正常的工作，而且，幽默也可以帮助你避免和对方产生不必要的负面冲突。幽默必须针对对方不受欢迎的行为，而不能用来鄙视对方。比如，你和一个同事一起完成一份报告。当你每次把自己写的内容给对方看的时候，他总是会挑出许多错误来。你怀疑他是在吹毛求疵。你可以这样使用没有敌意的幽默来改变他的行为：

"小林，我知道你做事向来追求完美，但是难道你不担心我的心理健康吗？我听说不遗余力地追求绝对完美会增加许多心理压力。"

你的幽默可能会让对方意识到在审阅你写的报告的时候要求过高了。当你自嘲的时候，对方往往难以对你加以批评。而且，自嘲本来就是一种非常实用的幽默手段。

3. 给予认可

工作中的问题人物有时像淘气的孩子，他们之所以制造麻烦是为了引起人们的注意。当给予他们认可和情感支持的时候，他们的不良行为也许就会停止。但是，如果你发现即便这么做也无济于事，那么他们的这些行为很可能是由于更深层次的原因造成的，单独运用这种方式是无法解决问题的，需要一起使用其他方法。不妨让我们来举个例子：

小张是一位职业摄影师，他有一个很让人讨厌的毛病，那就是在工作会议上或者与客户讨论的时候经常打断对方的发言。在一次与一位重要客户商讨的过程中，他突然大叫："我是拍摄风景照的专家，如果你想要拿到令人满意的作品，那就最好听我的！"

王总是小张的老板，随后他尝试着每周花上几分钟时间告诉小张他是一个多么了不起的摄影师，以及摄影工作室多么离不开他。他并没有在撒谎，因为小张的确很有才华。不仅如此，王总还安排小张的部分杰作在当地的摄影展上展出。

小张改变了自己的行为，他变得更加克制和包容。他的同事说："我真不知道到底发生了什么，现在和小张相处容易多了。"

4. 增强问题人物的自信

许多制造麻烦的问题人物往往缺乏自信心和自尊心。他们用逃避的消极方式来处理问题是因为害怕失败。你可以与领导和同事合作，把问题人物安排在一个能够取得成功的项目中工作。只要小小的成功就能够给他树立一点点自信，也许他就会停止抱怨。再加一点成功，他也许就会变得不那么令人讨厌了。

资料来源：[美] 安德鲁·杜布林. 心理学与工作. 王佳艺译. 北京：中国人民大学出版社，2007

心理学教授教你如何与人交往

美国斯坦福大学心理系教授罗亚博士认为，人人生而平等，每个人都有足够的条件成为主管，平步青云，但必须懂得一些待人处事的技巧，以下是教授的建议：

（1）无论你多么能干，具有自信，也应避免孤芳自赏，更不要让自己成为一个孤岛。在同事中，你需要找一两位知心朋友，平时大家有个商量，互通声气。

（2）想成为众人之首，获得别人的敬重，你要小心保持自己的形象，不管遇到什么问题，无须惊慌失措，凡事都有解决的办法，你要学会处变不惊，从容对付一切难题。

（3）你发觉同事中有人总是跟你唱反调，不必为此而耿耿于怀。这可能是"人微言轻"的关系，对方以"老资格"自居，认为你年轻而工作经验不足，你应该想办法获得公司一些前辈的支持，让人对你不敢小视。

（4）若要得到上司的赏识与信任，首先你要对自己有信心，自我欣赏，不要随便对自己说一个"不"字。尽管你缺乏工作经验，也无须感到沮丧，只要你下定决心把事情做好，必有出色的表现。

（5）凡事尽力而为，也要量力而行，尤其是在你身处的环境中，不少同事对你虎视眈眈，随时准备指出你的错误，你需要提高警觉，按部就班地把工作完成，配合实际行动，是每一位成功主管必备的条件。

（6）利用午饭时间与其他同事多沟通，增进感情，消除彼此之间的隔膜，有助于你的事业发展。

资料来源：http://www.51labour.com

本章思考题

1. 简述劳动者人际交往的意义。
2. 与领导建立人际关系需要注意哪些问题？
3. 如何与同事建立良好的人际关系？
4. 劳动者与特殊人物交往需要哪些技巧？
5. 问题同事的自信心如何培养？

第九章

劳动者人际冲突管理

第一节 劳动者人际冲突的来源与影响

人际冲突可以带来挑战，也可以带来机遇。冲突的正面功能主要有两个方面：首先，公开矛盾，加深理解。双方把隐藏的不满、误解公开表达出来，可以通过辩论而得以澄清、化解，从而消除隔阂，增进理解，加深关系。其次，开拓思路，寻找方案。双方把各自的看法及其理由摆出来，通过建设性的争论，可以形成"头脑风暴"，彼此激发新思想，最后找到解决问题的更好方案。冲突的负面功能主要表现在：由于心存芥蒂，使得沟通不良，情感形成隔阂，甚至相互诋毁、相互拆台；由于互不相让、恶意攻击，导致双方关系破裂。

一、冲突的实质

冲突是一种对立的状态，表现为两个或两个以上的相互关联的主体之间的紧张、不和谐、敌视甚至争斗关系。冲突发生的原因多种多样，可能是各方的需要、利益不同，或者对问题的认识、看法不同，或者是价值观、宗教信仰不同，或者是行为方式、做事的风格不同等。总之，当相互关联的两个个体或者多个个体之间的态度、动机、价值观、期望或实际行动不兼容，个体也意识到他们之间的矛盾时，个体间的冲突就发生了。工作性冲突往往是良性的，也比较容易解决，而情绪性冲突往往比较复杂，可能带来不少负面影响。

二、冲突的过程

冲突不是一种静止的状态，而是一个动态的过程，在这个过程中，冲突双方的认知、情绪和关系都可能发生变化。美国学者潘迪（Pondy）曾经提出冲突的五阶段模式：冲突潜伏阶段、冲突知觉阶段、冲突感受阶段、冲突外现阶段和结果阶段。

在冲突潜伏阶段，可能导致双方冲突的客观条件已经基本具备，也就是说，双方彼此感觉到不适，而且在某些方面存在的差异难以兼容，但是，双方还没有明确意识到这种不兼容。当双方意识到他们之间存在认识上的差异，而且认为思路不能相容时，就进入冲突知觉阶段。当双方开始分析冲突的性质，思考应对的策略，而且出现一些情绪性的反应（如紧张不安、不舒服、愤怒等）时，就进入了冲突感受阶段。在这个阶段，双方都需要做出选择：是回避冲突，还是公开面对冲突？只要一方将冲突公开化，就会进入冲突外显阶段，这时，双方可能发生言语上的争执、情绪上的对立甚至行为上的对抗。在这个阶段，很容易出现冲突的升级，将矛盾扩大化、情绪化。冲突意味着人际平衡关系的破坏，经过一段时间的互动，双方关系一般会达成一个新的平衡，这时就进入冲突的结果阶段。冲突的结果可能是两败俱伤，也可能是一胜一负，如果处理得当，也可能双赢。当然，能否达到双赢的效果，要取决于冲突的性质与双方管理冲突的水平。

三、劳动者冲突的来源

在劳动中产生冲突的原因很多，我们归纳了四种主要原因。这些原因的作用机理都是一样的，即同时有两种不能互相调和的动机、需要或者事件出现。当你与他人、与自己所在的部门或者与其他部门不能同时拥有你们想要得到的东西，而你们又不能互相回避时，冲突就出现了。

（一）目标差异冲突

与他人发生冲突的一个主要原因是，并不是所有人都能够获得自己想要的资金、设备或者其他资源。当你有一个很好的主意想对领导汇报时，领导却要出差，当你希望在他离开前能和他谈一谈时，他却说："对不起，我已经答应与张经理面谈了，要不等我回来再说吧。"此时你会有种挫折感，因为希望及时与领导沟通面谈的目标没有达到。如果两个个体或者两个群体之间存在明显的目标差异，那么他们之间发生冲突的可能性就很大。虽然有人会说，在同一个组织内工作的所有人都应该拥有共同的目标——这就是组织的成功，但是，在现实中这种情况并不多见。通常部门与个人或者管理层之间的目标都存在一定差异，因此，在心理上要接受这种差异存在，有意识调整个人与部门与管理层的目标，使之趋于一致。

（二）年龄和性格冲突

另一个引起冲突的原因是成见。不同人之间的性格差异和文化差异也会在工作中引发冲突。年龄的差异会引起冲突是因为不同年龄的人不能接受彼此的价值观。不同年代出生的人所秉持的主要价值观差异会引发冲突。年长的一代认为年青的一代不守规矩，比如不愿意按时还贷，而且对公司不忠诚。年青的一代则认为年长的一代崇尚等级结构，过于谨慎且不思进取。而他们各自看本代人的想法则顺眼很多。年长的一代，比如说五六十年代的人，更加看重资历以及传统部门，而年青的一代，比如七八十年代的人，则更加看重能力和团队合作。另一项研究指出，许多年长的人也非常支持团队合作这种领导方式，因为他们急于想摆脱传统的命令控制的管理风格。

不同人之间的性格差异和文化差异也会在工作中引发冲突。工作中发生的许多冲突仅仅是因为情感因素，即当事人无来由地不喜欢对方，这种不喜欢可能多少与不同年龄的人所秉持的价值观不同有关。性格冲突（personality clash）是指两个人因为某些差异而产生的敌对关系。导致这种敌对关系的差异包括人格特征不同、偏好不同、兴趣爱好不同、价值观不同或者风格不同。陷于性格冲突的双方往往说不清楚为何不喜欢对方。结果就是他们没有办法在工作中和睦相处，更不要谈积极合作了。

（三）男女性别冲突

造成冲突的再一个来源是性别差异。一种解释认为女性希望得到更多的权力，而男性则不愿意分享权力。男性往往希望报酬的多少和个人贡献的大小挂钩，而女性则希望大家收入平均，这样组织内就不会有人收入太少。另外，从事同样工作的人却因为性别差异，得不到相同数量的报酬也会引发冲突。目前信息时代使更多女性进入职场，她们的工作能力与工作绩效显现出更多优势的同时，给男同事带来无形的压力，从而种下潜在冲突的种子。

（四）工作和家庭之间的冲突

工作和家庭之间的矛盾也是常见的一个冲突来源，要想在工作和家庭之间找到一个平衡点已经成为一个巨大的挑战。而对于那些双工资的家庭来说，这种挑战就更大了。当一个人要在工作和家庭生活中扮演不同角色的时候，就可能会产生工作—家庭冲突（work-family conflict），一个人要扮演员工、丈夫或妻子以及家长的角色，而这些角色的要求往往是有差异的。比如，原本答应孩子去看他的英语剧表演，而在将要离开公司的时候却被叫去开会。当一个人既看重工作又看重家庭的时候，这种冲突会被进一步激化。职业人士平均每周工作55个小时，包括周末的5个小时工作时间。这种工作安排肯定会导致来自家人或者友人的一些需要没有办法得到满足。当这个人既希望努力工作以获得事业成就，又希望有足够的时间陪伴亲友时，冲突就发生了。

一项涉及2 700名员工的调查结果显示，工作—家庭冲突可以产生非常大的压力，并引发情绪的紊乱。研究分析了两种工作—家庭冲突：生活中的问题导致工作出现问题，以及工作中的问题导致家庭问题。调查对象会接受访谈以确定他们是否出现了情绪问题。研究发现两种冲突都会引发消极的心情，会提高焦虑的水平，还会导致滥用药物，而且发生冲突的人往往在临床上有显著的心理健康问题。另外，有调查显示，由于在单位工作压力无处宣泄，造成员工将消极情绪带回家庭，结果员工家属特别是孩子和妻子成为情绪宣泄的替罪羊，从而引发家庭冲突，造成员工的负罪感和内疚，形成职业倦怠、工作无成就感等更多情绪问题。

第二节　人际冲突管理

冲突管理指的是人们采取一定的行为来应对、处理冲突。研究发现，在处理冲突时，存在明显的个体差异。不同的人存在不同的"冲突风格"（conflict styles），即对于冲突的习惯性反应。

一、冲突管理类型

学者认为，人们处理冲突的方法可以从两个维度上来分析，一个是合作性（co-operativeness），即关注他们的需求，愿意满足他人需求的程度；另一个是坚持性（assertiveness），即关注自己的需求，坚持满足自己需求的程度。根据人们在这两个维度上的表现，可以区分五种冲突处理方式。

竞争模式（confrontation）。当一方比较关心自己的需求，通过牺牲别人的观点来推行自己的观点，对对方的需求并不在意时，他采用的就是竞争模式。竞争行为表现出比较强的权力意识和支配性，其结果往往是一胜一负。

回避模式（avoidance）。对自己的需求与他人的需求都漠不关心，或者自己无法从中获益，即运用逃避的方式来处理冲突。采用这种模式的人希望尽量不使冲突公开化。

顺应模式（accommodation）。这是一种向对方让步的做法，它高度关注对方的需求，忽视自己的需求。

妥协模式（compromise）。双方讨价还价，寻求解决方法，都放弃部分利益，以便在一定程度上满足部分需求，即双方都有所坚持，也有所退让，没有绝对的赢家，也没有绝对的输家。

合作模式（collaboration）。将冲突作为需要对方来共同处理的问题，通力合作，集思广益，为共同目标努力寻求双赢的结果。

一般来说，前三种处理冲突的方式效果不佳。它们可能进一步加剧冲突，使人感到不舒服，或者将问题搁置起来、隐藏起来，从而使问题得不到解决。后两种处理冲突的方法就比较有效，但是并不见得适用于所有情境。

研究发现，冲突管理的模式存在文化差异。例如，美国文化更注重竞争，在冲突管理中更倾向于采用竞争的方式；中国文化比较强调"和为贵"，推崇合作。在个人主义的文化中，像美国和一些欧洲国家，人们通常以一种相对直接的方式来处理冲突，他们比较关心自己的面子与利益，并主动将自己与对方分离开来；而在集体主义的文化中，人们处理冲突的方式往往比较间接，所关注的是保全对方的面了，并尽可能维持一团和气的关系。

二、解决冲突的合作技巧

正因为在工作中发生冲突在所难免，所以一个关心职业发展的人一定要具备良好的冲突解决能力。接下来我们要介绍一些解决冲突的技巧，大家在工作中都能用得上。其中大多数采用双赢的策略，一些谈判和讨价还价的策略则采用竞争型风格。

（一）直面问题

一个非常值得推荐的行之有效的解决冲突的办法，就是直面对手解决问题（confrontation and problem solving）。这种方法希望能够找出冲突发生的真正原因，并且系统地、有步骤地加以解决。在这一过程中，冲突双方的对峙往往是柔和而富有技巧的，并非敌对而鲁莽的。理性在这一过程中担当非常重要的作用，因为冲突双方希望在解决冲突的过程中能够保持良好和谐的工作关系。这一技巧的使用包括四个步骤：

1. 明确冲突的存在

冲突的一方意识到与另一方存在冲突，并且冲突的一方认为冲突的存在已经足够重要，以至于和另一方直面冲突，并想办法加以解决。

2. 面对冲突的原因

冲突的一方决定与另一方直接沟通，希望通过合作解决冲突，另一方也表示愿意共同努力解决冲突，认为事态没有那么严重，只要协商一下即可。双方坦诚地表达各自对于问题的看法、态度以及感情，以便于找出冲突的真正原因。比如，冲突的发生也许源于对正常工作量的认识不同。通常，如果冲突并不十分严重或者复杂，那么往往在这一步就能解决。

3. 确定冲突的解决办法

在这一步骤，双方都设法想出各自能够有效减少或消除冲突原因的办法，如果原因无法消除，那么就一起想办法如何应对这种分歧的存在。如果双方都同意达成共识的解决办法，那么冲突的解决过程就是成功的。

4. 冲突的后续检查

当解决冲突的方案实施以后，双方应该定期检查，以确保合约的内容得以继续贯彻执行。

(二) 谈判协商

冲突有时也可以被看作是需要通过谈判协商（negotiating and bargaining）来解决的情况。当你正在和公司谈判商讨一个合理的薪资水平时，也就是在试图解决一个冲突。起初，双方的需要看似不可调和，但是通过双赢的谈判，也许最后能够达成一个让双方都满意的薪资水平。

1. 妥协

在妥协的过程中，一方以自己答应为对方做到某事的许诺来换取对方为自己做到某事。在现实中，妥协是解决冲突的一种有效手段，而且在我们的生活中总会碰到。进行谈判和协商的双方往往会预期以妥协的方式来解决冲突。比如，一家公司愿意以某一价格为客户单独设计并生产一种机器，而客户觉得价格太高，但是公司也不愿意降价，最后的解决办法便是公司附赠一些功能，但是价格不变。

妥协的一个最主要的问题是，最后的解决方案虽然看似让双方都部分得益，但也许不能解决任何一方的问题。比如，在预算紧张的情况下，只给两个部门各自购买一半它们需要的设备，最后的结果很可能是两个部门因为缺乏必要的设备都生产力低下，效果还不如将所有的资源都用来满足其中一个部门的需要。

2. 留有谈判余地

谈判的一个基本策略是：若是卖方，则以高出目标成交价的价格出价；若是买方，则以低于目标成交价的价格出价。这样在谈判的过程中就留有一定的谈判空间。任何一个为购买汽车或住房而进行过价格谈判的人都知道这个技巧。如果你认为一辆具有 10 挡变速功能的自行车值 400 美元，若你要出售该车的话，则可以标示售价 500 美元。若你需要购买该车的话，则可以出价 300 美元。经过谈判，最后可能正好以 400 美元成交。但是，也有人相信如果以极高或者极低价格出价的话（比如卖方出价 850 美元，买方出价 150 美元），那么最后达成的交易价格可能更加利于出价离目标价格远的一方。然而，这一做法也会有问题，因为对方会怀疑你的诚意。如果第三方要帮助解决冲突，则出价合理者往往会赢得更多的同情。

3. 关注整体利益

不要死守某个谈判的内容不放，而应该注重整体利益，始终以达成最终目标为谈判的出发点。

更多地关注利益而非立场有很多优点，其中最重要的就是可以让你摆脱一味想赢的心理，更加注重实际的切身利益，避免做出对于长期利益不利的决策。谈判的初衷是要解决问题，而不仅仅是击败对手。比如，如果一个客户提出一个不太切合实际的要求，那么最好的做法不是一口回绝，而是想想看，能否在不赔本的情况下，满足或者部分满足他的要求，并且以此建立客户的忠诚度。

4. 登门槛技术

登门槛技术（Foot-in-the-Door-Technique）是一种诱使他人顺从解决冲突的策略。有时，为了让某人同意通常情况下不会接受的重大要求，可先引诱他同意一个很小的要求，一旦他接受了这项小要求，就有可能同意那项重大要求，这种现象也被称为"门槛效应"。

弗里德曼和费拉瑟的一项研究（1966）证明了这种作用。实验者挨家挨户地去找各家主妇，说他们正在为"安全驾驶委员会"工作，希望得到主妇们对这一运动的支持，请他们在一份请愿书上签名，这份请愿书将交到州参议员手中，请求他们为立法鼓励安全驾驶而努力。几乎所有接触到的妇女都同意签名。几个星期以后，另外一批实验者与这些主妇打交道，同时，也与一些以前没有接触过的主妇打交道，这一次要求所有的主妇都在他们的院子前面立一块不太美观的大牌子，上面写着"谨慎驾驶"。结果，以前同意在请愿书上签名（一个小要求）的主妇中有55%以上同意立这块牌子，而以前没被要求签名的主妇只有不到17%的人同意。那些主妇由于同意最初的小要求，后来顺从重大要求的量便增加了三倍多。

对于这个研究结果，有的解释认为，同意一个小要求的人被卷入，他们对那个问题本身，或他们所从事的行为，甚至他们对做出某种反应的简单想法都负有责任。任何参与卷入都可能使某人更加服从未来的要求。也有解释认为，是个人的自我形象在某些方面起了变化。一旦某人同意一个实际上很难拒绝的小要求，就可能改变自己的认识：自己成为做某种事情的人了。这种个人对自己或对活动本身的态度的转变，也改变了个人对将来从事类似活动的对抗心理，即对第二个要求需要承担更大的义务。在大多数情况下这样做可以达到令人满意的效果。

5. 询问对方立场

"你希望我怎么做？"无论对于谈判还是其他解决冲突的方式而言，有个有效的方法就是询问对方，如果要达成协议，他们希望自己做些什么。如果你满足了对方的要求，那么对方往往不会违约。因为你的行为已经表达了你的诚意，对方一般不会无缘无故地爽约。

例如，你正在和团队成员一起分配一个大项目的任务，但是有一些成员认为你的工作少了。在和他们进行了30分钟的会谈以后，谈判陷入僵局。这时你可以问："那么你们认为我该做多少量的工作？"因为你表达出合作的意愿，其他人一般也不会给你分配过重的工作，而且他们也不再会觉得你的工作量小了，因为这是他们自己分配的。

（三）心理柔道技术

在许多个人冲突中，对方的确有正当理由对你某些不当的行为进行抱怨。如果你一味否定事实，对方就会对此纠缠不休，以后的问题也没有办法得到解决。针对这种情况，一种比较好的方法就是解除敌对状态（disarm the opposition），承认自己在对方所指责的方面确有不妥之处。这样，双方就能平心静气地商讨如何真正解决问题，而不是无休止地做无谓争论。这种技巧也叫做心理柔道。因为你不是正面反抗对方的进攻，而是让对方找不到可以进攻的地方。有时你的承认也许比真正的解决方案更受到对方的关注。

解除敌对状态这一技巧具有非常广泛的应用价值。有时候退后一步比反抗能够取得更好的效果。比如，你的老板对你的表现很不满意，因为你完成的销售额比目标少25%，你意识到你的业绩足以让你的领导炒你鱿鱼。这时

千万不要马上列出一大堆的理由，说明这一情况是由于一系列其他原因造成的。你应该做的是解除他的敌意，可以这样对老板说："我的业绩比目标低25%，一定会让你很生气。我承认我的业绩的确不好，正苦于找不到原因，也许你能够帮助我一起想个办法来提高我的销售额。"

（四）与对手交流思想

这是一个解决冲突的高级方法，这个方法的要点就是确保冲突双方真正理解彼此的立场和看法。对于彼此的观点彻底了解以后，也许就能想出让双方都满意的解决办法。这个办法的具体步骤是这样的，首先，你在一张纸上写下你方的各个论点，以及你认为的对方的各个论点。然后让对方也像你一样做，双方要独立完成。随后，双方可以看看对彼此的想法是否产生误解来真正了解对方的立场和要求。

（五）寻求社会支持

有时候与你发生冲突的对方占有绝对优势。也许你已经尝试使用上述各种解决冲突的方法，但还是无济于事。这时，你也许应该向比对方更有权力的第三方寻求帮助。这些外援可能是工会成员、人力资源经理、公司高层职员或者是上司的上司（如果你确信自己遭受了不公平的待遇）。

在某些情况下，仅仅是暗示对方你可能寻求更有权力的第三方的帮助，也许就已经可以帮助你赢得优势。例如，美国一位女士认为自己之所以迟迟没有晋升，是因为她的年龄已经超过了50岁。她向上司暗示，如果自己还不能受到公平待遇，那么她将向州公平就业委员会投诉。此后，她很快就被提升为部门经理助理。

三、劳动中引发建设性冲突

在人的印象中冲突总是不好的，其实冲突既有破坏性的，也有建设性的影响。下面我们将对冲突两方面的影响做详细介绍，而且还会探讨如何在团队中引发建设性的冲突。

（一）建设性冲突和恶性冲突

冲突强度适中可以提高工作绩效，但是无论冲突太多还是太少都会降低工作绩效。建设性冲突（functional conflict）是指能够为组织带来益处的冲突；恶性冲突（dysfunctional conflict）是指会损害组织利益的冲突。

建设性冲突可以激发员工的积极性，提高他们解决问题的能力和创造力，这样就能取得富有建设性的结果。由于冲突可以制造一定的压力，因此只要压力程度适当，员工就会想方设法动用自己的智力和体力。比如，两个人力资源部的招聘人员对于如何能吸引到最有竞争力员工的办法意见不一，各自开动脑筋向上司提出好建议，结果上司都采纳了。因此，他们两人都很好地完成了工作任务。

而恶性冲突可以从许多方面产生破坏作用，包括浪费时间或是以公司利益换取个人利益。冲突可以分散人们的时间和精力，以至于不能有效达成重要目标。在平日的工作中，这样的场景并不少见，即两个经理会花上好长时间互发电子邮件，试图证明对方在争论中的观点是错误的。恶性冲突的另一个破坏作用是冲突一方可能对脑中假想的另一方给自己造成的伤害进行报复。比如，一位员工因为自己被停职而与上司争论不休，对其愤怒不已，最后一怒之下，销毁了公司电脑中的重要文件。

（二）引发建设性冲突

如果冲突强度适中，非但不会造成负面影响，反而有助于提高工作绩效。许多案例分析显示，引发良性冲突对于组织也许是非常重要的。一组研究人员把工作群体中发现的冲突分为 C 型冲突和 A 型冲突两大类。C 型冲突（C-type conflict）是指对于实质性问题的意见不同，C 代表认知（cognitive），也就说明这一类冲突的对象是看得见摸得着的，或者是需要智力而非感情来解决的实质问题。A 型冲突（A-type conflict）是指针对个人的意见不同（比如性格冲突），A 代表感情（affective），说明冲突的对象并非客观事物，而是主观感受。这种冲突的处理往往有情感因素牵涉其中，理性的成分很少。

C 型冲突属于建设性冲突，团队成员为了解决冲突需要坐下来对实质性问题进行深入讨论，想出解决问题的好办法。在 C 型冲突中，团队成员往往会想出各种不同的问题解决方案，并且会将不同的观点整合起来更好地服务于最终目标。由于在 C 型冲突中大家能够坦诚地沟通交流，并且鼓励不同的看法，因此 C 型冲突往往能够产生革新的想法。C 型冲突往往能更好地利用团队成员不同的才能。相较之下，A 型冲突就会阻碍富有建设性的活动和进程，从而降低组织的效能。在 A 型冲突中，人们往往会指责彼此的错误或者发怒，这样团体成员之间的信任就会丧失，而且彼此总是吹毛求疵。A 型冲突只会制造更多的问题，而不是解决问题。

第三节　管理愤怒情绪

一、社会情绪的管理

社会情绪控制，是指选择群体情绪反应的方式和内容，以及群体情绪反应的程度。

社会情绪的管理主要包括两层含义：一是社会行为中个人情绪控制与自我管理，包括公众场合中的个人情绪控制与群体内部人际交往中的个人情绪控制，也就是个人的社会情绪的调适；二是从社会整体的角度可理解为对社会情绪的敏感、认知（洞察）、疏导。比如，整体社会情绪的管理、组织情绪的管理、网络情绪的管理，等等。

无论是作为社会行为中的个人情绪的控制和管理，还是组织或社会整体的情绪管理，都是个人情绪调适的基础。而调适个人与个人之间的关系、个人与组织之间的关系、个人与社会环境的关系等方面的能力则表现为情商。

1. 情商

在萨洛维和加德纳等心理学家研究的基础上，丹尼尔·戈尔曼（D. Goleman）系统地提出了与智商（IQ）相对应的情商（情感智商，EQ）的概念。他认为，情感智商一般包括五种能力。

（1）了解自己。这种能力是指当人们出现了某种感情时，承认并认识这种情感；即使情感有麻烦，也不躲避或推脱。自我知觉是情感智商的核心，监控情绪时时刻刻变化的能力是自我理解与心理领悟能力的基础。没有能力认识自身的真实情绪，就只好听凭这些情绪的摆布。对自我的情绪有更大的把握性就能更好地指导自己的人生，更准确地决策婚姻、职业等大事。

（2）驾驭情感。这种能力是指人们一旦意识到自己开始感到不安，他们就能够控制这种情感。驾驭情感意味着调控自我的情绪，使之适时、适地、适度。这种能力具体表现在通过自我安慰和运动放松等途径，有效地摆脱焦虑、沮丧、激怒、烦恼等因失败而产生的消极情绪的侵袭。这种能力高的人可以从人生挫折和失败中迅速跳出，重整旗鼓，迎头赶上。

（3）自我激励。这是指服从于某种目标而调动、指挥情绪的能力。要想集中注意力、自我激励、自我把握、发挥创造性，这一能力必不可少。任何方面的成功都必须有情绪的自我控制——延迟满足、控制冲动、统揽全局，能够自我激励，积极热情地投入，这样才能保证取得杰出的成就。

（4）识别他人情绪。即移情的能力，是在情感的自我知觉的基础上发展起来的又一种能力，是最基本的人际关系能力。具有移情能力的人，能通过细微的社会信号敏锐地感受到他人的需要与欲望，能分享他人的情感，对他人的处境感同身受，又能客观理解、分析他人的情感。

（5）处理人际关系。大体而言，处理人际关系的艺术就是调控自己与他人的情绪反应的技巧。人际关系能力的内容，包括展示情感、富于表现力与情绪感染力，以及社交能力（组织能力、谈判能力、冲突能力等）。人际关系能力可以强化一个人的受欢迎程度、领导权威、人际互动的效能等。

2. 情绪管理的方法

情绪管理的方法，就是要能清楚自己当时的感受，认清引发情绪的缘由，再找出适当的方法疏解或表达情绪，这可以归纳为"3W"理论（WHAT、WHY、HOW）。

首先是 WHAT——我现在有什么情绪？情绪管理的第一步就是要先能察觉自己的情绪，并且接纳情绪。只有我们认清自己的情绪，才能掌握情绪，才能为自己的情绪负责，而不会被情绪所左右。

其次是 WHY——我为什么会有这种情绪？我为什么会生气？我为什么难过？我为什么觉得挫折无助？找出原因，我们才能知道这样的反应是否正常；找出引发情绪的原因，我们才能对症下药。

最后是 HOW——如何有效处理情绪？想想看用何种方法来疏解自己的情绪呢？平常你情绪不好的时候，你会怎么办？什么方法对你比较有效？或许是通过运动、听音乐等来让情绪平静，或许是通过大哭一场、找人聊天等来宣泄情绪，或换个乐观的想法来改变情绪。

二、管理愤怒情绪

如果不能对自己的愤怒情绪加以有效控制，那么就可能严重损害自己的职业生涯乃至个人生活。愤怒情绪会产生压力，诸如遭到解雇的员工枪杀自己的老板等办公室暴力行为，是表达愤怒的一种极端形式。管理自己和他人的愤怒情绪是一项重要的人际技能，也是情绪智力的重要组成部分。一个不能有效管理自己愤怒情绪的人，就不能充分利用自己的智力，因为，人在愤怒时，智商被情绪控制基本为零，有时甚至做出遗憾终身的傻事。哪怕是个天才，如果一直对领导以暴力相威胁，最终也难逃被炒鱿鱼的结局。接下来我们就介绍如何有效管理自己和他人的愤怒情绪。

（一）管理自己的愤怒情绪

处理愤怒情绪的第一步是认识到愤怒情绪可以转化为动力。如果可以有效控制愤怒情绪的发泄渠道，那么它非但不具有破坏作用，而且对提高工作绩效有所帮助。如果你原先预期自己能够获得晋升，而结果事与愿违，那么你可以把自己的愤怒情绪转化为工作动力，把所有的工作都做得尽善尽美，确保自己在下次机会来临之时做到万无一失。同时你还应该养成一种习惯，即在愤怒情绪积累到很高水平之前就把它发泄出来。当他人与你共进午餐并第一次使用手机时，就告诉他你不喜欢在用餐时被打扰。如果你一直憋着，那很可能到最后就会一把抓过别人的手机摔在地上。

当你要发泄愤怒情绪的时候，请稍微冷静一下（在发怒时从 1 数到 10 这个老办法依然有效）。这样做可以让你在发泄愤怒情绪的时候不至于破坏与他人的关系。如果你任由自己冲动，也许就会脱口而出："你是个愚蠢的傻瓜！"但稍微冷静一下，你就会改口说："也许你需要有关这个任务的一些培训。"

与冷静这种技巧紧密相关的另一项技巧就是三思而后行。当你感觉自己将要发怒的时候，马上对自己说："呀，我现在情绪很不稳定，在我说出什么让自己后悔的话，或者做出什么让自己遗憾的事情以前，最好先冷静一下。"为了弄清是否有效地控制了自己的愤怒情绪，就需要向身边的人征求反馈意见。可以问同事、朋友或者上司："在我表达负面意见的时候，语气是否太强烈了？"

（二）管理他人的愤怒情绪

专家还设计了许多技巧专门来应对他人的愤怒情绪。这些技巧包括积极干预（confront）、隔离保护（contain）、寻找冲突根源（connect）。积极干预是指在他人的愤怒情绪积累到具有破坏性以前，主动与其接触。这个技巧的目的不是与其争辩，而是帮助他释放部分愤怒情绪。隔离保护是指将愤怒的人带离他人的视线。在这一过程中，你要保持中立，不要卷进任何冲突中。你可以通过询问一些开放性的问题来找出冲突的根源，比如你可以问："你希望我们为你做些什么？"这个办法可以让一位愤怒的员工说出自己的心里话，原来他的一位女同事每天提早下班去幼儿园接孩子，这位员工因为个人原因也需要每周有一天提前下班，但是一直羞于启齿。他没有直说，而是一直把情绪憋在心里，直至积累到一定程度后要发作了。

实施这些技巧的一个要点是给愤怒的员工提供一个可以让他倾诉、释放情绪的地方。尼娜·梅尔丁是一位调解员，她说："员工需要一个安全的环境来发泄愤怒，这样他们才不会觉得自己被轻视，或者自己的工作受到威胁。"

技能培养练习可以提供一个练习管理情绪的技巧的机会。

学会管理愤怒情绪

当下次再碰到什么事情让你感到愤怒的时候，试着使用下面这些对于心理健康有益的句子提醒自己。这些语句都是提醒你要掌握自己的控制权，而不要任由愤怒情绪控制你。练习的时候，你可以先想象一下最近发生的一次让你感到愤怒的场景，然后说出下面这些话，看看有什么效果。

我应该控制自己，而不是让情绪控制我。

在处理问题之前，我先做几分钟深呼吸。

当你_____，我感觉_____。

我可以很好地处理现在的状况。

我还是先出去冷静几分钟比较好。

我现在很愤怒，所以要更加注意自己的言行。

（三）选择合适的管理愤怒情绪的技巧

个人应该如何选择合适的解决冲突和管理愤怒情绪的技巧呢？答案是，同时考虑自己的性格因素以及情境因素。就个人性格而言，应该挑选一个自己用起来比较顺心的方式。有些人也许会说："我喜欢给定最后期限的那一招，因为我喜欢控制情况。"另外一些人也许会说："我喜欢直接面对冲突对方，因为我比较外向，善于交际沟通。"还有些人会说："我现在还不想使用消除对方敌意的办法，因为我在这方面的技巧还不成熟。"

当然，解决方法还要适合冲突的外部环境因素，因此，评估冲突问题的严重性非常重要。一位女性也许会对自己说："我的老板竟然如此直接对我进行性骚扰，我最好马上向高层直接汇报。"评估对方的情况也能够帮助你选择有效的方法。如果对方足够灵活应变，就可以尝试互相妥协。如果对方情绪十分不稳定，就让他先冷静一下再来解决问题。

有效处理情绪的五种技巧

1. 发现自己真正的情绪

（1）探索自己曾有的各种情绪。

第一，在一个安全的空间内自言自语。找一个独处的时间，找一个安全的空间，大声把任何你感觉不加责备地说给自己听，添油加醋，把情感夸大，让它戏剧化到超出真实的感受。

第二，以艺术（如看电视、读书、看电影、欣赏音乐和绘画等）作为发泄的媒介。可以回想一下，是什么情节、什么歌曲让你潸然泪下？然后，你就能对引发自己情感的元素有越来越清楚的认识，能精确地指出是什么导致了自己的情绪，从而清楚情绪背后的意义。

第三，回到过去。探索过去的回忆可以更清楚自己独特的内在反应模式及情绪反应的原因。我们可以选定某一种情绪主题，自由联想童年相关的记忆，然后把所想到的任何事情，不作筛选地大声讲出来，用以澄清自己内在的感受。

（2）增加对外在、内在与中间领域的觉察。根据完形治疗学派的观点，自我觉察可以包括外在、内在与中间三个领域。觉察这三个领域可以帮助我们更清楚自己当时的感受，也可以帮助我们了解情绪的缘由。要增加觉察力，可从以下三个领域着手。

首先是觉察外在领域。所谓外在领域就是身体的知觉，就是通过我们的视觉、听觉、味觉、触觉、嗅觉等去观察外在环境，然后直接以"我觉察到……"的句子描述出来，不赋予任何的解释或解说。练习外在领域的觉察，有助于我们观察他人的状态，进一步将我们的觉察反映给对方，以有效解决问题。

其次是觉察内在领域。所谓内在领域就是自己的身体和情感所感受的事物，是自己内在的经验，是此刻身体内部某些特定部分的感受。练习时用我们的视觉、听觉、味觉、触觉、嗅觉等去觉察身体的各种感受。内在领域的觉察，对于了解我们自己的情绪相当重要，因为情绪通常连接着身体反应，若我们能敏锐地觉察到这些身体感受，就容易进一步觉察自己的情绪状态。

最后是觉察中间领域。中间领域不是来自感官信息，而是通过抽象化的过程来解释信息。中间领域为思考以及与其相关的一切，例如担心、判断、想象、计划、假设、分析等，这类描述常包括"我想……"、"我猜……"、"我认为……"、"我相信……"等。中间领域的活动不一定与现在有关，也可能与过去或未来有关，例如，我们想着未来或过去的事情，就是在中间领域活动。

（3）记录、整理每天的情绪，增加对自己情绪的认识与觉察。增加觉察力的另一种方法，可以从撰写个人的心情日记着手。写下自己的心情日记，在日记中具体地描述事件的发生、察觉自己的情绪、了解自己的想法，并与过去经验做一些联结，看看是否受到过去经验的影响。这样撰写一段时间以后，就可以看出自己情绪的变化情形，进一步了解情绪的周期及情绪变化的原因。

2. 了解引发情绪的原因

通常造成某种情绪的原因，主要来自于我们对事情的看法或想法。因此，当我们能洞悉究竟有哪些非理性想法在左右着我们的情绪时，就能根据这些想法加以应对。

非理性想法大致可以归纳为两种类型：一种是"夸大"；另一种是"不切实际的要求"。此外，有的心理学家曾提出对人们生活影响较大的七种主要的非理性信念，说明如下：

（1）一个人应该被周围所有的人喜欢和称赞；

（2）一个人必须无所不能，十全十美，才有价值；

（3）那些坏人，都应该受到严格的法律惩罚；

（4）事情不能如愿以偿时，那将是可怕的伤害；

（5）一切不幸都是由外在因素造成的，个人无法控制；

（6）面对困难和责任很不容易，倒不如逃避省事；

（7）过去的经验决定了现在，而且是永远无法改变的。

3. 缓和情绪的方法

（1）身心松弛法。身心松弛法是生理和心理彼此交互影响，使之同时达到松弛的效果。这种方法大致可以分为三类：

第一类是由身体至心理的放松方法。此类方法是先以身体或生理各部位的松弛作为练习时的目标，从而达到心理松弛的效果。具体方法包括"基本调节呼吸法"与"肌肉放松训练"等。

第二类是由心理至身体的放松方法。这类方法就是把达到心理的松弛作为目标，通过练习的过程，让身体产生放松的效果。这类方法包括"自律松弛法"及"意象松弛法"。

第三类是身心连锁的放松方法。这类方法是利用人的意念力来指示身体做出松弛的反应，如"意念调节体温法"。

（2）找人倾诉。在情绪不稳定的时候，找人谈一谈，具有缓和、抚慰、稳定的作用。因此，建立个人的支持网络，或者有好友可以听你倾诉，是很重要的。另外，在你需要的时候，可以找家人、亲戚，也可以寻求心理咨询专业人员的协助。

（3）转移注意力。转移注意力非常有利于改变情绪，将注意力从原来的负面情绪和思绪中转移到其他的事情上，如出去旅游、做家务、看电视电影、听音乐或从事体育运动等，都可以避免情绪继续恶化。

4. 转换情绪的方法

（1）改变想法，改变情绪。根据"理情治疗法"，改变想法可以改变情绪，具体可以按照以下三个步骤进行。

第一步要了解情绪结果受个人想法和信念的影响，造成我们产生某种情绪的并不是事件本身，而是我们对此事件的想法；第二步是了解和分辨理性与非理性想法，理性想法是健康的，非理性想法是不健康的；第三步是驳斥非理性的想法，形成更改的想法。

（2）从"内在冰山"着手。家庭治疗大师维吉尼亚·萨提尔（V. Satir）认为每个人的经验可以用一座冰山表示，冰山涵盖着不同的层面，包括行为、应对模式、感受、感受的感受、观点、期待、渴望，而最底层的就是自我价值。我们呈现出来的经常只是冰山的一角，因此，我们可以借对冰山的探索来了解自己，也可以借此做一些转化，使自己更完整一致。

当某件事情发生时，也牵动了我们的内在冰山。为了能够成为内外一致的自己，我们需要理清行为或应对模式之外的不同冰山层次，用经验情绪、扩大观点、调整期待或者满足渴望等方式，让自己不再卡在不良的应对模式中，而能借此接纳与转换情绪，得以更自在与真诚。

5. 做情绪的主人

首先，我们对于情绪的态度应该是允许并接纳其存在的。当我们去认识并允许自己去经验负面的情绪时，其实已经释放了一部分情绪。

其次，我们应该承担自己对情绪的责任。对自己的情绪负责，而不是采取无力、解释、伪装等方法逃避情绪的责任。

最后，一个人对于生活是否有幸福的感觉，并不在于他遇到负面情绪的多或寡，而在于他是否能有效地应对。

资料来源：沙莲香. 社会心理学. 北京：中国人民大学出版社，2007

相关链接二

如何疏导奥运圣火传递中的愤怒情绪

—— 危机公关要找对接口

作为新东方创始人之一的徐小平是处理危机公关的行家。也许是职业的缘故，嘶哑的嗓音和飞快的语速给我们留下了深刻的印象。细细品味其话语，却几乎句句经典。徐小平对于这一系列突发事件持积极乐观的态度。他说："有人反对奥运会，恰恰鼓励了我们办一场最好的奥运会。"他认为突发事件暴露的不仅仅是不和谐的因素，还暴露了我们自己的"熊猫心态"。这是一个很新鲜的名词，他解释说："我们生活在和平安宁的环境中，没有接触过太多公开媒体上公开的反对声音……一旦听到反对的声音，我们会感到惊讶，同时也感到受伤害。"他打了个比方，反华势力就是青春痘，我们要学会"在战斗中成长"。如何战斗呢？徐小平给我们支了些"实招"。

他认为在遭遇突发事件时，找到最佳的切入点是关键。对于现在国人"抵制家乐福"的举动，他认为没有对错，仅仅是个人选择。但是如果这种抵制被盲目扩大，只能使"我们得到的同情越来越少"。那么，如何让国人发出的声音准确地击中对方的"软肋"呢？徐小平认为，在讲求法制的西方社会，应该对袭击火炬手的肇事者诉诸刑法严惩；对于某些存在不实报道的西方媒体，他们的"软肋"就是它的诚信度，因为这是他们绝对要捍卫的面子；而卡弗蒂的辱华言论，我们则可以从"种族歧视"的角度切入。因为卡弗蒂触碰的是在美国极为敏感的种族问题，他违背了美国社会的一种文明共识。

资料来源：http://blog.Csina.com.cn/xugehui

本章思考题

1. 人际冲突的来源有哪些?
2. 人际冲突的类型有哪些?
3. 解决冲突的合作技巧是什么?
4. 如何引发良性人际冲突?
5. 如何理解人际冲突中的愤怒情绪管理?

第十章

社会保障与个人风险管理

> **本章重点**
> 1. 社会保险
> 2. 社会救济
> 3. 社会福利
> 4. 个人风险管理

　　劳动者在处理与自我发展、环境关系和他人关系的同时，还有一个重要的常常被人忽略的领域需要关注，这一被人遗忘的领域包括社会保障与个人风险管理、劳动保障与理财规划。中国社会保障给劳动者提供了最低的生活保障，帮助劳动者对生活中的不确定性因素进行风险规避。

　　中国社会保障由社会保险、社会救济和社会福利项目三部分组成。社会保险包括养老社会保险、失业保险、基本医疗保险、工伤保险和生育保险五部分。社会救济是政府在全社会范围内向生活遇到困难的人提供的救济，其内容主要包括城镇居民最低生活保障计划、下岗职工生活补贴计划、农村五保户救济、农村贫困户定期定量救济、灾民救济。在社会保障的基础之上，个人和家庭应该有风险管理意识，明确风险管理目标，即以最小成本获得尽可能大的安全保障。

第一节　社会保险

　　所谓社会保险，是指政府按照保险的原则和方式举办的一种社会保障计划。这里的"保险"一词是指能够给个人提供风险防范的一种制度安排，这种制度安排建立在两个学术基础之上，即大数法则和交易收益。大数法则，是指当个人面临某种不确定性时，整个社会却面临着大致的确定性。例如，对于某一个老年人来说，其退休后的余年长短是不确定的，但是对于社会上的全部退休者来说，他们退休后的平均余年则可以大致确定。这样，人们就可以根据退休者的平均余年来设计养老保险计划，并向每个受保人提供通过共担风险（长寿风险）来取得交易收益的可能性。这里的交易收益是指人们通过缴费进行收入统筹，从中取得的未来收入的确定性。商业保险就是利用上述保险原理向人们提供风险防范的，政府的社会保险也是如此。所以，社会保险与政府其他社会保障计划的一个显著特征就是它需要受保人或其雇主缴纳一定的费用。我国现行的社会保险制度主要包括以下内容。

一、养老社会保险

现行养老社会保险（又称基本养老保险）制度是根据国务院 1997 年颁布的《关于建立统一的企业职工基本养老保险制度的决定》建立起来的。

（一）保险覆盖范围

养老社会保险的覆盖范围包括城镇各类所有制企业，即城镇的国有企业、集体企业、私营企业、股份制企业、外商投资企业的职工以及城镇个体工商户的帮工，都必须参加养老社会保险。城镇个体工商户本人、私营企业主、自由职业者也可以参加社会养老保险。据统计，到 2003 年底，全国已经有10 333 万职工（含实行企业化管理的事业单位的职工）参加了养老社会保险。

（二）保险费用筹集

养老社会保险费用主要由企业和职工个人缴费负担，财政负责弥补养老社会保险计划的赤字。企业要按照本地区（省、自治区、直辖市）政府规定的企业缴费比例向社会保险机构缴纳保险费。企业缴费的比例一般不得超过企业工资总额的 20%，确需超过 20% 的，须报劳动部、财政部审批；个人养老保险的缴费比例 1997 年不得低于本人缴费工资的 4%，从 1998 年起每两年提高 1 个百分点，最终达到本人缴费工资的 8%。目前，全国企业的平均缴费率为 19%，但有些地区（如上海、辽宁、黑龙江）企业的缴费率已经达到23%，吉林省则高达 24%。2003 年，全国养老社会保险缴费收入为 26 亿元。不过，目前大多数地区的养老社会保险计划已出现收不抵支的问题，为了确保这些地区养老金能按时足额发放，中央财政给予了大量的资金支持，仅2003 年一年中央财政就向各地养老保险计划提供了 474 亿元的补贴。

（三）运行模式

养老保险实行社会统筹与个人账户相结合的运行方式。各地要按职工个

人缴费工资 11% 的数额为职工建立基本养老保险个人账户，个人缴费全部计入个人账户，其余部分从企业缴费中划入。随着个人缴费比例的提高，企业缴费划入个入账户的比例应逐步减小，当个人缴费比例提高到 8% 的最高限额时，企业缴费划入个人账户的比例应降低到 3%。企业缴费除去划入个人账户的部分以外，其余部分进入社会统筹基金，用于向已经退休的职工发放各种退休费用。个人账户的存储额每年参考银行同期存款利率计算利息；这部分存储额只能用于职工养老，不得提前支取。职工调动时，个人账户里的存储额全部随同转移；职工或退休人员死亡，个人账户中的个人缴费部分可以继承。

（四）养老金待遇

新的养老保险制度实施以后参加工作的职工，如果个人缴费年限满 15 年，在退休后可按月领取基本养老金。基本养老金由基础养老金和个人账户养老金两部分组成。退休后基础养老金的月标准为省、自治区、直辖市或地（市）上年度职工月平均工资的 20%；个人账户养老金的月标准按本人退休时个人账户存储额除以 120 的方法确定。个人缴费年限不满 15 年的，退休后不能享受基础养老金，其个人账户中的存储额一次性地支付给本人。新的养老保险制度实施前已经退休的职工，仍按国家原来的规定发放养老金，同时执行养老金的调整办法。而对于在新的养老保险制度实施前参加工作、实施后退休而且个人缴费和视同缴费年限累计满 15 年的退休人员，则要按照"新老办法平稳衔接、待遇水平基本平衡"的原则，在发放基础养老金和个人账户养老金的同时，还要发放一定的过渡性养老金。据统计，到 2003 年底，全国领取养老金的退休职工已达到 3 430 万人，支出 2 740 多亿元。

（五）养老保险基金管理

按照国务院的要求，养老保险的统筹应逐步由县、市级统筹向省级统筹过渡，以便提高统筹的层次，进一步发挥互助互济、风险分担的保险功能，同时这也有利于国家对社会保险的宏观调控。目前，做到省级统筹的主要有北京、上海、天津、福建和陕西等少数地区，但大多数地区在县、市级统筹的基础上建立了省级资金调剂机制。

在资金管理上，养老保险基金实行收支两条线管理，即养老保险计划的缴费收入要纳入财政专户存储；支出要专款专用，并要经过严格的审批程序。养老保险基金的结余除预留相当于两个月的养老金开支外，其余全部要购买国家债券或存入专户，不能用于其他盈利性投资。据统计，到 2003 年底，全国各地累计结余的养老保险基金达 2 051 亿元。

二、失业保险

我国从 1986 年开始率先在国有企业的职工中实施失业保险（当时称待业保险）。1999 年 1 月，国务院正式颁布了《失业保险条例》，将失业保险的实施范围进一步扩大，从而建立了现行的失业保险制度。

（一）失业保险覆盖范围

根据《失业保险条例》的规定，城镇企业和事业单位均应参加失业保险计划。这里的城镇企业包括国有企业、城镇集体企业、外商投资企业、城镇私营企业以及其他城镇企业。据统计，到 2003 年底，我国参加失业保险的职工已达 10 373 万人。

（二）保险费用筹集

按照规定，城镇企业、事业单位要按照本单位工资总额的 2% 缴纳失业保险费；职工个人要按照本人工资的 1% 缴纳失业保险费，但城镇企业、事业单位招用的农民合同制工人本人不缴纳失业保险费。2003 年，全国失业保险缴费收入为 249 亿元，支出 200 亿元，期末累计结余为 304 亿元。

（三）失业保险金的发放

失业保险金应按照低于当地最低工资标准、高于城市居民最低生活保障标准的水平发放，具体标准由省、自治区、直辖市政府确定。2002 年，失业保险金的全国平均水平为每月 195 元，但地区之间差异很大，如广州每月高达 395 元，兰州和西宁仅为 180 元。失业保险金的发放时限与职工单位和本人的缴费时限相关联。按照规定，失业人员失业前所在单位和本人累计缴费时间不足 1 年的，不能领取失业保险金；累计缴费时间满 1 年不足 5 年的，领取失业保险金的最长期限为 12 个月；累计缴费时间满 5 年不足 10 年的，领取失业保险金的期限最长为 18 个月；累计缴费时间达 10 年以上的，领取失业保险金的最长期限为 24 个月。单位招用的农民合同制工人连续工作满 1 年而且本单位已经为其缴纳失业保险费的，其劳动合同期满未续订或者提前解除劳动合同的，由社会保险机构根据工龄的长短一次性支付生活补助。另外，失业人员在领取失业保险金期间患病就医的，可以按规定向社会保险机构申请领取医疗补助金。

三、基本医疗保险

1998 年 12 月，国务院下发《关于建立城镇职工基本医疗保险制度的决

定》，从而创建了我国现行的医疗社会保险制度。

（一）医疗保险覆盖范围

城镇所有用人单位，包括各种所有制企业、机关、事业单位、社会团体、民办非企业单位等都要为职工投保医疗保险，称为基本医疗保险；乡镇企业、城镇个体户是否需要为职工投保基本医疗保险，由当地省级政府决定。到2003年底，全国已经有1亿多人参加了基本医疗保险。

（二）保险费用筹集

按照规定，基本医疗保险费要由用人单位和职工共同缴纳：用人单位的缴费率应控制在职工工资总额的6%左右，职工个人（一般不含退休职工）的缴费率一般为本人工资收入的2%。从实际情况看，目前一些地区的单位缴费率已经远远超过了6%，如上海为12%，云南、青海、海南的海口为10%，北京、苏州和镇江为9%，但也有一些地区的缴费率低于4%。2003年，全国基本医疗保险基金收入为870亿元，支出636亿元，期末累计结余681亿元。

（三）运行模式

目前，我国的基本医疗保险也实行社会统筹与个人账户相结合的运行模式。基本医疗保险基金由统筹基金和个人账户两部分构成：职工个人缴纳的基本医疗保险费全部计入个人账户；用人单位缴纳的基本医疗保险费一部分用于建立统筹基金，一部分划入个人账户，划入个人账户的比例一般为用人单位缴费的30%左右，具体比例由统筹地区根据个人账户的支付范围和职工年龄等因素确定。统筹基金和个人账户分别有各自的支付范围，并分别核算。

四、工伤保险

2003年4月1日国务院讨论通过《工伤保险条例》，该条例从2004年7月1日起施行。在此之前，一些地区也试行了工伤保险制度。到2003年底，全国参加工伤保险计划的人数已达4 000多万人。

五、生育保险

1994年12月劳动部颁发《企业职工生育保险试行办法》，该办法从1995年1月1日起执行。

第二节　社会救济与社会福利

用金钱或物资帮助生活上遇到困难的人称为救济，而政府在全社会范围内向生活遇到困难的人提供的救济称为社会救济，它是政府社会保障计划的一种类型。社会福利的资金大部分来源于国家预算拨款。

一、社会救济

社会救济型的社会保障计划有两个特点：一是受保人不用缴纳任何费用，保障计划完全由政府从一般政府预算中筹资；二是受保人享受津贴要经过家庭收入及财产调查，只有经济条件较差的受保人才有资格享受政府的救济金。在我国，社会救济主要由民政部门进行管理，其内容主要包括：

（一）城镇居民最低生活保障计划

这是地方政府实施的确保城镇居民基本生活的救济计划，即当一个家庭人均收入达不到当地规定的"低保线"时，当地政府要对该家庭进行补贴，使其人均收入达到当地的"低保线"，计划所需的资金全部为各级财政的拨款。据统计，2003年中央财政对"低保"的补贴为92亿元。至2003年底，全国的低保对象约为2 247万人，较上年增加了193万人，占非农人口的6.8%，其中90%为下岗或失业职工的家庭；平均"低保线"为每月190元，人均每月领取"低保"金额为61元。但各地的"低保线"差距较大，如广州为300元，上海、北京为290元，南昌为143元。

（二）下岗职工生活补贴计划

1998—2003年，国有企业累计有2 818万人下岗，为了稳定社会并保障下岗职工的基本生活，国家从1998年开始在全国推行国有企业下岗职工生活补贴计划，即进入再就业服务中心的下岗职工每人每月可以领取一定的生活补贴（2003年每人月均203元），作为其基本生活费，领取的最长期限一般为3年。该计划的资金来源从制度上说是由企业、政府和社会（失业保险计划）各负担1/3，实际上基本由各级政府和当地的失业保险计划出资解决。执行结果是：各级财政出资60%，社会30%，企业10%。1999—2001年，全国进入再就业服务中心的国有企业下岗职工每年有600多万人。从2001年开始，国家计划逐步取消下岗制度，实现下岗职工生活补贴计划和失业保险计划的"并轨"，到2003年底，滞留在下岗职工再就业服务中心的职工已经减

少到 195 万。目前，北京、天津、辽宁等 10 多个地区已经完成了"并轨"工作。

（三）农村"五保户"救济

农村"五保户"救济是指地方政府对农村中一部分"五保户"（即享受保吃、保穿、保住、保医、保葬的孤寡老人、残疾人）的分散供养提供的定期定量资助。现行政策的依据是国务院 1994 年 1 月颁发的《农村五保户供养工作条例》，具体做法由各省规定。到 2003 年底，全国已保人数为 254.5 万人，占应保人数的 44.6%，其中集中供养的"五保户"占 20%。

（四）农村贫困户定期定量救济

农村贫困户定期定量救济是指地方政府向农村的特困户和部分贫困户提供的定期定量补助。

（五）灾民救济

灾民救济是指政府向遭受严重自然灾害而遇到生活困难的城乡居民提供的必要资助。

二、社会福利项目

作为我国社会保障计划的社会福利项目，主要是指民政部门提供的对盲聋哑和鳏寡孤独的社会成员给予各种物质帮助的计划，如社会福利院（孤儿院、敬老院、精神病福利院等）、烈属和残废军人抚恤金以及孤老复员军人定期定量补助等。其资金大部分来源于国家预算拨款。

第三节　个人风险管理

自改革开放以来，我国的国民经济持续增长了 30 年。当越来越多的人在满足基本生活之外有了财富之后，当人们过惯了计划经济生活，开始自己买房、自己负担子女的教育费用、自己承担部分医疗费用，需要自己安排自己一生的时候，当人们面对急剧变化的社会、快速发展的经济，从而产生对整个人生周期的不确定性，甚至恐慌时，个人风险管理这一名词就走入我们的生活。本节主要介绍个人风险管理的目标，分析个人或家庭主要面临的风险。

一、风险管理

（一）风险管理的定义

经济单位当事人通过对风险进行识别和度量，采用合理的经济和技术手段，主动地、有目的地、有计划地对风险加以处理，以尽量小的成本去争取最大的安全保障和经济利益的行为成为风险管理。

（二）风险管理的需求

对于个人而言，进行风险管理主要是出于安全需要和经济补偿需要。

首先是安全需要。根据心理学家马斯洛的需要层次理论，在生理需要得到满足之后，大部分人更注重安全需要、爱的需要和尊重的需要。通过风险管理提供了安全需要的两个含义：一是可以得到经济补偿；二是经过风险管理之后，人们满足了相应的心理安全需要。

其次是经济需要。任意意外损失成本涉及直接损失和间接损失，这对遭遇损失方来说，是一项很大的财务负担，而且不确定性本身的存在会引起一系列的成本问题。为降低成本，需从客观上产生风险管理的需求，并借此获得经济上补偿的可行安排。

（三）个人风险管理目标

个人和家庭风险管理目标是满足个人和家庭的效用最大化，即以较小成本获得尽可能大的安全保障。根据调查显示，无风险管理或财务规划的家庭，遭遇意外及其他事件造成的财产损失可达家庭财产总额的20%以上，最高可达100%，即所有财产损失殆尽。个人风险管理活动必须有利于增加个人和家庭的价值和保障，必须在风险与收益之间进行权衡。个人和家庭的风险管理目标可以分为损前目标和损后目标。

1. 损前目标

风险管理损前目标主要包括以下三个目标：

（1）经济合理目标。指在损失发生前，风险管理者应比较各种风险处理工具、各种安全计划以及各种防损技术，并进行全面细致的财务分析，谋求最经济、最合理的方式，实现以最小成本获得最大安全保障的目标。为此，风险管理者应注意各种收益与支出分析，严格核算成本和费用开支，尽可能选择费用低、代价小而又能保证风险处理效果的方案与措施。

（2）家庭责任目标。个人一旦遭受风险损失，不可避免地会影响到与之有关联的其他个人、家庭，乃至整个社会。因此，个人必须认真实施风险管

理，尽可能避免或减少风险损失，使家庭免受其害。另外，个人在家庭中承担一定的家庭形象是开展风险管理活动的又一个重要目标。

（3）心理减压目标。风险的存在与发生，不仅会引起各种财产的损毁和人身的伤亡，而且会给人们带来种种的忧虑和恐惧。比如，家庭主要收入来源的主劳动力，会担心自己失去劳动力之后给家庭带来风险，因此就可能会在生活中表现得过于谨慎。因而在损前应采取各种方法使对所有损失风险的担心和忧虑最小化，使个人和家庭都能保持平和的精神状态。

2. 损后目标

风险管理的损后目标也包括三个方面：

（1）减少风险的危害。损失一旦出现，风险管理者应该及时采取有效措施予以抢救和补救，防止损失的扩大和蔓延，将已出现的损失后果降到最低限度。

（2）提供损失的补偿。风险造成的损失事故发生后，风险管理的目标应该能够及时地向个人、家庭提供经济补偿，以维持家庭的生活秩序，而不使其遭受灭顶之灾是风险管理的重要目标。

（3）防止家庭的破裂。风险事故的发生可能直接导致个人严重的人身伤亡，对于一个完美的家庭可能会造成不可挽回的损失。因此，风险管理的目标应该在最大限度内保持家庭关系的连续性，维持家庭的稳定，防止家庭的破裂和崩溃。

二、风险分析

个人和家庭面临不同的风险，其中包括人身风险和财产风险。

（一）人身风险分析

个人和家庭的人身损失风险主要表现在两方面：一是收入的终止或减少。在一个家庭中，收入来源者的生命价值相对较高，其死亡、残疾、疾病、失业（下岗）和退休都将导致家庭收入的终止或减少，从而对家庭生活造成重大的经济影响，这是主要的家庭人身损失风险。二是额外费用的增加。任一家庭成员都可能会为死亡而付丧葬费用，因为生病、受伤、残疾而生出医疗、护理等额外的费用。以下分别对死亡、退休、健康、失业等人身损失进行具体分析。具体分析有助于提前做好家庭经济财产保障工作，另外，可以在心理上对生活中的不确定因素有所准备，预防突发事件的出现给家庭成员心理上带来极度的伤害。

1. 死亡损失风险

家庭成员死亡，对家庭产生的经济影响取决于该成员所提供的家庭收入或服务的多少，常用的损失衡量方法包括生命价值法和家庭需求法两种。

（1）生命价值法。生命价值法以生命价值理论为基础，计算人的生命价值，并作为死亡损失的估计值。

（2）家庭需求法。这是从另一个角度来分析死亡损失。家庭的主要收入来源者死亡后，家庭为恢复或维持原有的经济生活水准，会产生两项基本财务需求，一是为了弥补死者给家庭造成的收入损失，二是为了弥补死者生前为家庭提供的家务劳动损失。这些损失构成该家庭成员的死亡损失，家庭需求法首先分析家庭的财务总需求，扣除可以用其他收入或资产满足的财务需求后，才得到家庭财务净需求。

2. 退休后的风险

人的衰老是自然规律，在所难免。个人达到国家规定的退休年龄后，就可以退休或者必须辞去工作，安度晚年生活。此外，有些人还可能提前退休。一般来说，退休意味着收入能力的终止，其生命的经济价值已经非常有限，即死亡损失已经很小；同时，退休后的财务需求也将明显下降，比如，子女经济独立后不再需要父母提供教育经费，住房抵押贷款已经还清等，但退休以后仍可能发生严重的财务风险，主要原因是死亡时间的不确定。如果实际寿命远远高于预期寿命，则可能会因工作期间积累的退休资金不足，而无法满足退休后个人和家庭的生活需要。随着科技的进步，生活的改善，人类的寿命期望不断提高。另外，老年人所需要的社会服务成本也在不断提高。这就更加要求人们有效地做出预先的计划和安排。

3. 健康损失风险

健康损失风险包括疾病和残疾风险，它们对人和家庭产生的经济影响主要表现在收入损失风险和医疗费用风险两个方面。收入损失风险是指疾病或残疾使个人失去收入能力，即丧失生命的经济价值；医疗费用风险是指个人遭遇疾病或身体伤害可能给家庭带来巨额医疗费用以及其他附加费用，如长期护理费用。

4. 失业损失风险

家庭主要收入者失业意味着收入能力的终止或暂时终止，这会影响家庭的经济安全，但其影响程度低于疾病和残疾，因为失业不会出现高额的医疗费用，而且可以通过继续教育、职业培训等手段实现再就业。通常，社会保险为失业提供了一定的收入保障，可以缓解失业期间的财务困难，并有助于

再就业。

(二) 财产损失风险

个人和家庭都拥有或使用一定的财产，当这些财产被损坏或损毁时，就会遭受一定的财产损失。当发生财产损失时，个人或家庭可能面临财产的损失，而这些财产是可以修复或者重置的，也可能暂时或永久性丧失某些财产的使用权。

1. 家庭财产

家庭财产通常可分为不动产和个人财产两大类。不动产主要包括土地及其附属物，如房屋、树木等，其他财产都属于个人财产。

2. 家庭财产损失的原因

不论是不动产还是有形的个人财产均面临多种风险事故，并因此可能遭受损失。常见的风险事故包括火灾、水灾、暴风雨、地震、盗窃、碰撞、恶意破坏等。火灾、水灾、地震是导致建筑物损失的常见原因，盗窃是导致有形个人财产（如金钱、珠宝、汽车等）损失的常见原因。

3. 财产损失的后果

家庭财产面临着多种风险，这些风险可能导致的损失后果虽多种多样，但不外乎财产价值的直接损失和丧失财产使用权的相关损失两大类。

相关链接一

关于调整基本养老保险个人缴费比例的通知

劳社部发〔2003〕6号

各省、自治区、直辖市劳动和社会保障厅（局）：

《国务院关于建立统一的企业职工基本养老保险制度的决定》（国发〔1997〕26号）规定：个人缴纳基本养老保险费的比例，1997年不得低于本人缴费工资的4%，1998年起每两年提高1个百分点，有条件的地区和工资增长较快的年份，个人缴费比例提高的速度应适当加快。

近几年，职工平均工资增长较快，许多地区基本养老保险个人缴费比例已达到8%。为进一步规范企业职工基本养老保险制度，目前个人缴费率尚未全部达到8%的地区，劳动保障部门应尽快研究提出调整方案，报省级政府审定后组织实施。

调整企业职工个人缴纳基本养老保险费比例，关系到职工切身利益，各地劳动保障部门要高度重视，做好职工思想工作，保证这项工作顺利到位，维护社会稳定。

劳动保障部

二○○三年三月十一日

广州各区人员失业保险金提至每月688元

【本文摘要】据了解，调整失业保险金、医疗补助金标准，一般是在执行新的最低工资标准的基础上进行调整的。按照《广东省失业保险条例》的要求，各地市失业保险金待遇将以当地最低工资标准的80%折算，而失业人员医疗补助金标准将以最低工资标准的10%折算。比如去年，广州市最低工资标准为每月780元，其失业保险金和医疗补助金分别为每月624元和78元。

昨日，记者从广州市劳动保障局获悉，该局向各区、县级市劳动和社会保障局，各级社会保险经办机构下发通知，将市内（不含花都、番禺，从化、增城）各区人员的失业保险金由624元提升至688元。而根据这一数据反推，广州市的最低工资标准将由目前的780元提升至860元。

新调整方案今年1月起执行

据了解，调整失业保险金、医疗补助金标准，一般是在执行新的最低工资标准的基础上进行调整。按照《广东省失业保险条例》的要求，各地市失业保险金待遇将以当地最低工资标准的80%折算，而失业人员医疗补助金标准将以最低工资标准的10%折算。比如去年，广州市最低工资标准为每月780元，其失业保险金和医疗补助金分别为每月624元和78元。

本次调整确实是在最低工资标准仍未进行调整的情况下进行的，而其提升幅度达到了每月688元，医疗补助金标准则调整为每月86元，比之前分别提高了64元和8元。调整后的标准从今年1月1日起执行。

最低工资或将提至860元

根据通知显示，本次调整的依据是根据《广东省失业保险条例》和省劳动保障厅《关于调整失业保险金标准的紧急通知》的规定。但根据这一数据进行反推，广州市的最低工资可能将提升至860元。

失业者享受待遇条件不变

此外，据记者了解，虽然此次调整后失业保险的待遇提高了不少，但失业人员享受待遇的条件并没有因此而改变。能否领取失业保险金，失业保险金能领取多久，仍将视失业人员参加失业保险的缴费年限来核定。即缴费年限为1~4年的，每满1年，失业人员领取保险金的期限为1个月，超过4年的每满半年增加限期1个月，每次领取期限最长为24个月。

资料来源：王道斌. 广州各区人员失业保险金提至每月688元. 信息时报，2008－02－14

相关链接三

上海调高失业保险金标准　最高每月 550 元

东方网　记者杜丽华、刘华宾、刘歆 3 月 25 日报道：上海市政府今天召开新闻发布会，据市劳动和社会保障局副局长鲍淡如介绍，从今年 4 月 1 日起，上海将调整失业保险金标准，最高为 550 元/月，最低为 410 元/月。

鲍淡如介绍说，对失业保险金第 1—12 月的发放标准在原来的基础上增加约 70 元，第 13—24 个月的失业保险金标准根据国家和本市的有关规定按第 1—12 个月的失业保险金标准的 80% 确定，延长领取失业保险金的标准按照第 13—24 个月标准的 80% 确定。失业保险金的托底标准按照高于本市城镇"低保"标准 10 元左右的原则确定。

资料来源：杜丽华，刘华宾，刘歆. 上海调高失业保险金标准. 东方网，2008 - 03 - 25

本章思考题

1. 我国现行的社会保险制度主要有哪些？
2. 社会救济型的社会保障计划的特点有哪些？
3. 个人风险管理有哪些损前目标和损后目标？
4. 制定个人风险管理损前目标的心理健康意义是什么？
5. 简述个人风险分析的种类及其对家庭稳定的作用。

第十一章
个人劳动保障与理财规则

本章重点

1. 保险规划
2. 居住规划
3. 退休规划

随着国民收入的增加，人民生活水平的提高，逐渐富裕起来的中国人不但注重社会保障，更加重视人身、资产、财产的安全和保障。目前国内已经进入财富管理的时代。俗话说："你不理财，财不理你。"劳动者个人需要学会重视长期理财规划。从发达国家的实践来看，理财规划内容主要包括证券投资规划、不动产投资规划、教育投资规划、保险规划、退休规划、税务筹划、遗产规划等。

第一节　保险规划

"天有不测风云，人有旦夕祸福"，人的一生难免会碰到一些意想不到的风险。所谓风险，是指在特定时间、特定的客观情况下，某种收益或损失的不确定性。

一、个人风险管理与保险品种

（一）个人风险管理

按照有无赢利的可能性，风险通常分为投机风险和纯粹风险。投机风险导致的结果有三种情况：遭受损失、没有损失和获得收益。投资股票、赌博

都是投机风险的好例子。而纯粹风险不可能产生获利的可能性，它只可能带来两种结果：遭受损失和无损失。例如劳动者购买汽车后，汽车面临要么完好无损，要么遭遇毁损的可能，这种风险的发生不可能给劳动者带来任何收益。纯粹风险导致的可能损失不仅对个体而言是一种损失，对整个社会而言也是一种损失。投机风险的可能损失对个体而言是一种损失，对社会整体而言，一般不带来真正的损失，如赌博，只是财富从一人手中转移到另一人手中，对双方构成的整体没有实际损失。纯粹风险和投机风险的区别在于：前者总是不幸的，事故发生可能带来损失，故为人们所畏惧和厌恶；后者由于有可能获利，具有诱惑力，故有些人为了获利，甘愿冒这种风险。只有纯粹风险才是保险公司承担的可保风险。个人面临的纯粹风险通常可以分为人身风险、财产风险和责任风险三种，劳动者要十分清楚个人面临的纯粹风险，做好防范工作。

（二）个人风险管理技术

识别个人面临的种种风险后，便可以系统地考虑如何管理风险，让个人及家庭尽可能获得较大的安全保障。个人风险管理技术包括非保险方法和保险方法两种。

1. 非保险方法

非保险方法有风险规避、损失控制、风险自留、风险隔离和风险转移五种。

2. 保险方法

保险是集合同类风险，聚资建立基金，对特定风险的后果提供经济保障的一种财务转移机制。个人或家庭在面临风险的时候，可以向保险公司交纳一定的保险费，将风险转移给保险公司，一旦预期风险发生并造成了损失，保险公司必须在合同规定的责任范围内进行经济赔偿。针对个人或家庭的保险保障，主要来自三个层面：

（1）社会保险计划。

社会保险计划是最基本的保障，通常为个人因早逝、疾病、伤残、退休、失业等特殊事件而发生的经济损失提供基本保障。社会保险的覆盖范围比较广。我国的社会保险包括养老保险、医疗保险、失业保险、工伤保险和生育保险五大险种。

（2）团体福利计划。

企业或工作单位因就业关系以团体形式为员工提供不同的福利保障，通常包括团体寿险计划、团体健康保险和退休计划，为个人及家庭经济安全提供必要的补充。

（3）个人保险。

社会保障计划、团体福利计划提供的保险保障往往不能满足个人及家庭的安全保障需求，个人或家庭还需要直接参加保险。个人保险允许个人自主地选择保险公司、保险产品和保险金额，保险在所有理财工具中最具有防御性。在未来发生风险、不能继续创造收入的情况下，它是众多风险管理工具中唯一可以立即创造钱财的工具，因此，通过保险来转移风险是最常用的风险管理方式。

（三）保险品种

1. 人寿保险

人寿保险是以人的生命为保险标的，以被保险人的生存或死亡为保险事故。当保险事故发生时，保险人对被保险人履行给付保险金责任。人寿保险在为被保险人提供风险保障的同时，兼有储蓄功能。由于保单具有储蓄性，投保人可以用保单作为抵押品取得贷款等，在中途退保时可以得到退保金。

人寿保险通常可以分为生存保险、死亡保险、两全保险、年金保险，同时也出现了很多创新品种。

2. 意外伤害险

意外伤害险是指被保险人因意外所发生的身故或残疾而给付保险金条件的一种人身保险。意外伤害险的保障项目主要包括死亡给付和残疾给付。前者是指被保险人因遭受意外伤害造成死亡时，保险人给付死亡保险金；后者是指被保险人因遭受意外伤害造成残疾时，保险人给付残疾保险金。意外伤害险的保险责任只包括被保险人由于外来的、非本意的、突发的、非疾病的原因导致的身体伤害或生命丧失而进行的赔付。意外伤害险属于定额给付保险，当保险责任成立时，保险人按保险合同中约定的保险金额给付死亡保险金或残疾保险金。意外伤害险属于短期保险，保险期限一般不超过 1 年。

3. 个人健康保险

健康保险是以人的身体为保险标的，在保险期限内因疾病、生育或意外事故导致发生费用或收入损失时，保险公司予以补偿的人身保险。在健康保险中，保险人支付的保险金不是对被保险人的声明或身体伤害进行补偿，而是对被保险人因为疾病医治所发生的医疗费用支出和由此而引起的其他费用损失进行补偿；同时，保险人拥有代位追偿权，即保险人已经支付了医疗保险金，而事故责任应由第三方承担时，被保险人应将对第三方的追偿权转移给保险人。健康保险可以分为医疗保险、残疾收入保险和长期护理保险。

（1）医疗保险。

医疗保险是提供医疗费用保障的保险。医疗费用包括医疗费、手术费、住院费、护理费、医院杂费、药费、检查费等。医疗保险一般规定一个最高的保险金额，保险人在此保险金额限度内支付被保险人所发生的费用超过此限额，则保险人停止支付。

常见的医疗保险有五种：

①普通医疗保险：给被保险人提供治疗疾病时相关的一般性医疗费用，包括门诊费、医疗费、检查费等。保费成本低，适合一般社会公众。

②住院保险：住院费用往往较高，因此常作为单独保险。住院费用包括床位费、住院期间的医生费用、手术费、医药费等。保单一般规定保险人只负责所有费用的一定百分比。

③手术保险：为被保险人在患病治疗过程中进行必要的外科手术而发生的医疗费用提供保障，可以单独投保，也可以作为住院费用保险的附加险种。

④综合医疗保险：保险人为被保险人提供的一种全面医疗费用保险，其费用范围包括医疗、住院、手术等一切费用。综合医疗保险的保费较高。

⑤重大疾病保险：疾病保险是以疾病为给付条件的保险，当被保险人罹患合同约定的疾病时，保险公司按投保金额一次性给付保险金，而不考虑被保险人医疗费用的支出数额。我国目前重大疾病费用如表 11 - 1 所示。

表 11 - 1　我国目前重大疾病费用

疾病种类	发病率	医疗费用	备注
心肌梗死	男 215.63/10 万人 女 151.07/10 万人	3 ~ 6 万元	男高于女，城市高于农村
脑中风	年发病率 230/10 万人	2 ~ 7 万元	我国高发
慢性肾衰竭	年发病率 98 ~ 198/10 万人	20 ~ 30 万元	透析者 15.3/ 百万
恶性肿瘤	男 129.3 ~ 305.4/10 万人 女 39.5 ~ 248.7/10 万人	5 ~ 50 万元	
急性重症肝炎	66.5/10 万人	5 ~ 11 万元	
严重脑损伤	2 ~ 5/10 万人	5 ~ 9 万元	
良性肿瘤	2 ~ 10/10 万人	2 ~ 10 万元	20 ~ 40 岁发病率最高
多发性硬化症	0.1 ~ 0.3/10 万人	3 ~ 9 万元	21 ~ 40 岁高发

（续上表）

疾病种类	发病率	医疗费用	备注
重症肌无力	0.5～5/10 万人	3～10 万元	10～35 岁高发
再生障碍性贫血	年发病率 0.74 /10 万人	10～40 万元	慢性 0.6/10 万人 急性 0.14/10 万人

（2）残疾收入保险。

残疾收入保险是一种对于因疾病或意外伤害事故所导致的经济损失给予补偿的保险。保单给予明确的残疾定义及不同残疾程度对应的给付比例。残疾收入补偿保险一般分两种：一种是补偿因伤害而导致残废的收入损失；另一种是补偿因疾病而导致残废的收入损失。

（3）长期护理保险。

该保险为那些因年老、重病或伤残影响需要在家中或在设施齐全的疗养院长期护理的被保险人提供医疗或其他服务费用给付。长期护理保险能够提供从专业护理到日常护理等多项服务的保障，有效防范长寿带来的老年财务风险和健康风险。

4. 财产保险

财产保险是以物质财产及其相关利益和责任作为保险标的的保险。个人或家庭拥有的财产和承担的民事责任时刻面临着各种风险，风险一旦发生，将带来很大的财务影响。一般来说，个人或家庭所拥有的财产越多，其面临的财务风险越大。财产保险包括房屋保险、家财保险和机动车辆保险等。

（1）房屋保险。

在房屋的生产、流通和消费过程中，风险事故可能给房屋造成损失，给房屋所有者带来经济、生活上的困难。对于住房来说，其风险主要有火灾、水灾、台风、地震等；而抵押贷款房屋的风险主要涉及还贷风险。

（2）家财保险。

家财保险是一种针对因火灾、爆炸等一系列自然灾害和意外事故造成的家庭财产的损失以及合理抢救、施救费用而提供合理经济补偿的保险。

（3）机动车辆保险。

机动车辆保险是以机动车辆本身及其第三者责任等为保险标的的一种运输工具保险。机动车辆一般指汽车、电车、摩托车、专用机械车和特种车辆等。

5. 责任保险

责任保险是以被保险人的民事赔偿责任为标的的保险。凡是依据法律规定，被保险人因疏忽或过失造成他人人身伤害或财产损失应负的经济赔偿责任，由保险人代为赔偿。

二、保险规划实务

(一) 保险规划的原则

保险规划是个人理财的一部分，它主要在个人保险领域，通过定量分析劳动者保险需求的额度，帮助劳动者选择合适的保险品种、期限及保险金额，以避免风险发生时给个人及其家庭生活带来冲击，从而提高生活质量。进行保险规划时，应遵循以下两个原则：

1. 转移风险原则

劳动者购买保险的目的是为了转移风险，在发生保险事故时可以从保险公司获得经济补偿。因此，金融理财师在进行保险规划时必须全面、系统地分析劳动者及其家庭所面临的各种风险，明确哪些风险可以采用自留、损失控制等非保险方法进行管理，哪些风险必须采用保险方法转嫁给保险公司。

2. 量力而行原则

保险是一种经济行为，只有投保人先付出一定保费，才能获得相应的保险保障。投保的险种越多，保障金额越高，保险期限越长，所需要的保费就越多。因此，保险规划应该在个人或家庭财务规划的基础上进行，充分考虑个人或家庭的经济实力，量力而行。

(二) 生涯阶段保险需求分析

保险规划的前四个流程归结起来，都属于保险需求分析过程，回答了以下问题：个人或家庭到底需不需要保险，需要什么保险，需要多少金额、多长时间的保险。保险规划具有个性化的特点，不同的人和家庭所需的保险也各异。

人的一生不可避免地会面临人身、财产、责任等风险。但在不同的人生阶段，保险需求的侧重点不同，在进行保险规划时应考虑个人所处的生涯阶段，依据不同阶段的特点来规划保险。

结婚生子、居住、事业、退休等生涯活动在人生的不同阶段，具有明显的时间性。这里将生涯规划分为六个时期，如表 11 - 2 所示：

表11-2 生涯规划的六个时期

人生阶段	特点	理财活动	保险需求
单身期 (参加工作至结婚)	个性冲动，经济收入低，开销大	加强职业培训，提高收入水平阶段	意外伤害险、责任保险、定期寿险
家庭建立期 (结婚至小孩出生)	家庭收入开始增加，消费逐渐增大	储蓄购房首期付款，增加定期存款、基金等方面的投资	意外伤害险、责任保险、财产保险、定期寿险
家庭成长期 (小孩出生至上大学)	收入进一步提高，保健、医疗、教育等为主要开支	偿还房贷，储备教育金，建立多元化投资组合	意外伤害险、健康保险、人寿保险、财产保险、子女教育金保险
家庭成熟期 (子女上大学时期)	收入增加，费用支出主要体现在医疗、子女教育上	准备退休金，进行多元化投资活动	意外伤害险、健康保险、养老保险、财产保险
空巢期 (子女独立至自己退休)	负担最轻，储蓄能力最强	重点准备退休金，降低投资组合风险	健康保险、投资型保险、年金保险、财产保险
养老期 (退休之后)	安度晚年，收入、消费减少，医疗保健支出增加	以固定收益投资为主	年金保险、医疗保险

(三) 保险规划的流程

保险规划主要包括五大流程：

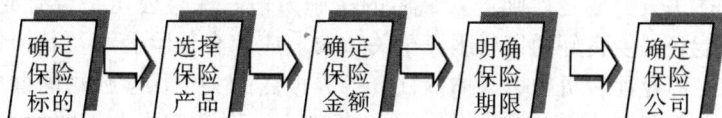

确定保险标的 ⇒ 选择保险产品 ⇒ 确定保险金额 ⇒ 明确保险期限 ⇒ 确定保险公司

1. 确定保险标的

确定保险标的是保险规划的首要任务。保险标的可以是人的寿命和身体，也可以是财产及相关利益。法律规定，只有对保险标的有可保利益才能为其投保，即投保人或被保险人对保险标的应具有法律上承认的经济利益，否则这种投保行为是无效的。在财产保险中，财产所有人、经营管理人、抵押人、承担经济责任的保管人都具有可保利益。人身保险中则看投保人与被保险人之间是否存在合法的经济关系，通常投保人对自己、与自己有血缘关系的家人或者亲人，或具有其他亲密关系的人都具有可保利益。

2. 选择保险产品

确定保险标的之后，就应该考虑选择具体的保险品种了。例如，对人身而言，每个人都可能面临意外、疾病、死亡的风险，因此，应该为这些风险投保相应的意外伤害险、健康保险和人寿保险；对财产而言，如果面临失窃等风险，就应该投保家财盗窃险等。准确判断自己准备投保的保险标的的具体情况，比如保险标的所面临的风险种类，风险发生的可能性及风险一旦发生带来的损失大小，以及自身的经济承受能力，从而选择合适的品种，较好地规避各种风险。在确定保险产品时，还应该注意合理搭配险种，避免重复投保，让有限的资金得到最有效的运用。

3. 确定保险金额

确定保险标的、保险产品类别后，需要进一步确定保险金额。保险金额是当保险标的发生保险事故时保险公司所赔付的最高金额。保险金额的确定一般以保险标的的实际价值或经济价值为依据。

4. 明确保险期限

确定保险金额后，就需要确定保险期限。保险期限的长短与投保人所需交纳的保险费多少、个人未来的预期收入变化等紧密联系。

财产保险、意外伤害保险、健康保险等保险品种的保险期限较短，通常是中短期保险合同，保险期满后可以选择续保或者停止保险。而人寿保险的保险期限相对较长，有的甚至长达一辈子。投保人应该根据自己的实际情况，确定保险期限、缴费期限和领取保险金时间等事项。

5. 确定保险公司

在上述决策完成之后则进入最后的实施阶段。保险公司是否有充足的偿付能力，能否提供良好的售后服务至关重要。应综合保险公司及其销售人员、权威机构、商业评级机构、媒体等社会各界披露的关于保险公司的财务报告、信用等级、新闻舆论等信息，从公司经营理念、财务实力、理赔纪录、管理水平、服务质量等方面对保险公司进行考察，从而选择合适的保险公司，完成风险的最终转移。

三、保险规划案例

（一）相关信息及目标

1. 家庭基本状况

李先生现年 40 岁，大学毕业，曾在某国有企业任职，后下海经商，从事该行业已有 10 年，事业稳步上升，现在年收入约 30 万元。李先生工作繁忙，喝酒吃饭应酬多，生活作息无规律，因招揽业务需要经常乘坐飞机出差。

李太太 35 岁，在某事业单位工作，月收入 3 000 元，工作、生活很有规律，工作单位每年都提供职工体检福利。

独生儿子李强 10 岁，是某重点小学五年级学生，成绩优秀且活泼好动。

李先生的父母年过七旬，身体健康，与李先生同住，无退休金。而李太太的父母均已去世。

2. 资产状况

1998 年，李太太从工作单位分得一套两居室，现已出租，月租金 1 000 元，当前市值约 30 万元。李家在 2003 年购买了一套 140 平方米的商品房，房款已付清，当前市值约 70 万元。

2003 年购买自用汽车一辆，无贷款，当前市值约 20 万元。

金融资产中，现金及活期存款 10 万元，定期存款 20 万元，20 万元稳健型投资基金。

3. 保险状况

李先生平时很少去医院看病，并认为自己身体状况良好，没有投保任何保险，只有在乘坐飞机时购买航空意外险。

李太太除政府强制的社保基金和单位提供的养老保险、医疗保险、工伤保险等外，没有其他任何保险。

李先生的父母、儿子均没有投保商业保险。

财产方面，只有汽车保险，年缴保费 4 000 元。其余家庭财产均未投保。

4. 家庭保障目标

李先生考虑到自己目前是家庭的经济支柱，万一自己遭遇各种意外，家人生活能得到应有的保障。他根据理财师的建议，将家庭保障目标设置如下：

（1）若李先生或李太太任何一方死亡，遗嘱能维持原有生活水平。

每月生活费：李先生 8 000 元，李太太 2 000 元，李强 800 元，李先生父母 1 500 元。李先生家庭目前基本生活费总计：12 300 元。身故丧葬费用：李先生 3 万元，李太太 2 万元。

（2）李强的教育费用。

目前李强在教育方面的开支较少，这种状况可一直维持到初中。万一李强没有考上重点高中，李先生打算让李强采用自费方式上重点高中，目前重点高中在李先生所在城市的收费额大约 5 万元/人，另需三年学费约 1 万元。李强 18 岁上大学，大学四年的费用目前大约需要 10 万元（包括生活费）。李先生希望李强大学毕业后到美国留学深造 2 年，留学学费大约 6 万美元/年，生活费约 2 万美元。

（3）健康保障。

李先生在健康方面主要是防范重大疾病产生的各种费用，他希望自己能有 30 万元的重大疾病保障基金。

李太太的各项医疗费用、重大疾病费用单位均可提供 50% 的报销。因此，李先生拟为太太建立 15 万元的健康保障。

（4）意外伤害险。

李先生一旦遭遇意外事故导致伤残，经营业务必将局限在本地市，收入将锐减至 12 万元，而残疾后个人费用也将增加，退休前月支出仍需 8 000 元，退休后需要 4 000 元。

李先生父母年龄较大，遭遇意外伤害的可能性也较大，建议为父母投保意外伤害险。

李强年少好动，自我防范意识不高，为李强建立意外伤害险。

（5）退休养老保障。

李先生打算 60 岁时放弃事业。退休后生活费用降到目前每月 3 000 元的水平。李太太 55 岁退休，退休后维持现有的生活水准。李先生没有任何养老金，而李太太每月有大约 1 000 元的养老金（按当前物价指数标准）。

（6）财产保障。

对家庭住宅进行保险。

（二）保险需求分析

根据上面提供的信息，宜采用家庭需求法进行分析。在分析保险需求时，需要根据国民经济运行状况和未来发展趋势，对市场利率、通货膨胀率等经济变量进行假设，这些假设的合理性对分析结果非常重要。本案例假设：年均通货膨胀率为 2%，工资增长率为 2%，教育费用增长率等同于通货膨胀率为 2%，根据李先生的投资风险判断，李先生的财务贴现率是 3%。预期寿命为 85 岁。

1. 个人寿险分析

李先生的寿险需求分析：

首先考虑李先生目前是否需要寿险，如需要，应购买多少保额。由于退休后，寿险需求将让位于养老保险需求。因此，李先生收入需求截至退休，即60岁之前。经过计算，李先生需要购买大约35万元的个人寿险。根据李家的收入假定，李太太年收入约3.6万元，而开支2.4万元，李太太的净收入仅为1.2万元，而李先生的收入能力（30万元）足以弥补李太太在短期内身故的损失，故李太太可以不考虑购买个人寿险。

2. 健康保险的需求

李先生所需的健康保险：30万元的重大疾病保险。

李太太所需的健康保险：15万元的重大疾病保险。

3. 意外伤残保险

李先生的意外伤残保障：由于李先生经常出差，意外伤害风险较大。且李先生没有社会保障，所以建议投保残疾收入保险，确保因意外伤害导致残疾带来的收入风险，李先生的残疾收入保障需要76万元。

李强的意外伤害保险：由于李强活泼好动，易受伤害，因此，建议选择的保险品种主要是为孩子提供遭受意外事故之后所需要的医疗支持，使其尽快康复，给父母带来安慰。

李先生父母年老体迈，应适当建立意外伤害带来的医疗等费用保障。

（三）养老保障分析

李先生在60岁退休前必须积累养老资金1 192 547元（按当前3 000年/月、通货膨胀率的2%计算）。由于李先生不享受社会养老保险保障，建议李先生通过自筹和购买商业性养老保险来构建养老保障。商业性养老保险大约占退休养老需求的1/4，商业性养老保险不仅可以获得稳定的退休金，在一定程度上还弥补了长寿的资金需求。

李太太在55岁退休前必须积累养老金466 032元。考虑到李先生家庭有住房出租，目前租金1 000元，因此，李太太未来的养老依赖社会养老保险，不足额度可以用未来房租收入弥补。

（四）财产保险分析

由于李先生家有两栋住房，一套自住，另一套投资，可以在家庭经济成员发生意外时对家庭收支提供适当补充，故建议对两套住房进行财产保险，保险金额约为100万元。

（五）保险产品的搭配和选择

表 11 - 3　保险产品的搭配和选择

姓名	保险品种	保险金额			缴费期	保障期	年交保费	保险责任
李先生	太平盛世长安定期寿险 A	20 万元			20 年	20 年	1 560 元	被保险人身故或全残
	太平盛世长健重大疾病保险（A）	重大疾病		身故	0 年	30 年（保至 70 岁）	5 220 元	重大疾病、重大手术费
		30 万元		6 万元				
	老来福终身寿险 C 款（太平洋保险）	60 周岁至身故	60 岁前身故	意外伤残保障	20 年	终身	11 210 元	养老金给付意外身故或残疾
		1.61 万元/年	疾病	意外	10 万元/年			
			10 万元	20 万元				
李先生保险费合计		17 990 元/年						
李太太	太平盛世长健重大疾病保险（A）	重大疾病		身故	20 年	30 年（保至 70 岁）	5 220 元	重大疾病、重大手术费
		30 万元		6 万元				
李太太保险费合计		5 220 元/年						
父母	民生康顺个人意外伤害保险（老年计划）	意外身故保险金	意外伤害医疗保险金	意外骨折保险金	1 年	11 年	400 元	意外身故、意外骨折、意外伤害医疗保险
		75 000 元	6 000 元	1 万元				
李先生父母保险费		400 元/年						
李强	联众亲亲宝贝少儿医疗保险计划（淘气小子型）	意外身故及残疾保障	意外伤害医疗保障	住院补贴	11 年	11 年	284.8 元	意外伤害身故、残疾、医疗保障
		5 万元	5 000 元/次	50 元/天				

姓名	保险品种	保险金额	缴费期	保障期	年交保费	保险责任
李强保险费		284.8 元/年				
家庭财产	保家无忧家庭保障计划精英型 B（太平洋保险）	100 万元	1 年	1 年	300 元	房屋、室内财产、便携电器、现金首饰
家财险合计		300 元/年				
保险费总计		24 194.8 元/年				

李先生家庭年保费支出占总收入的 6.03%，这在李先生的承受能力范围内，并能给李先生家庭带来较高的保障。

第二节　住房消费规划

一、住房支出的构成

随着住房商品化政策的推行，住房支出在家庭消费支出结构中所占的比重越来越高。如何规划住房支出成为人们越来越关心的问题，对这方面的理财需求也正逐步增加。

根据目的的不同，住房支出可分为住房消费和住房投资两类。一是住房消费，它是指居民为取得住房提供的庇护、休息、娱乐和生活空间的服务而进行的消费，这种消费的实现形式可以是租房也可以是买房。按照国际惯例，住房消费价格常常是用租金价格来衡量的（对于自有住房，则用隐含租金来衡量）。二是住房投资，它是指将住房看成投资工具，通过住房价格上升来应对通货膨胀，获得投资收益以希望资产保值或增值。在国外，住房投资有时还被用来避税。不过按照我国目前的税收制度，住房投资避税的作用不大。

二、住房消费信贷的种类

目前，我国各商业银行开办的个人住房消费信贷主要包括个人住房公积金贷款、个人住房商业性贷款、个人住房组合贷款等。

（一）个人住房公积金贷款

个人住房公积金贷款也称个人委托住房贷款，是指银行根据公积金管理部门的委托，以公积金存款为资金来源，按规定要求向购买普通住房的个人发放的贷款。公积金贷款的单笔贷款最高额度按照当地住房公积金管理部门的有关规定执行，也有银行规定不超过所购住房评估价值的80%。贷款利率按照中国人民银行规定的住房公积金贷款利率执行，目前（2004年）执行的利率如下：贷款期限为5年以下（含5年）的年利率是3.6%；贷款期限为5年以上（不含5年）的年利率是4.05%。担保方式有抵押加一般保证、抵押加购房综合险、质押担保、连带责任保证等。

公积金贷款的一般程序如图11-1所示。

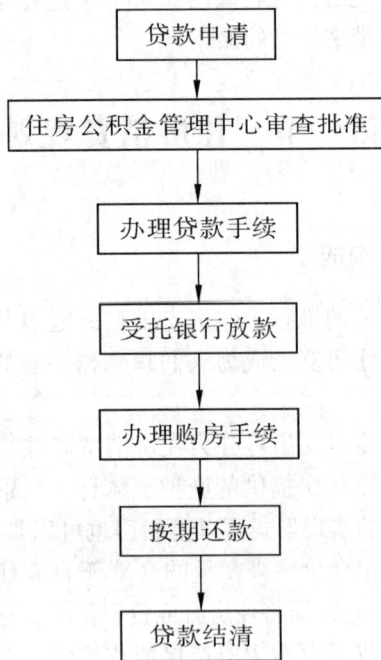

```
┌──────────────┐
│   贷款申请    │
└──────┬───────┘
       │
┌──────┴─────────────────┐
│ 住房公积金管理中心审查批准 │
└──────┬─────────────────┘
       │
┌──────┴───────┐
│  办理贷款手续  │
└──────┬───────┘
       │
┌──────┴───────┐
│  受托银行放款  │
└──────┬───────┘
       │
┌──────┴───────┐
│  办理购房手续  │
└──────┬───────┘
       │
┌──────┴───────┐
│   按期还款    │
└──────┬───────┘
       │
┌──────┴───────┐
│   贷款结清    │
└──────────────┘
```

图11-1 公积金贷款的一般程序

（二）个人住房商业性贷款

个人住房商业性贷款是指银行以信贷资金向购房者发放的贷款，也叫个人住房商业性贷款或者住房按揭贷款。个人住房商业性贷款的单笔贷款额度不超过所购住房评估价值的80%，同时不超过贷款行规定的最高贷款限额。

目前的贷款利率为：贷款期限为 5 年以下（含 5 年）的贷款年利率是 4.77%；贷款期限为 5 年以上的贷款年利率是 5.04%（2002 年 2 月 21 日起执行）。个人住房商业性贷款的贷款方式有抵押贷款、质押贷款、保证贷款和抵押（质押）加保证贷款。

抵押贷款方式是指贷款银行以借款人或第三人提供的符合规定条件的财产作为抵押物而向借款人发放贷款的方式。作为个人住房贷款的抵押物，首先是抵押人所拥有的房屋或者预购房屋，其次是抵押人依法取得的国有土地使用权及贷款银行认可的其他符合法律规定的财产。

质押贷款方式是指借款人或者第三人将符合规定条件的动产或权利质押给贷款银行，贷款银行以该动产或权利作为贷款的担保而向借款人发放贷款的方式。权利主要指国库券、国家重点建设债券、金融债券、AAA 级企业债券、存款单等有价证券。

保证贷款方式是指贷款银行以借款人提供的具有代为清偿能力的法人、其他经济组织或自然人作为保证人向其发放贷款的方式。单纯的保证方式只适用于期限较短的贷款。

抵押（质押）加保证贷款方式是前两种贷款的组合。

个人住房商业性贷款的一般程序如图 11-2 所示：

```
┌──────────┐
│  贷款申请  │
└────┬─────┘
     ↓
┌──────────┐
│  银行审贷  │
└────┬─────┘
     ↓
┌──────────┐
│  签订合同  │
└────┬─────┘
     ↓
┌──────────┐
│  发放贷款  │
└────┬─────┘
     ↓
┌──────────┐
│  按期还款  │
└────┬─────┘
     ↓
┌──────────┐
│  贷款结清  │
└──────────┘
```

图 11-2　个人住房商业性贷款的一般程序

（1）贷款申请。借款人持银行规定证明文件到贷款经办网点填写申请表。

（2）银行审贷。银行对借款人的担保、信用等情况进行调查，按程序进行审批，并将审批结果通知借款人。

（3）签订合同。借款人的申请获得批准后，与银行签订借款合同和相应的担保合同；办理公证、保险、抵（质）押登记等手续。

（4）发放贷款。在借款人办妥相关手续后，银行将贷款发放至借款人个人账户，并根据借款人的委托将贷款划付到相关的收款方账户。

（5）按期还款。借款人按借款合同约定的还款计划、还款方式偿还贷款本息。目前，常见的还款方式有委托还款和柜台还款两种方式。

（6）贷款结清。贷款结清包括正常结清和提前结清两种。正常结清即在贷款到期日（一次性还本付息类）或贷款最后一期（分期偿还类贷款）结清贷款。提前结清是指贷款到期日（一次性还本付息类贷款）或贷款最后一期（分期偿还类贷款）前结清贷款，提前结清贷款需要提前通知银行。贷款结清后，借款人从贷款行领取"贷款结清证明"，取回房地产权属抵押登记证明文件及保险单正本，并持贷款行出具的"贷款结清证明"到原抵押登记部门办理抵押登记注销手续。

（三）个人住房组合贷款

个人住房组合贷款是指银行以公积金存款和信贷资金为来源向同一借款人发放的用于购买自用普通住房的贷款，是个人住房委托贷款和银行商业性贷款的组合。个人住房组合贷款可以由一家银行的房地产部门统一办理，公积金部分和商业性部分分别按各自的利率计算利息。

三、相关费用分析

申请住房消费信贷时银行不会给予全额贷款，一般会要求借款人支付房屋总价款的20%～30%，这笔资金称为首付款。除首付款之外，借款人在申请贷款时还需要支付其他的一些相关费用，针对具体情况，不同类型的住房贷款，银行有不同的贷款政策，致使房屋相关费用的内容不同。一般而言，申请住房贷款之前需要支付的相关费用有评估费、律师费、保险费和抵押登记费。

（一）申请住房贷款之前需要支付的相关费用

1. 首付款

目前，各类住房消费贷款的最高贷款额度一般为80%，也就是说借款人在申请贷款前首先必须有 20% 的房款储蓄。例如要购买一套 60 万元的房子，借款人手头上至少要有 12 万元的自有资金。

对于我国多数居民来说，20% 的首付款也不是一笔小开支，为此需要储蓄多年。在首付款不足时，劳动者购房的首要目标就是积累这么大的一笔首付款，银行可以帮助劳动者制定年储蓄计划，每年从劳动者收入中提取一部分资金，投入银行储蓄账户或其他投资项目。

2. 评估费

各家商业银行对不同类型的住房贷款抵押品是否需要评估有不同规定。例如，建设银行个人住房贷款中规定：新建商品房的个人住房贷款不需支付评估费；利用公积金政策性贷款购买商品房的申请人签订购房合同后，需要支付评估费用；经济适用房、安居房和按房改政策出售的房屋不需支付评估费，如果按要求必须评估，则其费用按 500 元计收；用公积金贷款的商品房的评估费收取标准为：20 万元（含）以下的收 1 500 元，20~50 万元（含）的收 2 500 元，50 万元以上的收 3 500 元。工商银行要求：普通商品房、经济适用房认可其销售价格，不需评估；二手房、高档公寓、别墅需要评估。

3. 律师费

申请商业性住房贷款时银行会委托律师事务所或公证部门对借款人进行资格认证，律师事务所的收费标准一般为申请贷款额的 3‰~4‰，每单最低额度为 100 元。如果申请政策性公积金贷款，则不需支付律师费或公证费。如需组合贷款，商业资金部分则按商业性贷款办法收取。

4. 保险费

中国人民银行颁布的《个人住房贷款管理办法》规定，为保证住房贷款的安全，借款人必须提供贷款担保。目前的四种贷款担保方式中，财产抵押加连带责任保证担保和财产抵押加购房综合险两种方式都必须向保险公司购买保险。

5. 抵押登记费

需办理抵押登记的贷款，抵押登记部门将收取抵押登记费每平方米 0.30 元（建筑面积）。二手房贷款需公证，公证费每间 200 元左右。

首付款以外的相关费用数目有时相当可观，甚至可以达到首付款的 5%~7%，即如果首付 10 万元，借款人还需支付 5 000 元到 7 000 元的相关费用。由于各地的情况不同，各家商业银行的政策不同，相关费用的大小也可能会有差距。银行和保险公司有时为争取劳动者，会采取让利折扣的优惠，货比三家仍然是可取的。

除了购买住房需要房款外，真正搬进新家还有其他的费用。例如，房屋

装修费、家用设施设备费用等；如果是二手房，还可能发生一定的维修费用，即便已经安家落户，由于房屋老化或其他一些自然或人为原因，每月还得支出一定的维护费用。这些费用的数目也较为可观，特别是装修费用，劳动者应加以注意。

（二）还款方式和金额

借款人在获得住房贷款后，须定期向银行归还本息，贷款期限在 1 年以内（含 1 年）的，实行到期本息一次性清偿的还款方式。贷款期限在 1 年以上的，可采用等额本息还款法和等额本金还款法每月偿还。借款人可以根据需要选择还款方式，但一笔借款合同只能选择一种还款方式。目前，我国各家商业银行均规定合同签订后，不允许更改还款方式。

（三）提前还款的选择权

提前还款是指借款人具有一定偿还能力时，主动向贷款银行提出部分或全部提前偿还贷款的行为，这可以看成是借款人贷款后的隐含期权。目前，个人住房公积金贷款以及部分银行的个人住房商业性贷款已增加了允许借款人改变还款计划，提前偿还部分或全部贷款的业务，但是提前还款应视同借款人违约（即未按合同规定办理），必要时银行可收取违约金。

（四）延长贷款

借款人出现财务紧缩或由于其他原因不能按时如数还贷，可以向银行提出延长贷款申请。如要延长贷款，劳动者应了解如下知识：

（1）借款人应提前 20 个工作日向贷款行提交"个人住房借款延长期限申请书"和相关证明。

（2）延长贷款条件：一是贷款期限尚未到期；二是延长期限前借款人必须先清偿其应付的贷款利息、本金及违约金。

（3）借款人申请延期只限一次。

（4）原借款期限与延长期限之和最长不超过 30 年。

第三节　退休规划

颐养天年、健康长寿是所有人的梦想，现代发达的医药科学技术和丰富的物质文明带给现代人类普遍的健康与长寿。安逸舒适的晚年生活，已成为生命中辛苦几十年之后的第二次"金色年华"，但是，这需要有足够的财富作后盾。现代人不仅要活得久，还要活得好，如果没有足够的退休准备，长寿就不是福气，而是惩罚。如何才能积累够足以安享晚年的财富？如何做好晚年的财务安排？这就是退休规划要解决的问题。

养老资金筹划是所有个人理财计划中跨时最长、不可测因素最多的一项。从某种意义上说，所有的个人理财计划，最终都是为富足养老服务的，养老是整个人生理财计划当中最为关键的一个部分。为了过上闲暇无忧的晚年生活，每一个人都应该及早制订养老资金筹划方案。本章主要说明个人如何根据退休后的需求和收入状况制订合理有效的退休计划。

一、退休规划

（一）退休及退休规划的概念

退休（retirement）是指员工在达到一定年龄或为企业服务了一定年限的基础上，按照国家的有关法规和员工与企业的劳动合同而离开企业的行为。从狭义上来解释，退休就是指离开工作场所、长期休息之意。广义而言，退休可界定为不再从事一项全职有薪的工作，而接受过去工作的退休金生活的状况。退休是原有工作的结束，是人生历程的一大转变，是另一种新生活的开始。从财务规划的角度而言，退休可以视为拥有足够的退休准备金之后的生活。

在大多数国家，人们一般在55～65岁退休，就目前人均寿命而言，一般人在退休后普遍拥有10～20年的退休生活。与在职不同的是，大多数人在退休之后就失去了正常的工资收入来源，为了使退休生活更有保障，人们必须提前制订退休计划，预先进行基于退休目的的财务策划，将年老时的各种不确定因素对生活的影响降到最低限度。对大多数工作的人来说，退休后能有舒适的生活是投资理财的一大目标，而详细的财务规划则可以帮助你实现这个目标。

退休规划是为了保证个人在将来有一个自立、有尊严、高品质的退休生活，从现在就开始积极实施理财方案。退休后能够享受自立、有尊严、高品质的生活是一个人一生中最重要的财务目标，因此，退休规划是个人财务规划中不可或缺的部分。合理而有效的退休规划不但可以满足退休者退休后漫长生活的支出需要，保证自己的生活品质，抵御通货膨胀的影响，而且可以显著地提高个人的净财富。

（二）退休规划应遵循的重要原则

退休养老规划的总体原则是确保养老本金安全，适度收益，抵御生活费用增长和通货膨胀，并具有一定弹性。一般来说，退休规划的重点在于退休

前应努力提高资产增值效率，以实现理想的退休生活品质。

1. 养老规划，宜早不宜迟

多数人认为距离退休尚有数十年，因此不愿牺牲现有的生活品质去规划未来的退休生活。其实，退休规划的起步越早越好。首先，我们必须清醒地认识到，未来的养老金收入将远远不能满足自己的生活所需，退休后如果要维持个人目前的生活水平，在基本的社会保障之外，还需要自己筹备一大笔资金，而这需要从年轻时就进行个人理财规划。其次，理财中复利效应对财富累积具有重要影响，投资时间越长，复利效应的作用就越大。养老规划是一项长期规划，需要充分利用复利效应，越早开始，不仅有更长的时间为退休积累更多的资金，而且可以享有更长时间的免税。再次，及早建立退休计划可以用较长的在职期限分摊养老成本，且不降低现有的生活水平。

2. 注重安全，采取多样化的退休金储备方式

养老规划对资金的流动性要求并不高，但对安全性的要求却非常高。只有采取多样化的退休金储备方式，才可以使退休金不断积累并升值，从而减少养老负担。一般来说，如果距离退休时间较远，就可选择收益和风险相对较高的产品，利用时间摊平风险；如果距离退休时间较近，则应选择储蓄和短期债券，以确保本金安全。

3. 以保证给付的养老保险或退休年金满足基本支出，以报酬率较高的有价证券投资满足生活品质支出

若以养老保险或退休年金来准备退休金，优点是保证程度高，能够降低退休规划的不确定性；缺点是报酬率偏低，需要有较高的储蓄能力，才能满足退休需求的金额。一般解决方法是将退休后的需求分为两部分，一部分是基本生活支出，另一部分是生活品质支出。一旦退休后的收入低于基本生活支出水平，就需依赖他人救济才能维持生活，因此这部分收入必须保证。而生活品质支出是实现退休后生活理想所需的额外支出，有较大的弹性。因此，对投资性格保守、安全需求较高的人来说，以保证给付的养老保险或退休年金来满足基本生活支出，另以股票或基金等高报酬、高风险的投资工具来满足生活品质支出，是一种可以兼顾老年安养保障和充分发展退休后兴趣爱好的资产配置方式之一。

（三）退休规划流程

一个完整的退休规划流程，包括个人职业生涯设计和收入分析，退休后生活设计与养老需求分析，以及自筹养老金部分的投资设计。通过个人职业生涯设计，可以估算出个人工作时的大体收入水平和在退休时可以领取的退

休金水平；通过退休生活设计，可以推算出个人退休后消费支出的大体数额；最后，根据退休后消费支出额与可以领取的社会退休金的差额，可以估算出需要自筹的退休金数额，再结合个人工作时的收入水平等指标所反映的个人养老储蓄能力，就可以制定出个人退休计划理财方案。其中，自筹退休资金来源包括两部分，一是运用过去的积蓄进行投资所获取的收入；二是距离退休日的剩余工作期间的收入。在整个退休规划中，通货膨胀率、薪酬增长率、投资收益率是三项最主要的影响因素。这里主要考察通货膨胀率和投资收益率对退休规划的影响，如图 11 - 3 所示。

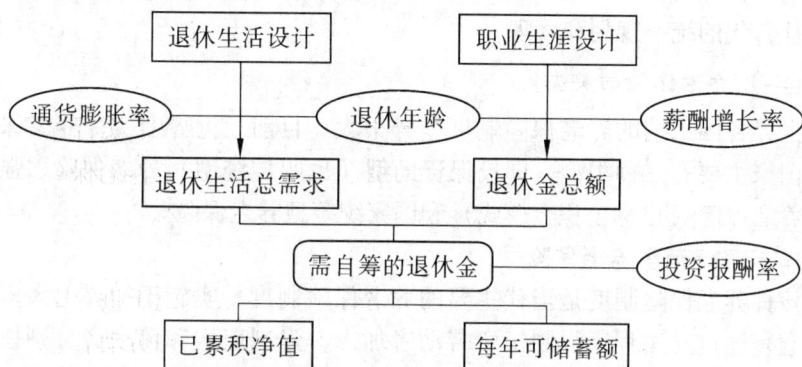

图 11 - 3 退休规划流程

二、退休规划与养老保险

社会保障是个人退休收入的主要来源之一，是一个完整的退休规划必不可少的内容。个人是否拥有社会保障将决定其能否顺利地度过一生。本节将主要介绍社会保障保险对个人退休规划的影响。

（一）养老保险的概念与特点

养老保险是社会保障制度的重要组成部分，是社会保险五大险种（基本养老保险、失业保险、医疗保险、生育保险、工伤保险）中最重要的险种之一。所谓养老保险（或养老保险制度）是国家和社会根据一定的法律和法规，为解决劳动者在达到国家规定的解除劳动义务的劳动年龄界限，或因年老丧失劳动能力退出劳动岗位后的基本生活而建立的一种社会保险制度。这一概念包含三层含义：

（1）养老保险是在法定范围内的老年人完全或基本退出社会劳动生活后

才自动发生作用的。

（2）养老保险的目的是为老年人提供保障其基本生活需求的稳定可靠的生活来源。

（3）养老保险是以社会保险为手段来达到保障的目的的。

养老保险一般具有以下三个特点：①由国家立法，强制实行，企业单位和个人都必须参加，符合养老条件的人，可向社会保险部门领取养老金；②养老保险费用来源一般由国家、企业和个人三方或企业和个人双方共同负担，并实现广泛的社会互济；③养老保险具有社会性，影响很大，享受人多且时间较长，费用支出庞大，因此，必须设置专门机构，实行现代化、专业化、社会化的统一规划和管理。

（二）养老保险的类型

世界各国采纳的养老保险制度差异很大。目前，世界上实行养老保险制度的国家主要有三种类型，即投保资助型（也叫传统型）养老保险、强制储蓄型养老保险（也称公积金模式）和国家统筹型养老保险。

1. 投保资助型养老保险

该种养老保险制度是当代主要的养老保险制度，实施于世界上大多数国家。它是通过立法程序强制工资劳动者加入，强制雇主和劳动者分别按照规定的投保费率投保，并要求建立老年社会保险基金，实行多层次退休金。国家是老年社会保险的后盾，在财政、税收和利息政策上给以资助。多层次退休金，一般有两层次与三层次之分。如果再加上个人自愿投保，养老退休金的层次更多。社会退休金的层次分普遍养老金、雇员退休金与企业补充退休金。雇员退休金起主导作用，它又分为工资挂钩退休金、基础退休金和附加年金。为保障劳动者的晚年生活，退休金的给付贯彻奖励原则、分享经济成果原则、物价指数或工资增长指数挂钩原则。

2. 强制储蓄型养老保险

该制度也称公积金模式，是一种固定缴费模式，对缴费率有具体规定，待遇由所缴费用以及利息决定。缴费及利息积累在每个人的账户上。当投保人年老、伤残或死亡时，账户上的钱可一次或按月支付。缴费由雇员和雇主共同承担。某些公积金允许提前支付，如购买房屋、教育贷款等。

3. 国家统筹型养老保险

该制度由国家（或国家和雇主）全部负担雇员的养老保险费，雇员个人不交费，是一种典型的福利型的养老保险制度。瑞典、挪威和波兰等国家实行这一养老保险制度。该制度的缺点是资金来源渠道单一，政府和企业负担过重。事实上瑞典、挪威等福利国家正受着由该制度带来的一系列经济和社会问题的困扰，正在寻求解决和改革的办法。我国在计划经济时期也采用了这种养老保险制度，这种养老保险制度在历史上曾经发挥了积极作用，但与市场经济不相适应，不利于企业参与市场竞争，不利于劳动力的流动，不利于培养劳动者个人的自我保障意识。目前，这种养老保险制度已经或正在退出国际社会保障领域。

（三）中国养老保险制度的基本框架

我国现行的养老保险制度是公共选择与社会经济发展的结果，在提高制度效率和促进公平、保障离退休人员基本生活、促进经济发展、维护社会稳定中发挥了积极作用。在总结十几年来我国社会保障制度改革，特别是近年来两个确保工作实践经验的基础上，逐渐形成了比较完备的养老保险制度框架。

国务院于 1997 年 7 月 16 日发布的《关于建立统一的企业职工基本养老保险制度的决定》、2000 年出台的《关于完善城镇社会保障体系的试点方案》及 2005 年 12 月 13 日出台的《关于完善企业职工基本养老保险制度的决定》等主要政策法规，确定了进一步调整和完善我国养老保险制度的主要政策。我国养老保险制度的基本框架主要包括以下内容。

1. 覆盖范围

2000 年出台的《关于完善城镇社会保障体系的试点方案》规定，基本养老保险制度的覆盖范围为城镇所有企业及其职工。自由职业人员、城镇个体工商户应参加基本养老保险，具体办法由各省（自治区、直辖市）人民政府规定。2005 年 12 月出台的《关于完善企业职工基本养老保险制度的决定》扩大了基本养老保险的覆盖范围，要求城镇各类企业职工、个体工商户和灵活就业人员都要参加企业职工基本养老保险。

2. 基本养老保险资金的筹集

坚持社会统筹与个人账户相结合的基本养老保险制度，基本养老保险费由企业和职工共同负担。企业依法缴纳基本养老保险费，缴费比例一般不得超过企业工资总额的 20%。《关于完善城镇社会保障体系的试点方案》规定，企业缴费目前高于 20% 的地区可暂时维持不变。企业缴费部分不再划入个人账户，全部纳入社会统筹基金，并以省（自治区、直辖市）为单位进行调剂。养老保险社会统筹基金纳入财政专户，实行收支两条线管理，不能占用个人账户基金，严禁截留、挤占、挪用。此外，中央及地方政府一直也在加大对社会保障的财力投入，并于 2004 年建立了全国社会保障基金。

《关于完善城镇社会保障体系的试点方案》规定，职工个人账户规模为本人缴费工资的11%，其中8%由个人缴纳，3%由企业缴费划入。2005年12月13日出台的《关于完善企业职工基本养老保险制度的决定》对此做了进一步的修改和完善，规定从2006年1月1日起，个人账户的规模统一由本人缴费工资的11%调整为8%，全部由个人缴费形成，单位缴费不再划入个人账户。城镇个体工商户和灵活就业人员参加基本养老保险的缴费办法是，缴费基数为当地上年度在岗职工平均工资，缴费比例为20%，其中8%计入个人账户，退休后按企业职工基本养老金计发办法计发基本养老金。

3. 职工领取基本养老金的条件

职工按月领取基本养老金的条件，一是达到法定退休年龄，并已办理退休手续；二是所在单位和个人依法参加养老保险并履行了养老保险缴费义务；三是个人缴费至少满15年（过渡期内缴费年限视同缴费年限）。符合上述条件的人员，按月支付养老金。目前，我国的企业职工法定退休年龄为男职工60岁，从事管理和科研工作的女职工55岁，从事生产和工勤辅助工作的女职工50岁。

4. 基本养老保险待遇

基本养老金由基础养老金和个人账户养老金组成。职工达到法定退休年龄且个人缴费满15年的，基础养老金月标准为省（自治区、直辖市）或市（地）上年度职工月平均工资的20%。《关于完善城镇社会保障体系的试点方案》规定，以后缴费每满一年增加一定比例的基础养老金，总体水平控制在30%左右；个人缴费不满15年的，不发给基础养老金，个人账户全部储存额一次支付给本人。

5. 建立多层次养老保险体系

有条件的企业可为职工建立企业年金（补充养老保险），并实现市场化运营和管理。企业年金实行基金完全积累，采用个人账户方式管理，费用由企业和职工个人缴纳，企业缴费在工资总额4%以内的部分，可从成本中列支。同时，鼓励开展个人储蓄性养老保险。个人储蓄性养老保险是由职工自愿参加、自愿选择经办机构的一种补充保险形式。由社会保险机构经办的职工个人储蓄性养老保险，由社会保险主管部门制定具体办法，职工个人根据自己的工资收入情况，按规定缴纳个人储蓄性养老保险费，计入当地社会保险机构在有关银行开设的养老保险个人账户，并应按不低于或高于同期城乡居民储蓄存款利率计息，所得利息计入个人账户，本息一并归职工个人所有。职工达到法定退休年龄经批准退休后，凭个人账户将储蓄性养老保险金一次总付或分次支付给本人。职工跨地区流动，个人账户的储蓄性养老保险金应随之转移。职工未到退休年龄而死亡，计入个人账户的储蓄性养老保险金应由其指定人或法定继承人继承。

（四）企业年金计划

企业年金（在我国曾被称为企业补充养老保险），即由企业退休金计划提供的养老金，是企业及其员工在依法参加基本养老保险的基础上，自愿建立的补充养老保险制度。企业年金是指以员工薪酬为基础，个人和企业分别按比例提取一定金额统放在个人账户下，由金融机构托管，并指定专业投资机构管理的补充养老保险制度。企业年金作为由企业为雇员建立退休金的一种制度安排，是员工福利的重要组成部分，在吸引人才、留住人才和激励人才方面有着不可替代的作用。企业年金的实质是以延期支付方式存在的员工劳动报酬和分享企业利润的一部分。世界各国与企业年金相似的养老金计划还有"职业年金"、"雇主年金"、"私营年金"和"个人账户养老金"等。

1. 我国企业年金的发展概述

我国企业年金制度建设起步于 20 世纪 90 年代初，经过十几年的发展，已成为我国基本养老保险的重要补充。企业年金制度在保障职工基本退休生活水平、支持企业战略目标实现、保持企业竞争力及应对中国人口老龄化危机等方面将发挥重要作用。目前，我国企业年金制度选择了 DC（Defined Contribution Plan）型的信托模式，引入了受托机构、账户管理人、托管人、投资管理人等多个角色。

2004 年 8 月，劳动保障部发布了《企业年金管理指引》，对各类金融机构从事年金业务操作的全流程和全方位的规范，勾勒出了中国企业年金的制度特点和运作方式。2004 年 11 月，劳动保障部和证监会联合发布了《关于企业年金基金证券投资有关问题的通知》和《企业年金基金证券投资登记结算业务指南》，首次对企业年金基金证券投资的开户、清算模式、备付金账户管理等有关问题进行了具体规定，为企业年金入市奠定了重要的制度基础。

2005 年，根据《关于完善企业职工基本养老保险制度的决定》确定的原则精神，劳动保障部相继颁布了《企业年金试行办法》、《企业年金基金管理试行办法》、《企业年金管理运营机构资格认定暂行办法》、《企业年金账户管理信息系统试行标准》等部门规章和六个规范性文件，规定了建立企业年金的条件、程序和待遇计发办法，明确了企业年金管理的治理结构和市场化运营规则，从而形成以开户流程、运作流程、受托人规定等细则为补充的企业年金整体运作框架。

以上这些政策法规，成为我国建立企业年金的主要规则。

2. 美国的雇主养老金计划

美国大多数企业都为其雇员建立了企业养老金计划，它是雇员福利计划的一个重要组成部分，比较著名的有 401（k）和 403（b）计划。美国私营退休金又称为雇主资助的退休金计划（Employer Sponsored Retirement Plan），包括待遇确定型计划（Defined Benefit Plan，DB）和以个人账户为基础的缴费确定型计划（Defined Contribution Plan，DC）两类。在 DB 模式下，养老金计划发起人或管理人向计划参与者做出承诺，保证其养老金收益按事先的约定发放，也就是说，养老金计划参与者在退休后每月领取的养老金数量是事先确定好的。而在 DC 模式下，参与者到退休年龄为止，一共向养老金计划缴了多少费用是确定的，但其退休后每月可领取多少养老金是不确定的，因为养老金总额是缴费和投资收益的总和，而投资收益是不确定的，投资风险由参与者自己承担。

目前，美国私营退休金作为美国养老保障体系的第二支柱，其重要性在某种程度上已经超过了第一支柱，参加私营养老金计划的人数超过了 6 000 万人，平均领取的退休金约占退休人员退休收入的 40% 左右。美国私营退休金有以下三大特点：雇主资助、完全自愿、税优政策支持。

（1）待遇确定型计划（DB 计划）。

DB 计划作为最早的退休金计划，其设计思路就是为了吸引和留住人才。它通常要求员工在企业工作到一定年限（通常为 35 年以上）后，才可以退休并领取退休金。工作年限越长，领取的退休金越高。如果中途过早离开企业，将只能拿到一笔数额很低的一次性补偿金。

（2）缴费确定型计划（DC 计划）。

在 DC 计划中，雇主不保证员工退休后的领取标准，雇员需要缴费，通常雇主会按照雇员缴费的一定比例（25% ~ 100%）配套缴费，为参加计划的每个员工建立个人账户，雇员和雇主缴费都进入个人账户，雇员承担主要责任，对个人账户中的资金进行投资，并且承担投资风险，雇主无须承担任何投资风险。退休金完全取决于达到法定退休年龄之后个人账户累积的资产。

（3）401（k）计划。

401（k）计划属于一种"现金或延迟支付计划"（Cash or Deferred Plans，CODA），即雇员授权雇主扣缴税前工资的一部分，存入雇员个人的 40（k）账户。401（k）计划虽然只有 20 多年的历史，但它已迅速成为最重要的雇员退休计划之一。401（k）计划的一个主要特点是它允许职工将一部分税前工资存入一个储蓄计划，积累至退休领取养老金时再缴税。由于是税前缴费，而且政府不对该账户赚取的红利、利息、资本所得征税，只是退休后取出资金时才征税（退休后所处的征税等级往往较低），延迟纳税带来的税收优惠大大刺激了401（k）计划的发展。

三、退休规划案例

（一）制定退休规划

根据退休后的生活需求、身体状况等的不同，一般又可将退休生活划分为以下三个阶段，并分段进行规划。

（1）退休前期（65岁以前）。这一阶段尚有工作能力，为了进一步发挥余热或想获得一些额外收入以补贴退休生活，可视工作意愿选择兼职工作，以兼职收入维持基本开销，同时保证有充分的时间享受退休生活。

（2）退休中期（65～75岁）。本阶段具备积极的生活能力，为退休生活支出的高峰期，如国内外旅游、发展业余爱好等。若无年金规划，可能需要变现资产，这一阶段应保证留有1/3的退休金总额供退休后期使用。

（3）退休后期（75岁以后）。此阶段是人生的残阳时光，个人身体健康不容乐观，活动性降低，以居家为主，腿脚可能不太灵便，日常生活需要他人照顾，医疗开支增加，这个阶段的花费比前两个阶段要多，需要年金及终身医疗保险来保障。

（二）退休规划综合案例

基本情况：吴先生今年45岁，是外资企业的二级经理，税后月收入1万元，年末有2万元分红；45岁的妻子为一家金融机构职员，月收入4 000元；两人计划在60岁时退休，退休后有希望生活30年；女儿在上大二，2万元的年末分红足够支付她一年的教育费用。除去家庭月支出8 000元和保费月支出1 000元外，每月还有5 000元的节余。一家人的现住房面积90平方米左右，价值55万元，按揭已还讫。另外，还持有市值30万元的股票和40万元的人民币定期存款。为了两年后女儿出国留学，吴先生准备了3万欧元（折合人民币29万元）。夫妻俩今后的退休金共计2 000元。

1. 家庭财务分析

吴先生工作收入较高，妻子工作稳定，他们已经积累了相当的家庭财富；目前家庭无任何负债；无赡养老人的负担，已为孩子准备了丰厚的本科教育和留学基金。因此，对吴先生而言，最大的问题是如何合理配置家庭资产，使资产在对抗通货膨胀的同时，保值增值，从而使退休后能够维持退休前的生活水平。建议主要做好两个方面的筹划：一是家庭财务保障计划；二是养老金的测算、筹集和准备。吴先生家庭财务情况如表11-3、11-4所示。

表 11 - 3　吴先生的家庭收支表

家庭年度收入	金额（元）	家庭年度支出	金额（元）
吴先生年收入	140 000	年生活费用支出	96 000
吴太太年收入	48 000	保费支出	12 000
存款利息收入（按1年计）	8 064	教育支出	20 000
股票收益	15 000		
收入总计	211 064	支出合计	128 000
年度盈余 = 83 064 元　　家庭储蓄能力 = 39%			

表 11 - 4　吴先生的家庭资产负债表

家庭资产	金额（万元）	家庭负债	金额（元）
定期存款	40	0	
股票	30		
3 万欧元	折合人民币 29 万元		
房产	55		
资产合计	154		

（1）家庭生活支出分析。吴先生家庭生活支出占比较高，约为月收入的57%。但以吴先生的家庭收入来看，其生活支出数目也较为合情合理，关键是要合理安排好支出项目，注重提高生活品质方面的支出。

（2）资产结构分析。吴先生家庭的生息资产主要是定期存款和股票，各占57%和43%。从近几年股票市场的表现来看，股票风险较大；定期存款虽然安全，但收益偏低，难以抵御通货膨胀带来的贬值风险。

2. 退休规划

（1）估算退休支出。

①估算生活支出：吴先生家庭目前每月的基本生活开支为 8 000 元，希望退休后能够维持目前的生活水平。假定通货膨胀率保持年均 3% 的增长幅度，按年金终值计算法，退休后要保持现有购买力不降低，老两口在退休当年的月生活支出将达到 12 464 元，除去退休后按月领取的国家基本养老金 2 000 元，要维持退休后 30 年的生活支出，以去除通货膨胀后的实际投资报酬率 5% 计算，退休当年须储备好总共 195.7 万元的退休金。

②估算医疗费用支出：医疗方面的开支是老年人最重要的一项开支。假

定两人退休后平均每年在医疗保健上的花费为 10 000 元，那么 30 年的总花销为 30 万元。

两项合计就是吴先生家庭需要的养老储备金，大约为 225.7 万元。

（2）估算养老金收入。

根据吴先生当前的投资组合和投资报酬率可以测算两人从现在到退休所能储备的养老金资产。养老准备金来源主要有两个：一是手头资金的投资收益；二是每年结余的再储蓄。根据吴先生目前资产分配比例来算，假定其银行存款与股票投资的预期综合投资报酬率为 5%。每年的投资收益加上原有的 70 万元生息资产，退休当年预计大致能储备 205 万元的养老准备金。

（3）估算养老金缺口。

按照吴先生现有的资产投资配置，尚存在养老金缺口 72 万元左右。

（4）养老投资建议。

养老金投资规划总原则应以稳健为主。吴先生家庭负担轻，收入和资产积累高，对风险的承受能力相对较强，故在工作期间应努力通过多种投资组合使现有资产和未来收入节余尽可能地增值，从而不断充实养老金账户。经过分析，吴先生家庭的资产配置存在很大的问题，生息资产的一半投入股市，忽视了资产的安全性。另外，在银行过半的定期存款收益率偏低，无法对抗通货膨胀，所以应减少定期存款的投资比重。

①根据吴先生月支出 8 000 元的消费水平，建议留出 3 万元左右的资产作为家庭的紧急预备金，可选择存在银行的活期账户上，以备不时之需。

②为提高养老资产的收益性，建议将 40 万元定期存款投资信托或集合理财产品，应注意购买有效担保的产品，确保项目和投资的安全性。目前，信托产品的年收益率一般在 4.5% ~ 6.6% 之间，收益是同期银行储蓄税后收益的数倍。

③建议吴先生根据自身的风险承受能力建立获利停损点，在恰当时机从股市退出，将生息资产 30 万元市值的股票投资开放式基金，间接投资股市，追求资产的长期增长。建议将其中 20 万元投资于业绩表现良好的股票型和配置型基金，10 万元投资于债券型基金或购买国债，可确保资产的安全性和稳定获利。

④吴先生每月都有相当的收入节余，还有年末分红 2 万元。建议购买合适的理财产品。可将节余款项转为申购理财产品，如月度型人民币理财产品，可在确保投资安全的基础上获得稳定的收益。

⑤为女儿留学准备的 3 万欧元的外币，距离当前还有至少 2 年的时间。为提高资产收益，从资产的安全性考虑，建议购买银行推出的 2 年期左右的外汇理财产品。

本章思考题

1. 个人理财规划内容主要包括什么？

2. 个人面临的纯粹风险有哪些？

3. 从职业规划的角度思考，自己处于人生哪一阶段？分析需要哪些保险？父母处于哪一阶段？他们现在需要哪些保险？

参考文献

1. 程正方. 现代管理心理学. 北京：北京师范大学出版社，2004
2. 朱祖祥. 工业心理学. 杭州：浙江教育出版社，2001
3. 彭聃龄. 普通心理学. 北京：北京师范大学出版社，2001
4. 黄希庭. 心理学导论. 北京：人民教育出版社，2001
5. 孔克勤，叶奕乾，杨秀君. 个性心理学（修订版）. 上海：华东师范大学出版社，2006
6. 静天魁. 劳动心理学. 北京：煤炭工业出版社，1990
7. 郑雪. 人格心理学. 广州：广东高等教育出版社，2004
8. 叶奕乾，何存道，梁宁建. 普通心理学. 上海：华东师范大学出版社，1997
9. 全国心理咨询职业资格考评委员会. 心理咨询师教程——基础理论. 广州：暨南大学出版社，2007
10. 陈社育. 大学生职业心理辅导. 北京：北京出版社，2003
11. 张敏强. 大学生职业规划与就业指导. 广州：广东高等教育出版社，2005
12. M. A. 德米特里耶娃等. 劳动心理学. 毛树智等译. 北京：中国工人出版社，1986
13. 叶椒椒，时勘，王新超. 劳动心理学. 北京：北京经济学院出版社，1991
14. 吴谅谅. 劳动人事心理学. 北京：知识出版社，1988
15. 曹振杰. 职业生涯设计与管理. 北京：人民邮电出版社，2006
16. 劳动和社会保障部培训就业司，中国就业培训技术指导中心. 创新职业指导——新理念. 北京：中国劳动社会保障出版社，2005
17. 劳动和社会保障部培训就业司，中国就业培训技术指导中心. 职业指导应用基础. 北京：中国劳动社会保障出版社，1999
18. 邹开敏. 职业生涯规划、管理、发展的概念和内涵辨析. 职业技术教育，2006，27（34）
19. 章达友. 职业生涯规划与管理. 厦门：厦门大学出版社，2005

20. 梁小民. 经济学是什么. 北京：北京大学出版社，2001

21. 彭聃龄. 普通心理学（修订版）. 北京：北京师范大学出版社，2005

22. 沈志义. 劳动心理学原理. 南昌：江西人民出版社，2006

23. 俞国良，王青兰，杨治良. 环境心理学. 北京：人民教育出版社，2003

24. 方俐洛，凌文辁. 工业劳动心理学. 开封：河南大学出版社，1999

25. 苏东水. 管理心理学. 上海：复旦大学出版社，2006

26. 李磊，马华维. 管理心理学. 天津：南开大学出版社，2006

27. 朱永新. 人力资源管理心理学. 上海：华东师范大学出版社，2003

28. 汪雪兴. 管理心理学. 上海：上海交通大学出版社，2004

29. 徐磊青等. 环境心理学. 上海：同济大学出版社，2002

30. 郑雪，易法建，傅荣. 心理学. 北京：高等教育出版社，1999

31. 朱敬先. 健康心理学. 北京：教育科学出版社，2002

32. 全国十二所重点师范大学联合编写. 心理学基础. 北京：教育科学出版社，2002

33. 黄雪薇. 大学心理健康教程. 广州：广东科技出版社，2007

34. 孙辉莹. 成为管理压力的高手. 生活与健康，2005（11）

35. 黄文浩. 高校辅导员的压力管理. 广东技术师范学院学报，2007，8（6）

36. 左晓利. 关于情绪与身心疾病的探讨. 科技信息，2007（21）

37. 翁国旗. 上班族的压力管理. 生活与健康，2005（5）

38. 张向前. 西方的压力管理理论简述. 燕山大学学报（哲学社会科学版），2005，8（3）

39. 朱晓敏. 压力管理：降低人力资源管理成本的有效方式. 人才管理，2004（8）

40. 母泽林. 压力管理——工会维权的新亮点. 工会理论研究（上海工会管理干部学院学报）. 2007（1）

41. 税佳莉. 与压力"握手言和"——压力管理技巧. 生活与健康，2007（6）

42. 孙辉莹. 有效管理压力. 职业，2005（11）

43. 王欣丽，时勘. 压力管理的心理学解读. 企业改革与管理，2007（5）

44. 徐世勇. 压力管理——一种人力资源管理的视角. 甘肃社会科学，2007（3）

45. 文勤，丁锈. 知识分子身心疾病的预防. 洛阳工学院学报（社会科学版），2000（2）

46. 马可一，王重鸣. 组织压力管理的最近研究进展. 心理科学，2003，26（5）

47. 冯忠良，冯姬. 心理健康教育概述. 中小学心理健康教育，2000（5）

48. 唐治凤. 劳动心理学. 北京：中国铁道出版社，2001

49. 沙莲香. 社会心理学. 北京：中国人民大学出版社，2007

50. C. D. 威肯斯等. 人因工程学导论. 张侃等译. 上海：华东师范大学出版社，2007

51. 安德鲁·杜布林. 心理学与工作. 王佳艺译. 北京：中国人民大学出版社，2007

52. 丹尼尔·戈尔曼. 情感智商. 耿文秀等译. 上海：上海科学技术出版社，1997

53. 卢家楣. 情感教学心理学. 上海：上海教育出版社，2000

54. 郑雪等. 幸福心理学. 广州：暨南大学出版社，2004

55. 郑全全，俞国良. 人际关系心理学. 北京：人民教育出版社，1999

56. 蔡树培. 人群关系与组织管理. 北京：九州出版社，2001

57. 陈银娥. 社会福利. 北京：中国人民大学出版社，2004

58. 林羿. 美国私有退休金体制. 北京：北京大学出版社，2002

59. 李珍. 社会保障理论. 北京：中国劳动社会保障出版社，2001

60. 郑秉文，和春雷. 社会保障分析导论. 北京：法律出版社，2000

61. 郑功成. 社会保障学. 北京：商务印书馆，2000

62. 邓大松. 美国社会保障制度. 武汉：武汉大学出版社，1998

63. 戴维·M. 达斯特. 资产配置的艺术. 李康等译. 上海：上海人民出版社，2005

64. 张洪涛. 保险学. 北京：中国人民大学出版社，2002

65. 张纯威，陆磊. 金融理财. 北京：中国金融出版社，2007

66. 谢怀筑. 个人理财. 北京：中信出版社，2005

67. 孙蓉，兰虹. 保险学原理. 成都：西南财经大学出版社，2006

68. 张颖. 个人理财基础. 北京：对外经济贸易大学出版社，2005

69. Arthur, M. B., The Boundaryless Career: A New Perspective for Organizational Inquiry, *Journal of Organizational Behavior*, 1994 (15), pp. 295 – 306

70. De Sanctis, F. M., A Victory by Italian Workers: The "150 Hours",

Prospects, *A Quarterly Review of Education*, 1977（7）, pp. 280 –287

71. McClusky, H. Y. , The Coming of Age of Lifelong Learning, *Journal of Research and Development in Education*, 1974（7）, pp. 97 –106

72. European Commission, European Year of Lifelong Learning, *Magazine for Education*, *Training and Youth in Europe*, 1996（5）, pp. 8 –10

73. Resnick, L. B. & Wirth, J. G. , *The Changing Workplace*: *New Challenges for Education Policy and Practice*. San Francisco: Jossey Bass, 1996, pp. 32 –49

后 记

中华人民共和国人力资源和社会保障部的成立预示着国家越来越重视人力资源和社会保障的科学化管理，相关的学科建设也将引起社会的普遍关注。从教学实践中发现，劳动心理学教材较少，实用性较强的教材更少，因此，我们决定尝试编写一本《实用劳动心理学》教材。

本书由李夏妍、吴晓义、姜荣萍、赵冬梅、李红共同编写，具体分工如下：李夏妍，第一、二章；吴晓义，第三章；姜荣萍，第四、五、六章；赵冬梅，第七章；李红，第八、九、十、十一章。李红负责全书的总体设计和修改、统稿。李夏妍负责全书的校对工作。

本书的撰写和出版得到了广东金融学院党委书记刘庄和院长王华教授的大力支持，以及劳动经济与人力资源管理系主任罗明忠教授和范宜波书记的鼎力相助，广东金融学院有关部门的领导和同事给予了热情帮助和支持，我们唯有努力工作以示我们的谢意。

书中很多资料和素材来自作者多年教学实践的总结，同时，借鉴了国内外同行的研究成果，在注释和参考文献中都尽可能一一列出，在此向这些作者深表谢意。

编写书籍是门遗憾的艺术，由于作者水平所限，书中难免有疏漏之处，恳请读者指正。

编 者

2008 年 6 月 30 日